メルロ゠ポンティと
＜子どもと絵本＞の現象学
―子どもたちと絵本を読むということ―

正置友子 著
Masaki Tomoko

風間書房

まえがき

　この本は、大阪大学大学院文学研究科　文化形態論専攻　臨床哲学専門分野に提出した博士論文「メルロ＝ポンティと〈子どもと絵本〉の現象学―子どもたちと絵本を読むということ―」を基にしています。多少の修正と加筆を施していますが、序章から終章、そしてあとがきまで、ほとんど博士論文のままです。

　現象学の哲学者であるメルロ＝ポンティの主著『知覚の現象学』との出会いが、「子どもたちと絵本を読むということ」の意味へと導いてくれたことから誕生しました。私の人生の三分の二ほど、約50年間、子どもたちと絵本を読んで過ごしてきました。とりわけ、幼い子どもたちが、絵本という総合芸術である文化財に出会い、その絵本を自分の身体の中に取り込み、時には、絵本の世界に住み込み、絵本の世界で生き、「ひとなっていく」姿は、まさに「生まれる」ということ、そして「生きる」ということをからだ全体で引き受けていることの現われであり、そのことがメルロ＝ポンティの現象学と結びつき、その結び目から生れたのが、この本です。

　メルロ＝ポンティが『知覚の現象学』の序文で書いている「私とは絶対的な源泉である」という言葉は、幼い子どもたちの姿とぴたりと重なりました。あかちゃんとして生まれてきた瞬間から、むさぼるように世界を見つめ、耳を澄まし、世界を掴もうとして手を伸ばし、走ろうとして脚を蹴り出している姿からは、「ぼくたち・わたしたちは生きているんだ、このからだでいろんなことを体験して、知って、生きて行くんだ」という声が聞こえてくるほどでした。その姿を驚愕の目で見つめている私自身も「私とは絶対的な源泉である」と確信を持てるようになりました。誰でも身体を持って生きているが故に、「絶対的な源泉」なのです。

70代に入りつつあってもなお、「私はなぜ生きているのだろう」と問い続けている私に、おなじく序文にある「哲学者とは永遠の開始者なのである」という文章は、「問い続けたらいいのだ」と語りかけてくれました。「哲学する者」とは、「人間」のことだと理解しています。

　そして、私は、誕生して間もなくからほぼ3年間の子どもたちとの絵本読みの日々を記述することにしました。

　この度、風間書房さんより、今回の博士論文も出版していただけることになりました。1度目の博士論文『A History of Victorian Popular Picture Books』（英文1000ページと図版900枚のヴィクトリア時代の絵本史の研究）を出していただいたのが2006年でした。夢のように美しい本です。それから12年を経て、二度目の博士論文『メルロ＝ポンティと〈子どもと絵本〉の現象学―子どもたちと絵本を読むということ』を出していただくことができることになり、本当にうれしいです。

　ふたつのタイトルからは、随分内容に隔たりがあると感じられるかもしれません。私としては共に絵本学の論文であると理解しています。最初の博士論文は、イギリスで執筆したもので、ローハンプトン大学大学院に提出したものであり、ヴィクトリア時代の絵本の歴史研究としては、世界で初めての本格的な研究になりました。風間書房さんより出版していただいた本に対して、イギリスの子どもの本歴史協会より、子どもの本の歴史研究としてすぐれた本であるということで「ハーベイ・ダートン賞」をいただきました。

　今回の大阪大学大学院に提出の博士論文は、哲学と〈子どもと絵本〉を結ぶ世界で最初の論文ではないかと思っています。共に、純粋に私が研究したいこととして取り掛かり、それぞれ6年かけて研究してまとめたものです。絵本という文化財が、アカデミックな研究対象として多様な可能性があることを知っていただけたら幸いです。絵本学の研究者の登場を心待ちにしています。

多くの人たちに支えられて研究した論文を二度とも出版してくださった風間敬子さんに、心からのお礼を申し上げます。

　子どもたちと絵本を読むことはこれからも続けます。また、これからも、絵本学の研究、メルロ＝ポンティの勉強も続けます。

　この本を読んでくださる方にお願いがあります。本文では絵本を取り上げています。できれば、この本の横に、絵本を用意していただけませんか。目次の第Ⅲ部で書かれているほんの数冊の絵本で結構です。どこの書店あるいは図書館にもあるものばかりです。この機会に、絵本の豊かな世界にも触れていただければ幸いです。

2018年7月　　正置　友子（まさき　ともこ）

目　次

まえがき

序章　子どもたちと絵本を読むということ……………………………1

第Ⅰ部　私の「生」の現場、および「子どもたちと絵本を読む」
　　　　という現場……………………………………………………19

はじめに—私の「生」の現場………………………………………………21

第1章　私の「生」の現場
　　　　—なぜ生きているのか、という問いから臨床哲学へ—………28
　第1節　そもそもの「私」のはじまり……………………………………28
　第2節　10歳の問い—「なぜ生きているのか」—………………………29
　第3節　本を読む……………………………………………………………31
　第4節　大阪の千里ニュータウン…………………………………………33
　第5節　子育て………………………………………………………………35
　第6節　絵本の研究のためにイギリスへ…………………………………40
　第7節　イギリスで理論書を読む授業に参加する………………………43
　第8節　絵本学研究所を開設………………………………………………45
　第9節　大阪大学大学院の臨床哲学専門分野に参加する………………47

第2章 「子どもたちと絵本を読む」現場
　　　　　―青山台文庫と「だっこでえほんの会」―……………………51
　　第1節　青山台文庫………………………………………………51
　　第2節　日本における文庫活動について………………………53
　　第3節　青山台文庫の経過………………………………………54
　　第4節　現在の青山台文庫………………………………………55
　　第5節　「だっこでえほんの会」をスタートする………………58
　　第6節　「だっこでえほんの会」の内容…………………………61
　　第7節　「だっこでえほんの会」の卒業生………………………68

おわりに―子どもたちがおかあさんの膝をおりる時…………………72

第Ⅱ部　メルロ＝ポンティと子どもの現象学………………………91

はじめに―『知覚の現象学』における子ども……………………………93

第1章　メルロ＝ポンティと子どもの現象学……………………103
　　第1節　子どもとおとなの違い―世界を前にしての驚き―……103
　　第2節　生まれるということ……………………………………105
　　第3節　身体によって世界を把握する三つのステージ………109

第2章　メルロ＝ポンティと子どもの記述………………………121
　　第1節　子どもが生まれた家では………………………………121
　　第2節　生後15か月のあかちゃんの一本の指を………………123
　　第3節　生れてはじめての把握を試みる時……………………126
　　第4節　子どもが動かすことができる物………………………128
　　第5節　子どもは、おばあさんの眼鏡を掛けて本をみた……130

第6節　乳児期に手本となるべき言語のモデルを持たない場合……………132
　第7節　子どもが色を見られるようになるとは………………………………136
　第8節　子どもが蝋燭の光で火傷をした後で…………………………………141
　第9節　子どもは自分の夢を現実の世界のものとみなす……………………142

おわりに―身体が比較され得るのは、芸術作品に対してである……………148

第Ⅲ部　誕生から〈わたし〉の生成にむけて
　　　　―『いないいないばあ』から『おおかみと七ひきの
　　　　こやぎ』へ―……………………………………………………………161

はじめに―「だっこでえほんの会」における子どもたちの三年間…………163

第1章　絵本『いないいないばあ』から始まって……………………………176
　第1節　遊びの「いないいないばあ」…………………………………………176
　第2節　絵本『いないいないばあ』（松谷みよ子・瀬川康男）……………184
　第3節　絵本『いないいないばあ』が50周年を迎えた理由…………………190

第2章　聴くということ・語るということ…………………………………195
　第1節　聴くということ…………………………………………………………195
　第2節　語るということ…………………………………………………………203

第3章　絵本『りんご』に、こんにちは……………………………………206
　第1節　絵本のなかのりんごに、「こんにちは」……………………………206
　第2節　絵本のなかのりんごを食べる…………………………………………211
　第3節　絵本のなかのりんごに、「あ、Aちゃんだ！」……………………212
　第4節　絵本『ぴょーん』で、ぴょんぴょん跳ぶか跳ばないか……………214

第4章　絵本『もこ　もこもこ』で、踊り出す……………………219
- 第1節　絵本『もこ　もこもこ』の言葉……………………………219
- 第2節　絵本『もこ　もこもこ』の絵…………………………………220
- 第3節　「あ、おっぱいや」……………………………………………221
- 第4節　絵本『もこ　もこもこ』を読む………………………………223

第5章　絵本『ちょうちょ　はやくこないかな』における物語の誕生……232
- 第1節　絵本『ちょうちょ　はやくこないかな』……………………232
- 第2節　絵本のなかを流れる時間………………………………………238
- 第3節　時間の発見と物語の発見………………………………………241

第6章　絵本『三びきのやぎのがらがらどん』でリミナリティ体験………244
- 第1節　弟・妹の誕生……………………………………………………244
- 第2節　リミナリティとは………………………………………………246
- 第3節　絵本『三びきのやぎのがらがらどん』の紹介………………250
- 第4節　『三びきのやぎのがらがらどん』における〈ヤギと橋〉の関係……254
- 第5節　『三びきのやぎのがらがらどん』における〈ヤギとトロル〉の関係……255
- 第6節　子どもたちの読み取り…………………………………………256
- 第7節　リミナリティと幼児期…………………………………………258

第7章　絵本『かいじゅうたちのいるところ』
　　　　―私の「ひとなった」日々との遭遇―……………………263
- 第1節　絵本『かいじゅうたちのいるところ』と出会う……………263
- 第2節　『かいじゅうたちのいるところ』の第一見開きを見る……265
- 第3節　「かいじゅうたちのいるところ」はどこにあるのか………267
- 第4節　私にとっての『かいじゅうたちのいるところ』……………270

おわりに――誕生から〈わたし〉の生成にむけて……………………………275

終章　あらためて、子どもたちと絵本を読むということ………………289

参考文献……………………………………………………………………309

あとがき……………………………………………………………………315

序章　子どもたちと絵本を読むということ

　子どもたちと絵本を読むという行為を続けてきた。ほぼ50年間、子どもたちと絵本を読み続け、今も読んでいる。あかちゃんから小学生、ときには高校生くらいまでの子どもたちと、絵本を読むという行為を続けながら、生きてきた[1]。

　どの子も、どの絵本も、「子ども」や「絵本」という一般的な普通名詞ではなく、あの子とあの絵本という具合に、具体的な「あの子」や「あの子たち」と具体的な「あの絵本」が現れてくる。あのからだつき、あの座りかた、しゃべっているときの口の尖らせかた、絵本の世界に入り込んで、蒼白になった顔、絵本を見ているときの目の見開きかた、あの表情をともなった、あの時のあの子たちが、今も私の前にやってくる。つい数日前に絵本を読んだ子どもたちもいれば、2、30年前に読んだ子どもたちもいる。その後のことを知っている子もいれば、今はどうしているのだろうと思う子もいる。どの子も愛おしく、生きていてほしいと願い、自分の人生をまっとうしてほしいと心から願う。

　さまざまな年齢の子どもたちと絵本を読んできたが、とりわけ、私が60代に入ってから開始し、定期的に行っている幼児期の子どもたちとの絵本読みは、私に生きることについての考え方の修正にまで迫るものであった。子ども時代からの長い年月、「なぜ生きているのか」と考え続けて生きてきた私に、幼い子どもたちは、からだごとでぶつかってきた。子どもたちは、生きている喜びをからだ全体で発散させながら、絵本の世界にも果敢に飛び込み、生まれてきたから生きているんだ、とからだで表現していた。

　絵本を読むという行為を通して、とりわけ私の心を揺さぶったのは、幼い子どもたちだった。絵本を読む私の前に、幼いながらの真剣なまなざしがあ

る。そうするようにと一度も促したことはないのに、絵本の読み手がそうしているからだろうか、3歳を越したあたりから、幼い膝小僧ふたつをきちんと揃えて正座して坐り、緊張しているのだろうか、ふたつの握りこぶしをぎゅうっと握って膝の上に置き、絵本の世界に身を挺して生きているひたむきな姿がある。

幼い子どもたちが、われを忘れて、絵本の世界に生きる姿に、私は激しく心を揺さぶられた。それは、生きること、そのこと自体に意味があるということを、幼いからだそのものが語っていた。

本論では、幅広い年齢の子どもではなく、乳幼児期前半と言われる、誕生から3歳代の子どもに登場を願う。この年頃の子どもたちとは、もっとも密度濃く出会い、もっともたくさんの絵本を読んできた。そして、多くの驚きを与えてくれ、この時期が人の一生のなかでどういう意味を持つのかを考えさせてくれる気づきを与えてくれた。人として誕生してからのおよそ3年間は、その後のどの時期とも比べ物にならないほどの密度の濃さで、からだも心も生成されていく時期であることを、子どもたちは身をもって教えてくれた。そして、そのことがどういうことであるかを思索的に導いてくれたのは、メルロ＝ポンティの『知覚の現象学』であった。

誕生して3年間に、子どもたちと絵本を読むことがどのような意味を持つのか、この時期は人の一生のなかでどのような意味を持つのかを、メルロ＝ポンティと共に考えてみたいというのが本論の目的である。

この世界に生まれて4カ月ほどの子どもたちから、みんなが3歳台になるまでの子どもたちとの絵本読みは、私にいくつかのことについて考えるようにさせてくれた。大きくまとめると、以下の3点になる。ひとつ目には、「ひとなる」[2]過程の最初の時期の子どもたちの存在の意味であり、ふたつ目には、そのことに関わった絵本の可能性であり、みっつ目には、子どもたちと絵本を読むことに関わる他者（おとな）の役割である。

ここで、本論では重要な用語となる「ひとなる」について、述べておきた

い。多くの読者にとっては、耳慣れない言葉だろう。「ひとなる」という言葉は、名古屋で生まれ育った私には、馴染みの言葉である。祖母が近所の娘さんに久しぶりに会ったときなど、「あんた、よう、ひとなったなあ」と言っていた。確か、キュウリやナスにも「ひとなった」を使っていた。『広辞苑』にも、「ひとなる」は掲載されており、「人成る」の漢字を当てはめている。意味として、「成人する」「成長する」とある。しかし、「ひとなる」を「人成る」とすると、失うものがある。子どもたちは、生まれたときから「人」である。「成長する」としてしまったのでは、人間は右肩上がりに「成長する」という感覚をともなう。「ひとなる」は、人が生き物として持っている「生」の種のようなものを、環境（人も自然も）によって水や養分を与えられて育まれ、自（おの）ずから、そして他の人たちと一緒に年を重ねていくというイメージを私にあたえ、この言葉を採用した。

　研究書関係では、一度だけ「ひとなる」という言葉に巡り合ったことがある。加藤理の『育つということ　中野光の原風景』という本のなかで、教育学者である中野光（1929- ）が「まえがき」の中で書いている。「ひとなる」という言葉を文献的にも理解を助ける適切な文章と思い、少々長いが、紹介する。

　　私の郷里には「ひとなる」ということばがしばしばつかわれていました。大きな辞典でしらべると、それは尾張・美濃・伊勢の北部に方言として残っている古語であり、漢字で書けば、「人成る」、すなわち「人間の成長」「生育の過程」「育つということ」を意味する、と説明されています。
　　しかも重要なことは、「ひとなる」ということばは単に人間の成長に限らず動物や植物、つまり、生きとし生けるものすべての成長を言いあらわすことばでもあった、ということです。私の記憶に残っているその使い方における文脈は、たとえばつぎのようでした。（この地方の方言では「ひ」と「し」が逆になる。）
　　「こどもは雨風にきたえられてこそひとなるのだから、甘やかしてはいかん。」
　　「桑の葉のおかげで蚕が順調にひとなった。」
　　「今年は天候がよかったので、茄（なすび）や瓜のひとなりがよかった。」

人々は長いあいだ自然と人間の育ちにはともに自然の摂理が働くと考え、その社会的形成過程にも育ちを助ける方法原理があることを自然との共生のなかで学んできたと思われます。近代以前にたくわえられたそのような人間形成にかかわる方法的遺産は明治以降においても、少なくとも私の子ども時代では人々の実生活の中に生きていた、と思われます。でも、近代日本の公教育はそういう歴史的基盤の上に国家や企業の主導のもとで普及した、と言えるのでしょう。それは必ずしも「ひとなる」という自然的営為を支援したり、発展させたりしたのではなく、国家主導の「教化」や企業社会への適応を求める「教育」を強化することによって、子どもたちに非自然的な「勉強」を強制する力を強めたのではなかったでしょうか。かく言う私もそのような歴史の中で育てられ、生きてきた者のひとりであったことは言うまでもありません。[3]

中野光のこの文章は、郷愁と共感とがないまぜになって、私の中で眠っていた。子どもたちが育っていく過程を、「発達」という、主に人の子どもを対象にし、右肩上がりの育ちを指すように思われる言葉を使うことを躊躇していたときに、浮き上がってきた言葉が「ひとなる」であった。

　さて、子どもたちと絵本を読んでいるとき、子どもたちはからだ全体で自分を表現している。この表現の仕方を、ここでは「からだ語」と名付けよう。一般的には、身体表現とも言われ、人は、言語による表現だけではなく、身体でも多く、ときには無意識のうちに、表現している。しかし、言葉の習得期に当たる幼い子どもたちの場合、言語で表現するよりも自らのからだで、より多く、より深く、自分を語っている。おとなの身体表現では、それとなく出てしまう表情や身振り、例えば、話している内容とは裏腹に、顔には怒りの表情が出ていたり、腕が震えていたりするが、幼い子どもたちの場合、もっと率直に、直接に、からだが語ってくれている。これを「からだ語」と呼びたい。「からだ語」は、子どもたちが発する言葉から切り離されるものではなく、ここでは、発せられる言葉も含めて「からだ語」と呼ぶ。なぜなら、思わずほとばしり出る言葉は「からだ語」だからである。

　私の目の前で語られるこの「からだ語」を、私は、見たり、聞いたり、に

おいを嗅いだり（とても日向臭い）、触ったりしている。「からだ語」は、子どもたちの誕生からおよそ3年半の「ひとなる」過程で、すなわち言語で自分を思い通りに表現できないこともあり、からだがより有効に使われており、非常に大事なことを語っている。そのことは、子どもたちがこれからひとりの〈わたし〉として、そして社会のなかの〈わたしたち〉として生きていく上に大事なことを身につけて行っている過程を表しているのではないだろうか[4]。

　幼い子どもたちの「からだ語」は、まだ思わせぶりな内容を持たない。あかちゃんたちには欲求があり、泣き声を一層張り上げて、他者への要求を伝えているが、そこにはまだ意図的な計算はなく、ひたすら手足を振り上げ、泣き続ける。だれかが「いないいないばあ」をしてくれたら、「いないいない」で、ちょっと眉をしかめて困ったような表情をしているが、「ばあ」で顔が現れると、思わず笑顔がでたり、声を立てて笑ったりする。人見知りが始まれば、知らない人を見ると、親しい人の背後に回り、そこから、目をのぞかせて、新しく出現した人を吟味している。幼い子どもたちの「からだ語」は、正直である。メルロ＝ポンティは、私が「からだ語」という言葉で言わんとしたいことを次のように表現する。

　　所作とその意味とのあいだには、たとえば情動の表現と情動そのものとのあいだには、どんな共通なものがあるかはよくわかっている。すなわち、微笑とかほころびた顔とか軽やかな身のこなしとかのうちには、喜びそのものである行動リズム、世界内存在の様式が現実に含まれている。[5]

メルロ＝ポンティの言葉遣いに従えば、「所作」や「情動の表現」が「からだ語」であり、「その意味」と「情動そのもの」が、「からだ語」が表している意味となる。メルロ＝ポンティが、ここで「世界内存在」という言葉を使っていることからも明らかなように、身体の所作が現れるのは、この身体が世界のなかに他者（「者」も「物」も）と共に住み込んでいるからこそ、起こ

ることなのだ[6]。そして、言葉となると、所作から切り離されたように見えるが、言葉というものは元来情動的意味を持っているものなのである。従って、上記引用文の数行後に、「語も母音も音韻もそれぞれ世界を唱うための仕方である」[7]、とメルロ＝ポンティが言う時、「世界を唱う」のは、情動的本質を持つ言葉であると理解される。従って、「言葉も世界を唱うための仕方である」を、幼い子どもたちの仕方に従えば、「からだ語も世界を唱うための仕方である」と言い換えることができる。

　幼い子どもたちは、情動的本質を内包する言葉を習得する過程にあり、その分、みずからの「からだ語」で身体を使って表現する。子どもたちの「からだ語」は、生れてきたときからの月日にあわせて、この世界に出生したことを喜び、寿ぐような表現の仕方、すなわち「世界を唱う仕方」をする。つまり、子どもたちは、からだを使って、世界を唱っている、生れてきた喜びを唱っていると言える。その「からだ語」による唱いかたが、私を驚きとともに揺さぶったということができる。

　メルロ＝ポンティの「世界を唱う」という表現に出会ったとき、文学的すぎる表現ではないかと思ったが、幼い子どもたちの「からだ語」は、まさしく「世界を唱う」表現であった。この子どもたちがやがて、意味を持った言葉を習得していくにつれて、「世界を唱う」ような「からだ語」は失われていく。この過程を、発達心理学では、言葉を獲得していく時期といい、その獲得の成果だけが時には大事にされるが、言葉を習得していく過程、つまり、言葉を操ることができるようになっていく過程で、世界を唱う表現は失われていくばかりではなく、人としても、世界を唱うこと自体を喪失していく。現代にあっては、「からだ語」で世界を唱うことができる人としての最初期である乳幼児期さえ奪われているのではないだろうかと、私は危機感を覚えている。

　発達心理学者である岡本夏木は、『幼児期―子どもは世界をどうつかむか―』の中で、「幼児期の空洞化」という表現を使い、この言葉に集約される

現代の危機的な社会現象について、次のように述べている。少し長いが、現代の諸問題の根幹に関わることについてわかりやすく書いているので、引用したい。

> 「今」こそ、「幼児期」を見直す作業が必要だということを痛感するのは私だけでしょうか。今日の幼児の世界は早くからおとな社会の強大な圧力にさらされています。そこでは幼児期をして「幼児期」たらしめている特徴が軽視されがちになっていると言わざるを得ません。幼児期においてこそ形成されるべき人間の生き方の基礎があるにもかかわらず、その獲得が不十分なまま、子どもたちはおとな社会へ投げ出されてゆきます。それは「幼児期の空洞化」とも呼ぶべき現象です。［…］幼児期において子どもが「世界」を「人間」を、そして「自分自身」をどうつかみ、それらをどういうものとして意味づけるか、それは、子どもがその後の自分の生き方の基礎をどうつかむのかの問題に他なりません。［…］人は、おとなも青年も、そして学童も、自分の中にかっての幼児としての自分を内化させて生きてゆきます。その自己の「内なる幼児期」が貧困なまま、あるいは不在なままおとな社会に入ってゆく時の問題は、すでに具体的な形をとって出現して来ています。[8]

『幼児期』が出版されたのは2005年であるが、その後も「幼児期の空洞化」は解消されないばかりか、空洞化は一層進みつつあるというのが実情である。人の一生が幼児期で決定されるわけではない。「世界観」も「人間観」も、「自分自身観」も、その後の人生で修正も変更もされ得るであろう。それでもなおかつ、現代の問題の主たる原因は、幼児期の軽視にある。乳幼児期の人間は、直接には生産そのものには関わらない時期である。親や親しい人たちのエネルギーを消費するだけとも受け取られる時期である。すると、この時期に、将来にはこの元手を絶対に取ろうと、費やされたエネルギーや時間や経費がプラスになるようにと行動する人たちも現われる。親も、政府も、産業界も。

　子どもたちが「ひとなって」行く過程は、なにか他の目的のために使用してはならない時期ではないだろうか。乳幼児期の子どもたちは、敏感におと

なの意図を察している。しかし、自分たちは、その人たちに依存しなければ生きていけないことを本能的に察知しているということもあるが、それ以上に、まわりの人たちを愛さなければ、生きていけないことも知っている。親からどのような仕打ちをされようと、子どもたちは親を守り抜く。裏返せば、生存していく上で、自分にその人たちが大事な人たちであるのと同じように、その人たちにとっても自分が大事な人であってほしいと心の底から願っている。この世界に「生まれてきた」ということは、自分は誰とも取り替えがきかない一個の主体であり、生きる権利があり、それも他者とともに生きることが認められている、と信じているのだ。そして、少なくとも、ただひとりの人でもいい、自分をどのような条件も付けずに抱き留めてほしい、と願っている。

　乳幼児期というのは、鷲田清一の『「聴く」ことの力―臨床哲学試論』からの言葉を借りて一種の定義づけを行うと、「存在のケア」をしてもらう時期であると言えるだろう。

> だれにも、全身をくまなく慈しみ、抱きしめ、撫でまわされた体験があるだろう。風呂場で体を抱かれ、顎の下、脇の下、股の付け根、足の指のあいだを、丹念に洗われて……。そこには他人になにかを「してもらう」という経験のコアのようなものがある。大げさにではなく、〈存在の世話〉をしてもらうという経験のコアのようなものが。9)

誰でも生まれ落ちたらすぐに、他者によって〈存在のケア〉をしてもらわない限り、その後、健やかには生きていけない。鷲田は同書の他の箇所でもこの〈存在のケア〉について書き、人生上におけるその意味を述べている。

> 存在のケアをされるという経験、それを幼いときにとにかく満ち足りるまで味わっておくことが、人間の成長にとって決定的な意味をもっていることは、だれもがからだで覚えている。こういう経験がじゅうぶんにあれば、ひとの人生はそう簡単に揺らぐものではない。10)

引用文の最後の箇所、「こういう経験がじゅうぶんにあれば、ひとの人生はそう簡単に揺らぐものではない」は、これ以上の表現はないだろうと思われるほど、人の一生における乳幼児期の意味を語っている。人生の最初期の三年間は、その後の人生のなかで、記憶として言葉で表現されることはほとんどない。しかし、「からだ」が記憶している。そしてからだの経験の記憶は、一生、からだに宿る。ところが言葉で表現されないために、またあまりにも幼く見えるために、この時期はあまり大事にされず、かえって、おとなのいいなりに「ケア」される、つまり操縦されるということも起こる。

　乳幼児期というのは、一般的には、学齢期前の人生の最初の６年間であり、生涯の土台のような時期であり、人生の中でも最も密度高く、身心が大きく生成されていく時期である。子どもたちを見ていると、ひとことでいえば、「ひとなって」いくことの順番というか、自然の「段取り」というものがあることがわかる。どの子もあかちゃんから一気に３歳になることはできない。３歳から７歳になることはできない。つまり、人としての生成の「段取り」を飛び越すことはできない[11]。

　あかちゃんとしては、ただ仰向いて寝ている時期がある。足を空に向けて蹴り上げている。なんどもなんども、むやみに左右の足を蹴りあげる。それから手を振り回す。手が触れたものをしっかりとつかんでいたと思ったら、たたきつける。やがて「アーウー」と発声し始める。このような、どうでもよいような不随意な運動に見えることも、いずれ「立ち上がって歩くこと」や「言葉を話すこと」に向けての、やむにやまれぬ「ひとなっていく段取り」であることが分かる。

　岡本は「幼児期の空洞化」を懸念し、おとながができることとして、しつけ、遊び、表現、ことばなどのテーマを掲げて、親や保育者に向けて、誠実に丁寧に、ある意味では、祈るような気持ちで、子どもたちの空洞化を埋めてやってくださいと、語りかけている。ところが、現実には実行が難しいと思われるのは、岡本が頻繁に使うキーワードである「関係性」という言葉自体が、

すでに死語になっているのではないかと危惧するからである。すでにおとなになっている人たちには、「関係性」という言葉そのものの意味は理解できても、「関係性」をやっかいと思う風潮もあり、身体性をともなう「関係性」について分かってもらうことができない現状になっているのではないか。それこそ、鷲田が言う、誕生してすぐの〈存在のケア〉を身体で覚えていない人たちには、乳幼児期の実体験がその人のなかで育まれて貯蔵されていなければ、目の前の幼児期の子どもたちとどのような「関係性」を持ったらいいのか、具体的に戸惑っているおとなが多いのが実情である。

　幼い子どもたちと一緒に絵本を読んでいると、ああ、そうやって、物事を自分のからだのなかに取り込んでいくのか、と教えてもらうことがある。はじめて「あっ！」と発見するとき（メルロ＝ポンティ流に言えば、「注意する」[12]とき）、色というものの存在に気がついたとき、子どもたちは、「見て！　見て！」と教えてくれる。自分で知ることができることが、こんなにもうれしいのかと、おとなもうれしくなる。あるいは、他の人に自分の気持ちがわかってもらえないときがあること、世の中では怖い思いをするときがあること、挫折をするときもあることを2歳にもならない子どもたちが気づいて傷ついていることを知って、胸を突かれることがある。

　ときには、2歳の子が、絵本の中のものに気が付いて、母親の膝を降りて、ひとさし指を突き立ててやってきて、絵本のなかのテントウムシや赤の色を指さすときもある。

　ときには、3歳の子が、絵本の表紙の絵を見ただけで、その色彩や登場人物たちの描き方から、絵本の内容――例えば、この絵本の中には、暗いことが描かれているようだとか、主人公は怖い思いをするのだろうなど――を感じ取り、あわてて母親の膝に戻って行くときもある。そして、3歳半になって、この間まで、会場を走り回っていた子が、絵本の前に身じろぎもせずに座ったまま、絵本の世界にひとりで住み込み、ひとりで絵本の世界で生きる体験をするときがやってくる。

序章　子どもたちと絵本を読むということ　11

　おとなに絵本のなかの言葉を読んでもらい、自分では絵本を見ているという絵本体験をしていくなかで、子どもはどのようなことを、そのからだのなかに取り入れているのだろうか。幼い子どもたちは、その思いを言葉で表現してくれるわけではない。からだ語で、それもそれほど目に見える形ではなく、表してくれているのだ。

　絵本という総合的な表現である文化メディアを通して、現実体験とは違う表現体験をするなかで、育んでいるものがある。その体験は、現実のリアルな、ときにはなまなましい、取り返しのつかない体験とは次元を異にし、また絵本というメディアであるために何度でも体験することができ、さらに、絵本を読んでくれているおとなが傍らに存在してくれていることで「安心」の場を確保しながら体験することができる。だからといって、この体験が偽物の体験というわけではなく、身体的には情動も起こり、ときにはからだが震えたり、大笑いしたり、涙をこぼしたりもする「体験」である。

　このような絵本読みが、メルロ＝ポンティの言葉を遣えば、〈習慣〉[13]になっていったある日、子どもたちの側から言えば、誕生から3年間「絵本を読んでもらうこと」の意味が、からだを通して現れてくることになる。絵本の読み手である私の側から言えば、「子どもたちと絵本を読んできて」見えてきたことがある、と言える。

　しかし、なんといっても得難い体験は、乳幼児期の子どもたちと絵本を読むという体験を通して、私自身ももう一度幼い子ども時代を生きることができることである。もちろん、絵本読みのときだけではなく、母親も父親も、子育てと関わるなかで、もう一度、子ども時代を生きることができる。これほど幸せな体験ができる機会はまずはない。

　子どもと一緒に絵本を読むという体験をすることで、すなわち、同じ絵本の「絵本体験」をすることで、その時その場だけではなく、未来を共に生きることができるのだ。それは、私たちが読んだ絵本が、すなわち、私たちおとなが絵本の世界に息を吹き込み、声にだして読むことで、すなわち「声

化」して読んだことにより、子どもにも届き、その子どもがその後の人生を歩んでいく過程で父や母の声、あるいは絵本を読んでくれた人の声が聞こえてきて、生きていくその子に届くからである。

　絵本というメディアは、自分ひとりで読むことも可能である。ときには、その方が自分一人で絵本の世界に浸れるということもある。しかし「ひとなっていく」過程の子どもたちには、ただ文字が読めないという理由からだけではなく、人と人が共に生きるという関係性を形成する上でも、共に絵本を読むという〈いま・ここ〉という時空間を持つことは、おとなにとっても子どもにとってもひとつのかけがえのない方法ではないかと思う。

　子どもたちと絵本を読んできて50年になる。研究のために読んできたわけではない。ましてや実験や実践ではない。論文を書くために子どもたちと絵本を読んできたわけではない。自分の子どもたちと絵本や本を読んだのは、私には、それが一番うれしい時間だったからとしか言いようがない。私には、料理・洗濯などの生活仕事以外で、私が子どもたちに喜びで提供できるのは「本」だけだった。

　そして、私が絵本や本を好きだから、また、〈いま・ここ〉に生きているものどうしとして、ちょっと前に生まれてきたものが、これから生きていく人たちといっしょに分かち合えることとして、私にはそれ以外の方法がないために、自分が好きな絵本や詩や本を、地域の子どもたちと一緒に読んできたのである。

　私が子どもたちに伝えられることもあっただろう。一方、私のほうが子どもたちから伝えてもらうことも多くあった。私のほうが生き方についての考え方の修正を迫られもした。生きることは喜びであることを身をもって教えてくれたのは、幼いこどもたちであった。

　この子どもたちとの絵本読みのことを記述することは許されるだろうと思ったのは、70歳を前にしたときだった。乳幼児期前半の子どもたちと絵本を読んできた経験をそのままにしておくことは、かえって申し訳ないと思う

ようになっていた。

　幼い子どもたちと絵本を読むことはどういうことなのか、子どもたちの「からだ語」を記述したいと考えていたときに、出会うべくして出会ったのが、メルロ＝ポンティの現象学の書『知覚の現象学』であった。そこには、発達心理学が往々にして書いている右肩上がりの子どもの成長の姿ではなく、また認知心理学の場合のように、何ごとも脳に還元される人間像ではなく[14]、人間とはどういうものであるかが、書かれていた。メルロ＝ポンティの研究者や現象学の研究者からすれば、何と大袈裟なと言われそうだが、「子どもと絵本」を研究しているものにとっては、また長年「生きるとはどういうことか」と考え続けてきたものにとっては、『知覚の現象学』は、「生」[15]は「贈り物」であると語ってくれる「本」であったと言える。日本の現象学者である鷲田清一の『「聴く」ことの力―臨床哲学試論』も後を押した。

> 哲学にとっての〈場所〉というのは、［…］主体が他者と同じ現在においてその他者とともに居合わせていて、その関係から一時的にせよ離脱することなく、そこで思考し続けることを要求されるような、そういう場所のことではないだろうか。要するに「現場」ということばでしばしば語られる場所とは、このような複数の主体が共時的な相互接触へとさらされる場所のことである。[16]

私は、哲学を主な仕事とするものではない。しかし、哲学は、万人のための学問であると思っている。そして、思考し続けることを欲求していたのは私自身であると思っていたが、翻って考えると、私は、子どもたちから、その「現場」から、思索し続けることを要求され続けてきたのでもあった。その場では、複数の、しかも非常に年齢の隔たった主体たちが、お互いの「生」のある時間を、共時的に、間主観的に、触れ合い、メルロ＝ポンティの言葉によれば、私たちの間には「共通の地盤が構成され、私の考えと他者の考えとがただ一つの同じ織物を織り上げる」のだ[17]。77歳を迎えてみると、子

どもたちとは何枚もの織物を織り上げてきたような気がする一方、1枚だけの豊かな模様の織物を織ってきたような気もする。

本論は、序章と終章、その間に3部の構成になっている。

第Ⅰ部では、「私の「生」の現場、および「子どもたちと絵本を読む」という現場」というテーマのもとに、「子どもたちと絵本を読む」ということの現場（臨床の場）について考える。それは、ふたつの章よりなり、第1章では、私の「生」の現場そのものについて。10歳のときに突如降ってきた問い「なぜ生きているのか」から、アカデミックな場ではあるけれども、私にとっては「生」の現場の地続きである「臨床哲学」に辿り着くまで。第2章では、私にとって「子どもたちと絵本を読む」現場そのものである、45年関わってきた「青山台文庫」についてと、「青山台文庫」の企画のなかで取り組み、17年間続けてきた、本論が焦点を当てる「幼い子どもたちと絵本」の現場である「だっこでえほんの会」について述べる。「青山台文庫」も「だっこでえほんの会」も現在も継続中である。

第Ⅱ部では、「メルロ＝ポンティと子どもの現象学」というテーマのもとに、『知覚の現象学』を中心にして、メルロ＝ポンティが子どもについてどのように考察し記述しているかを考える。『知覚の現象学』は、「子ども」、それも「幼児期」に多く言及しており、私の臨床の場である「子どもたちと絵本」を理解する上で、非常に示唆に富む。

第Ⅲ部では、「誕生から〈わたし〉の生成にむけて―『いないいないばあ』から『おおかみと七ひきのこやぎ』へ―」というテーマのもとに、「だっこでえほんの会」に参加しているほぼ4か月のあかちゃんから3歳代の子どもたちと絵本の関係性をメルロ＝ポンティの現象学と織り合わせることから見えてきたことを考える。子どもたちが最初に出会う絵本が『いないいないばあ』（松谷みよ子文、瀬川康男絵）[18]であり、3年後に絵本『おおかみと七ひきのこやぎ』（グリム童話、フェリクス・ホフマン絵）[19]の世界に住み込むようになる人として「ひとなって」いく最初の3年間の考察でもある。

この論考が、人が乳幼児期を丁寧な「段取り」で生きるための、つまり、おとなと子どもの双方が、よりよい人生を生きるための、一つの手立てを提示することができれば、と願う。また本論は、「子どもと絵本」について、現象学という哲学と結ぶことから生まれた、世界で最初の論考である。

注
1) 子どもたちだけではなく、高齢の人たちとも絵本を読み、得難い体験をした。現在、高齢者の施設での絵本読みも増えつつあることを指摘することに留め、今回は、子どもたちに焦点を当てる。
2) 「ひとなる」という言葉について。本論を執筆中に、たまたま新美南吉の詩集(『朗読詩集　安城で紡がれた南吉の詩』安城市歴史博物館　2013年)を読む機会があり、その中に「綿の話」という詩があった。読んでいると、「夏中育てて」と出てきて、「育てて」にふりかながあり、「ひとねて」と読ませていた。新美南吉は尾張地方に属する知多半島の半田の出身である。名古屋も尾張地方に属するが、私の祖母は、半田市の近くで生まれ育っている。童話作家であり詩人でもある南吉が「ひとねる」に「育ねる」という漢字をわざわざ当てたことは意味があるだろう。とすると、「ひとなる」は「育なる」の可能性がある。尾張地方の方言であろうが、私には、単に「人成る」とは書けない、土臭い言葉遣いであり、「ひとなる」と表記したい。
3) 加藤理 (1998) pp.4-5. 加藤理の『育つということ　中野光の原風景』の冒頭に、中野光が「まえがき」を書いている。その中からの引用。中野光(なかのあきら 1929-)には、自分の少年時代についての自伝的エッセイを綴った『ひとなった日々』(ゆい書房、1989年)という著書もある。その「あとがき」の中で、「「ひとなる」ということばは、子どもが一人前の人間に成長することなのですが、それは必ずしも人間の成長についてだけでなく、動物や植物が成長していく時にも、つまり生きとし生けるものの成長過程をいいあらわすことばです。これはいい方言だと思います」と述べている。
4) 「からだ語」という表現を使うことで、現代の小学生や中学生たちの身心の危機的状況の現われを理解する糸口にならないだろうか。子どもたちは明らかに「からだ語」で、しゃべっている。
5) メルロ＝ポンティ『知覚の現象学』1巻　pp.306-307. メルロ＝ポンティの

『知覚の現象学』について、「注」における表示の仕方について述べておきたい。『知覚の現象学』のフランス語原書は一巻から成るが、みすず書房から出版されている日本語版は二巻本に分冊されている。その出版年度は、第1巻は1967年、第2巻は1974年と異なり、訳者も竹内芳郎以外は、変更している。それでも、もともとの原書はメルロ＝ポンティの1945年版であることに変わりはない。注の表示の仕方は、日本人研究者の間でもそれぞれ工夫されているが、本論では、それぞれ『知覚の現象学』1巻、『知覚の現象学』2巻と記載する。他の書物の場合は、出版年を括弧に入れて記載しているため記載の仕方に一貫性を欠くが、この方法が、一番わかりやすいだろう。

6) 「他者」については、浜渦辰二（1991）を参照。
7) メルロ＝ポンティ『知覚の現象学』1巻 p.307.
8) 岡本夏木（2005）p.2.
9) 鷲田清一（1999）p.177. ここでは、〈存在のケア〉ではなく、〈存在の世話〉という言葉で表現されているが、同じことである。221ページにも同じような内容があり、そこでは〈存在のケア〉という言葉が使われている。
10) 鷲田清一（1999）p.201.
11) 子どもたちの乳幼児期の次には学齢期が来る。近年では、幼小一貫教育、すなわち、子どもたちを幼児期から学齢期へとスムーズに移行させようという考え方が進行しており、その趣旨自体は理解できるが、文科省が先導するその移行の仕方に大きな疑問を感じている。すなわち、子どもたちがスムーズに小学校に適応できるように、幼児期にもっと学習を入れたほうがいいという移行の方向付けである。これではますます人の幼児期は奪われていく。そしてその弊害は拡大されているのが実情である。
12) メルロ＝ポンティ『知覚の現象学』1巻 例えば、pp.69-70参照。
13) メルロ＝ポンティ『知覚の現象学』1巻 例えば、pp.233, 241, 243, 246, 254, 301を参照。「子どもたちと絵本を読む」という経験のなかでの〈習慣〉に関しては、後述する。なお、ある言葉、例えば〈習慣〉や〈沈澱〉、あるいは〈存在のケア〉のように、山括弧に入れてある場合は、引用先の元の本文でそのように使用されているために、ここでも踏襲している。それらの語は一般的にも使われるが、引用本文でも本論でも特別の意味合いを有し、山括弧に入れないと、誤解を招く場合もある用語でもある。例えば、習慣、と言う言葉は、日常でも使われるが、メルロ＝ポンティが使う場合には、習慣の獲得、とあるように、もっと身体化され、まるで自分の本来の身体の動かし方であるかのようにある物事が身につくこ

14) 発達心理学や認知心理学をここでは否定的に書いたが、それぞれの知見から知り得たことも多いことを書き留めておきたい。
15) 日本語では「生」という一語は落ち着きが悪く、また内容的にも明瞭さを欠く。『広辞苑』で「生」を引いてみると、1番目に「いきること。いのち」と全部ひらかなで書かれて出てくる。2番目には、「学習・修行する人」とあり、学校での「1年生」の「生」である。その点、英語の"life"は、『新英和大辞典』の1番目に、「命、生命、人名、生存、存命」と出てくる。私が本論で「生」と書く時は、「生命、人生、生活」を指す。
16) 鷲田清一（1999）pp.55-56.
17) メルロ＝ポンティ『知覚の現象学』2巻 p.219. メルロ＝ポンティは、この個所では、言葉による対話の経験から書いているが、絵本の経験についても同じことが言えるだろう。
18) 「いないいないばあ」という言葉を絵本の表題にしたり、組み込んだりしている絵本は、私が調べた限りでも、100冊を超えている。すでに図書館の書庫に置かれているものも多い。その中で、とりわけ誕生から数年の子どもたちに、私が読み続けている絵本は、『いないいないばあ』（松谷みよ子文　瀬川康男絵　童心社　1967年）である。
19) 『おおかみと七ひきのこやぎ』は昔話であり、グリム童話集の中にも載せられている。この題名の絵本も多く、図書館の子どもの本のコーナーの開架本棚にも数冊並んでいる。その中で、私が子どもたちと読むのは、『おおかみと七ひきのこやぎ』（グリム童話　フェリクス・ホフマン絵　瀬田貞二訳　福音館書店　1967年）である。スイスでの初版は、1957年。

第Ⅰ部

私の「生」の現場、
および「子どもたちと絵本を読む」という現場

はじめに―私の「生」の現場

　10歳のとき、「なぜ生きているのか」という問いが、突然に降ってきた。以来、この問いを考え続け、やっと大阪大学大学院の臨床哲学という専門分野に辿り着き、メルロ＝ポンティの『知覚の現象学』に出会った時には、70代に入っていた。「なぜ生きているのか」という問いの内実は後に記すが、「なぜ生きているのか」という問いの根本のところに、私は生れたかったわけではない、生れて来るなんて不条理ではないか、という怒りのような思いが潜んでいた。

　自分の子どもと絵本を読み始めたのは、50年前、しばらくして、「青山台文庫」の開始と共に地域の子どもたちと絵本を読むという会を開始した。50年間の「子どもたちと絵本を読む」という経験を通して、私は、二つのことに邂逅(かいこう)した。ひとつは、子どもたちと、もうひとつは、絵本と。

　子どもたちとは、「子どもたち」という概念的なひとまとめにした子どもたちではなく、生身で生き生きと生きている子どもたちであり、ひとりひとりが、私にとって、「あの子」であり「この子」であった。

　『知覚の現象学』では、「この」という指示代名詞が目につく。言葉で明確に表現することを求める、言語に寄せる西欧の知識人の心性と、また繰り返しを避けるという必要性からの使い方であることも理解できるが、それにしても多すぎるのではないかと思わないではなかった。しかし、その内に「この」と殊更(ことさら)に念を押さずにはいられない著者の言葉遣いとリズムに触れていると、「この」が活きてくるのだった。それは、他の物、他の人ではなく、「この」物であり、「この」人であり、「この」身体でなければならないのであった。一般的な物ではなく、まさにいま私の手が触れている「この机」であり、誰でもいい「人」ではなく、まさにいま私の目の前に、私の身体が触

れそうなところにいる「この身体」と共にある誰それさんであった。

　とりわけ、自分自身の身体は、全ての知覚のもとであるから、なおさらである。「私にとって本質的なのは、単に身体をもつということではなく、まさしくこの身体をもつということなのだ」[1]。「身体論」のメルロ＝ポンティと言われるほどであるが、このような文章を読むと、自分の身体も愛おしくなるのと同時に、他者の身体も愛おしくなってくる。目に見える形で世界の中に存在している「身体」にもっと注目すれば、目に見えないからと言う理由で大事にされている「こころ」という抽象的な概念を見つけようとするよりは、物事の問題点がもっとよく見えるようになるのではないだろうか。例えば、虐待やいじめなどにしても、子どもたちが身体で表している、私が本論の最初の「はじめに」で使った「からだ語」をよく見つめ、耳を傾け、触れたりすれば、その心理（心の動き）ももっと理解できるようになるのではないだろうか。すると、おとなの目の前にいる子どもは、「子ども」と言う一般的な概念的な存在ではなく、今を必死に生きている、固有の身体と名前をもった、愛しい「この」子になるはずだ。

　私が絵本を一緒に読んだのは、誰でもいい「子ども」ではなく、「この」子であった。そして、のちになっても、「この」絵本を目にするやいなや、間髪を入れずに登場するのは、「この」時の、「この」子であった。「この」子たちとの出会いがあったからこそ、『知覚の現象学』に出会えたのだと確実に言える。

　この子たちとの出会いは、私にとっては、生身の人間との出会いでもあった。この子たちは、「なぜ生きているのか」という「人」としての意識的な問いをまだ発しはしなかったが、ひたすら自分の「生」[2]を生きていた。この「生」は、「生命」であり、「人生」であり、「生活」でもある。人の生存に関わる全てを包括しているのが「生」である。

　メルロ＝ポンティは「出生」に関して言う。「身体的実存は、世界とのわれわれの最初の契約を設立したのである」[3]。さらに付け加える。

> 人間存在というものは、必然と偶然についてのわれわれの常識的な概念に、否応(いやおう)なく修正を迫るであろう。なぜなら、それはひき受けの行為を通じて、偶然を必然にまで変化させる運動だからである。4)

　私はここで、「必然と偶然」についての常識的な考え方に、修正を迫られた。メルロ＝ポンティは、「偶然」という言葉を折に触れて使用する。最初、この言葉に出会ったときに大きな違和感を覚えた。それは、哲学というものは、真理を語るべきものであり、偶然などと言う、必然性のない、たまさかの、いい加減な言葉を使うものではないという常識的な概念に縛られていたからである。

　そして、「生まれる」ということを、必然的なもの、意味があるものであるべきだとそれまで思い込んでいたことにも、やっと気がついた。まさに、「生まれる」ということは、人の、最初にして最大の「偶然」に違いなかった。この「偶然の生」を、私にとって意味のある「必然の生」に変える仕事が「私の「生」を生きる」ということなのだ。世界のなかに身体的に存在したとき、すなわち「誕生」したときが、偶然のことではあるけれども、自分の「生」を引き受けたことになる瞬間でもあるのだ。

　それまで母親の胎内にあって、楽に生きていたのが、突然に空気の世界に放り出され、自分で空気を吸い込み、人間としての肺呼吸を行った時が、まさに世界との契約を結んだ時であったに違いない。それまで、「人間存在」というものは理不尽なものだと思っていたが、「人間存在とは、ひき受けの行為を通じて、偶然を必然にまで変化させる運動である」という考え方に出会い、そうとも思えるとある種の納得をしたとき、「誕生は贈り物かもしれない」と思った最初の時であった。「誕生」は贈り物かもしれないというと、地球上には、生れた時点から苦難の道を歩む人も多く、実質的な問題として異論を唱える人も多いだろう。しかし、出生が偶然性であればこそ、「いつ」とか「どこに」、という時空の具体性や運命決定論から離れて、誕生は無償の贈り物であり、だれでもが生きる権利を持つと言える。

生まれてきた幼い子どもたちのからだを見ていると、喜びで輝いている、としか思えない。命そのものがあるからこその、その子自身の喜びがからだ中から放出されている。人間が作り出した文化である言葉はまだなく、持って生まれてきたからだを使って、「わたしも、仲間に入れて！」とか「わたしを、見て！」と叫んでいる「からだ語」が見え、聞こえてくる。「からだ語」は、生れた時から、誰に教わった訳でもないのに、子どもたちは、完璧に使っている。

　あかちゃんたちは、つねに、目を見開き、耳をそばだて、においを嗅ぎ、手で触り、何でも口に入れ、なにがなんでも世界と接触しようと企てている。その貪欲とも言える欲求を表現する仕方に、私はいつも圧倒される。確かに「生まれた」途端から、あかちゃんたちは世界の一員として振る舞うのだ。その存在を大声をあげて発表し、宣言するのだ。「おぎゃー」と、叫んだ時から。

　誕生から数年の乳幼児期の子どもたちと出会っているうちに、「わたしは生きてるよ！」と叫び続けているように見える子どもたちの姿は、メルロ＝ポンティの「必然と偶然」の考え方と重なって、私の「なぜ生きているのか」という問い続ける生き方に、激しく修正を迫るものであった。

　この子どもたちとの出会いの数々、そして一緒に読んだ絵本の数々が、私の経験の中に堆積していった。わが子と絵本を読み、地域の子どもたちと絵本を読むという長年の行為が、私にとっては身体の習慣となっていった。メルロ＝ポンティは、これを〈沈澱〉と呼んでいる。

> 　〈沈澱〉という言葉にだまされてはならない。この圧縮された知識の集積は、われわれの意識の底にある惰性的な塊のようなものではない。たとえば、私の住居は私にとって、緊密に連合された一連の映像のようなものではない。それが私のまわりでいつまでも親しみ深い領域として在るのは、私がそれのもつ距離や主要方向を、依然として〈手のなかで〉、あるいは〈脚のなかで〉、覚えているからにほかならず、私の身体からその住居の方へと、たくさんの志向的な糸が発してい

るからにほかならない。[5]

　メルロ＝ポンティが挙げる例は、身近にあるものが多い。テーブルとか、家などのように。確かに、私の住まいは、玄関のドアを開ける時から、私が私の手のなかで、私の脚のなかで、私の肩のなかで、私の身体全体のなかで、なじみの感覚で覚えられている。同じように、どの子も、あのいつもの絵本を読む場所のなかで、母親の膝の上に抱かれていたり、書架の前で本をひたすら取り出していたり、板の間の上で這いまわっていたり、玄関で右と左の靴を反対に履いていたりという姿となって、私の身体のなかに住み込んでいる。

　〈沈澱〉などというと、水溶液のなかで、水に溶け込まないで下の方にたまっている砂糖の如く、私の身体のなかの下の方で、どうしようもなくたまっているもののようだが、メルロ＝ポンティの〈沈澱〉はそういうものではない。〈沈澱〉は、日々の生活のなかで、身体を習慣的に使って培われ、獲得された体験の積み重なりであり、この〈沈澱〉があるからこそ、私たちは、毎日の暮らしを、いちいち初めから考えることなしに、あるいはほとんど思考を巡らすことなしに、実施している。例えば、洗面所に行って顔を洗ったり歯を磨いたり、冷蔵庫から豆腐を取り出したり、棚から皿を取り出したりできるのだ。知識の集積である〈沈澱〉がなかったら、日々の暮らしは、たくさんの思考回路を必要とし、現実生活は不可能になるだろう。

　〈沈澱〉を作るには、ある程度の回数の実行を必要とし、その行為が習慣化されることを条件とする。子どもたちにとって、絵本を読んでもらうことが身体的に習慣化してはじめて、絵本の経験が〈沈澱〉するのではないだろうか。

　私は、誕生以来、世界のなかで生存している。身体を持って、あるいは、身体と共に、そして、私は、まさにこの身体自身である、と言うことができる。すると、私は、私自身の身体があるところからしか、見たり、聞いたり

することはできない。特に触るという行為は、私の身体が届く範囲でしか有効ではない。

　当然ながら、私の視界であるパースペクティヴは決まっているし、限られている。私は、私の身体のありどころからでしか、私の生身の身体による経験をすることはできない。限られた空間・時間のなかでしか、生きることはできない。「私」から離れて、同時に、身体だけをイギリスに置くことはできない。「ここ」と1メートル離れているところと両方に同時に、私の身体を置くことはできない。あるいは、身体だけを縄文時代に移動させることはできない。昨日にだって、明日にだって移動させることはできない。もし、あそこで生きられたなら、あの時代に生きられたならと思いをはせることが、空間と時間の移動を想像の世界で可能にするように、人間は時空間の移動の手段となる文化や具体的なメディアを生み出してきたのかもしれない。絵本は、人のそのような願いをかなえてくれる、人が出会う最初のメディアであり、生身の人間の限られた時空間の存在を、多様にしてくれるメディアである。

　話を、生身の身体のあるところに戻そう。私が、70余年の生きてきた過程で、自分の身体を持って経験したことは、限られたものであれ、それが私の地平である。それぞれの人はそれぞれの地平を持つ。一人ずつ異なる。同じ年代に生まれ、同じ時代を生きようと、地球上で、日本列島上で、どのような地域で、どのような親の元で、どのような関係性で育てられ、生きたかによって、人の存在の仕方は違ってくる。身体を持つがゆえに、どのようなパースペクティヴを持ち、どのような物事に注目し、どのようなことを習慣とし、沈澱として身に沁み込ませたかで、どのようなことに価値を置くか、どのようなものを美しいと思うかが違ってくるだろう。

　私の経験が作っているものが私の地平としたなら、この論考の最初に、生まれてから、メルロ＝ポンティの『知覚の現象学』に行きつくまでの道筋を大まかに書き留めることも、あながち単に個人的な経験にすぎないと責めら

れることもないだろう。その地平を、大きなくくりでは、私の〈生〉の現場とも言える。

　私の子ども時代と昨今の子ども時代の間には、あまりにも大きな隔たりがある。戦後70年間の子ども観や子育て観の変化の大きさは、驚愕である。子どもを愛おしいと思う子ども観が全く消失したわけではない。しかし、今は、本田和子の著書の衝撃的なタイトル『子どもが忌避される時代』[6]が象徴的に示すように、若い世代が「子どもは要らない」と言い切る根のところには、いまの時代の否定的な「子ども観」が生れる所とも言える、自分自身の子ども時代を肯定できない時代観があるのではないか。その意味では、私の70年前の個人的な子ども時代を記しておくことも意味があることかもしれない。

　この論文の目的の一つは、今のこうした時代および社会状況のなかで、いま子どもである人たちと絵本を読むという行為が何を意味するのか、を考えることにある。メルロ＝ポンティは言う。「人は世界から生まれ、世界へと生まれる」、と[7]。しかしながら、この世界が、多くの人が「生きていたくない世界」とみなすと、世界観も子ども観も変って来る。さらに、地球が自然現象として爆発する前に、人類は滅びるかもしれないとさえ考える人も増加しているのではないか。

　第Ⅰ部では、第1章で私が生きてきた時空間（現場）を扱い、第2章では、私が「子どもたちと絵本を読む」現場である、大阪の千里ニュータウンにある青山台文庫とその文庫の主催で行ってきた「だっこでえほんの会」を紹介する。これが「子どもと絵本」について記述する第Ⅲ部の背景をなす。

第1章　私の「生」の現場
　　──なぜ生きているのか、という問いから臨床哲学へ──[8]

第1節　そもそもの「私」のはじまり

　1940年に名古屋港の近くで生まれた。いつ生まれたかは、その人のその後の生き方・考え方を方向付ける上で大きな役割を果たす。1940年生まれということは、戦争中に乳幼児期を過ごし、戦後に小学校に入学したことを意味する。私が受けた小学校教育は、いわゆる民主主義教育をモットーとした。このことは、私の人間観の形成上重要なことだっただろうと思う。出生が数年前の人であれば、戦前・戦中の教育と戦後の教育の両方を受けたことになり、教育方針の180度の転換（墨塗り教科書[9]など）を身をもって経験し、おとなや社会への不信感が根底に醸成されたはずだ。1950年の朝鮮戦争以降に生まれれば、国際紛争の中で日本も再軍備化へと巻き込まれていく状況下で育ったことになる。1960年代に出生すれば、戦後の焼け跡は消え、消費時代の中でにぎやかに生きることになる。

　私は、小学校時代の教育も社会・文化も、民主主義という言葉が持てはやされる雰囲気の中で育った。ひとりひとりの人を大事にする社会を築こうという風潮が巷にまで広がり、人を信じ、未来を信じるという楽観的な人間観・未来観を植え付けられたかもしれない。戦争直後の教師たちは、教育を施す者の姿勢の転換のなかで、なにをどのように教えていいのかわからないでいるのを、子どもたち自身も感じ取っていた。まずは自由に、子どもたちのやり方を尊重しようという空気のなかで、私たちは、毎月、学芸会なるものを自分たちの手で工夫して行なっていた。

一方、生まれた場所は名古屋港の近くで、「港」という名前はついていても、神戸港などと違ってハイカラさやロマンチックさは微塵もなく、沿岸には積荷の倉庫が立ち並ぶごたごたした港であった。まわりのおとなたちは、ほとんど海運関係の仕事につき、体を使っての労働に従事していた。女性たちもよく働き、船の底についた貝の殻やごみ落しの仕事に出かけていた。名古屋市の中でも、進学率は極めて低く、高校進学を目指すものは、クラスでもほんの数人であった。父が教師という職業でもあり、家に本があった私が申し訳ないほど恵まれた境遇にあったことを知ったのは、後のことであった。

　名古屋港には外国船の出入りもあり、深夜に、夢の中で「ボー」というくぐもった汽笛の声を聞くと、ああ、船が外国に向けて出て行くのだ、私もいつか旅立ちたい、という思いが疼いた。その思いを実行に移すには、数十年の年月を待つ必要があった。留学という名目で私が旅立ったのは、54歳になってからであった。生れた年代や生れた環境も、そしてジェンダーも、或る行為を実行に移すときの決断に、大いに関わっていると言える。[注)]

第2節　10歳の問い──「なぜ生きているのか」──

　10歳の或る日、突然に、「私はなぜ生きているのか」という疑問が降ってきた。その頃、私は極めて内気な子どもではあったが、人間関係や、学校や友達のことで特に悩んでいたわけではなかった。その日は、とても天気がよく、明るい大気が満ちていて、さわやかで、気持ちの良い日であった。それにしては、わが家の狭い庭に掛けられた物干し竿には何もかかっていなかった。その時、突如として、青天の霹靂としか言いようがないのだが、「私はなぜ生きているのか」という問いが降ってきたのだ。

注)　私には現在孫が7人いる。その中で一番年長者である孫娘（1997年生）は、高校時代に一年間留学している。しかもスペイン語系のメキシコへ。私の時代や地域や境遇では考えられなかった若い女性の留学である。

10歳という年頃は、時間・空間の中にわが身を置くことが可能になる年頃である。ここでいう時間とは、昨日今日というからだでわかる時間のスパンではなく、人類の何千年、何万年という時間の流れがあり、その中に自分を位置づけることができるようになる年頃と言える。空間的には、家庭や隣近所と言う拡がりではなく、地球や宇宙という広大な空間があり、その中に自分を位置づけてみることができるようになったということ。すると、人間の長い歴史の中で、なんとたくさんの人たちが生き死にしてきたのだろう、その中の「自分」とはなんだろう、と考える。また、この広大な地球上には、なんとたくさんの人たちが生きていることだろう、その中の「自分」とはなんだろう、とも考える。どんなに、「一つの命は地球より重い」とか、「かけがえのない命」とか言われようと、あまりにも膨大な数字のなかの「ひとり」にすぎない。

　世の中を見まわしても、戦後すぐの時代であってみれば、文字通り襤褸（ぼろ）をまとった人たちが実際にいたし、親を亡くした子どもたちもたくさんいて、社会の多くの人たちが、ひとりひとりの命を「かけがえのない命」と考えているようには見えなかった。

　「なぜ生きているのか」という問いの内容には、価値あることをした人が生きる資格があるとか、実績や功績を挙げた人が生きる資格があるということではなく、また、個人にとっての意味ではなく、「人は、なぜ生きているのか」という、いわゆる形而上学的な問いであった。

　同時に、私を打ちのめした、知ったばかりの知識があった。当時、父は私たち4人の娘たちに科学的な考え方を身につけさせたいと願ったのだろう、『子供の科学』[10]という雑誌を取ってくれていた。その記述の中には、宇宙の中での地球の成り立ちが書かれており、その中に、地球はいずれ爆発し消滅すると書かれていた。当時すでに本というものに最高の価値を置き、読書こそが人生の最大の喜びであり大事なものであると考えていたものにとって、このことは衝撃であった。地球上における「私」の個人的な存在の証（あかし）は必要

とはしないが、地球上に生命体が存在し、人類が存在したという記録（書物など）が全く残らない、それを読んでくれる人たちもいない、ということは、なんとしても耐えられないことであった[11]。

この時点から、私にとっては抜き差しならない「なぜ生きているのか」と言う問いが始まった。誕生したのだから死ぬ時がくる。すると、「死」を前提として生きるということである。その果てには、人類の、地球の滅亡がある。さらに、私は、望んで生まれてきたわけではない。「誕生」というのは、なんという理不尽なことだろう。

第3節　本を読む

私が子どものころは、とりわけ、わが家の周辺では「読み聞かせ」などという言葉はなかった。食べるために労働することが当り前のこととみなされている地域であった。私も読み聞かせをしてもらったという経験の記憶はない。しかし、父が買ってくれたかなりの冊数の子どもの本があった[12]。父は家庭にあっては物言わぬ人で、私たちの祖父にとってはひとり息子であったが、そりが合わず、そのことを言葉では出せないまま、家族に背を向けて、小さい経机の前に座り込んで本を読んでいた。（今なら、父の「からだ語」と表現できる。）家ではどてらを着ている父の後ろ姿には、権威を持っている自分の父親への抵抗感がそこはかとなく出ていた。父が読んでいるものは、どうも仕事で役立つとは思われないような本であったが、その熱心とも孤独とも見える姿から、本を読むという行為は、何か他の目的のために役に立つという理由で読むものではないらしいこと、読みたいために読むというのが本を読むということの流儀らしいことを、父の背中から感じ取っていた。

「なぜ生きているのか」という問いの答えは本の中にあると信じていた。読んだ本のほとんどは文学系ばかりだった。10代の後半からは、宗教的なもの、哲学的なものもあったが、ひとりひとりの生き生きした人間像が描か

れている物語の方に魅かれた。小学校時代から、算数・数学が全く理解できず、頭からの丸暗記は不可能なため、とりあえず、大学は英文学科に入学。毎日辞書を引き、物語ばかり読んで、人とはあまり言葉を交わさずに、卒業した。

　ひとりで出来る仕事として研究と言う職種があるらしいと知ったが、研究ということは「なぜ生きているのか」を考えるのではなく、重箱の隅をつつくような論文を書くことが研究らしいと知って研究者になることは止めた。当時は、またその地域では、女性の職業としては教師以外には考えられなかった。しかし、職業としての教師には全く向いていないことを、私は十分に自覚していた。その後は、翻訳的な仕事、通訳的な仕事をしたが、とにかく、生身の人間と接することは苦手で、現実の社会で生きることが苦しく、本の世界で生きていた。

　と書いてくると、本ばかり読んでいた青白い女の子になってしまうが、子ども時代には、路地で隣近所の子どもたちどうしでよく遊んだ。何しろ、道はまだ自動車のためのものではなく、子どもたちのためにあった。テレビもまだなかった。わらべうたは子どもの世界のなかでまだ生きており、夕暮れに蝙蝠（こうもり）が舞うまで、「とうりゃんせ」をしたり、「かごめかごめ」をしていた[13]。缶蹴りやかくれんぼは毎日のようにしていた。隠れるところとしては、隣近所の家の玄関から飛び込んで、その家の中の細い土間を走り抜けて、お勝手口から飛び出す、という時代であった。どこの家も、鍵を掛けるという発想のない地域であり時代であった。裏返せば、その時代のその地域はなんとか食べていける土地柄であり、それ以上の物などどの家にもなかっただろう。誰でもどの家のこともある程度は知っており、プライバシーなどという言葉があることすら知らなかった。

第4節　大阪の千里ニュータウン

　関西の男と名古屋の女が東京で出会い、1965年に結婚し、大阪府下の千里ニュータウンに住むことになった[14]。当時、名古屋で仕事をしていた私は、開通したばかりの新幹線で[15]、土日に名古屋―大阪間を通った。それでもまだ、「なぜ生きているのか」と問い続けていた。大阪に落ち着くとすぐに、京都大学まで出かけて行って、「私はなぜ生きているのかを知りたい。どの学科に入ったらいいですか」と尋ねた。「哲学」です、と教えられ、聴講生として、哲学のゼミに入れていただいた。60代くらいの教授と30代くらいのふたりの院生と私の4人が英語で哲学の本を読んだが（誰の哲学書だったのか、記憶にない）、全く頭に入って来ず、聴講料を払っていない英文学の講義に出るようになった。御輿員三先生[16]の英語の詩の授業に内緒で参加し、英詩の言葉のリズム、脚韻などの配列の面白さ、読み上げられたときの楽しさなどに再び出会い、からだが震えるほどの喜びが蘇ってきた。音声をともなう言葉そのものの喜びと言ってもいい。

　一方、新住居地である千里ニュータウンは、私にとって、苦痛の住環境であった。生まれてから住んでいた家は、古くて建付けが悪く、雨戸がまっすぐ垂直に閉まらないような家で、中は雑然としており、暗かったが、木でできていた。トイレ（いわゆる汲み取り式便所）も風呂も外にあり、冬など不便で寒くて閉口していた。それが突如として、日本で初めてと言われるマンモス団地に住むことになったのだ。

　千里ニュータウンは豊中市と吹田市にまたがっており、1962年より入居を開始した。住むことになった吹田市側の青山台は1965年に入居開始。若いカップルにとっては当時あこがれの団地だったらしい。何も知らずにやってきて、千里ニュータウンの光景を目の前にしたときは、驚きと嫌悪感以外の何ものでもなかった。全くの異世界であった。硬い白い四角い箱が、地面

の上にいくつもいくつも置かれていた。5階のわが住居に入ってみると、すべてコンクリート製の白い縦と横の直線ばかりで、陰影が織りなす柔かいところや微妙な明暗がどこにもなかった。やわらかいぬくもりのある肌触りは家の中にも外にもなかった。かっては千里丘陵地帯と呼ばれ、竹林や雑木林であったところ、そしてそれまでは、小学生の遠足はウサギを追いかけるところだったらしい千里は、土くれが家々の周りを囲み、人の手で植えられた木々はまだ幼かった。

　四角い穴のあいた四角形か長方形の白い箱が林立する奇怪な光景の場所、これが私の千里についての第一印象だった。窓から外を見ると、同じような白い箱があり、窓の向うには、お互いに知らない人ばかりであった。ここで生きて行けるのだろうかという精神的不安が押し寄せてきた。この千里ニュータウンでその後50年以上も暮らすことになり、多くの子どもたちや人たちと人間模様の織物を織り上げ、私にとってはかけがえのないところになっていくだろうことは、当時の私には想像もできないことであった。

　すぐに長男の出産、次男の出産、娘の出産と相次ぎ、毎日毎日、おむつを洗った。紙おむつが日本で売り出されるようになる前のことで[17]、着古された浴衣などをほどいて母が作ってくれた布おむつが大活躍した。3人の子どもたちの年齢が近いため、毎日、2人分のおむつを洗う期間も続いた。冬や雨の日は、3DKの部屋の中に洗濯紐を張り巡らし、家中におむつのカーテンが掛った。早く乾かす必要もあり、冬や雨期にはストーブを炊いた。その臭気たるやすさまじかったが、子どもたちは友達も呼んで、おむつの下をくぐって遊んでいた。それから数十年、いまどこの家もきれいに掃除され、友達は家に入れてはいけないことになっているらしい。小学校の門は閉ざされ、友達の家も閉ざされ、子どもたちは、ひっそりとテレビゲームやスマホの画面を見つめて、指を走らせている。

第5節　子育て

　子どもたちは私にとって大事な存在ではあったが、「なぜ生きているのか」という問いは、子どもの誕生によって終止符を打たれることはなかった。本を読み続ける母親に、6歳の長男が「おかあさん、ごはんと本とどっちがすき？」と聞いた[18]。「おかあさんも、生きものだから食べなければ生きていけないけれど、本を読まなければ生きていけない」というようなことを答えた。子育てしながら、授乳しながら、料理をしながら、本を読み続けた。

　これからどの本を読もうかと、ある日、書店に立ち寄り、私が購入した数冊が「岩波少年文庫」シリーズの作品だった。いわゆる児童文学と言われるカテゴリーの作品で、子ども時代に読んでいたものもあったが、その時の私にはその意識は全くなく、新鮮ですらあった。児童文学の本には、物語という形を通して、生きるとはどういうことかが端的に書かれていた。ある本には、こう書かれていた。「なぜ生きているのだろう、と考えるのが、生きているということです。」この時、3人の幼い子どもの母親になっていた私には、この驚くほど率直な言葉が、素直に胸に落ちた。もちろん、「なぜ生きているのか」に真正面から答えてくれているわけではないが、私の中で何かが変わった瞬間だった。考え続ければいいのだ、と。それまで、自分の内側にだけ向いていた歩みが、外側にむかった一瞬だったと言える。

　量が質に変わる時、という言葉があるが、この時がその時だった。本を読んで、読んで、ある日、出会った児童文学の本が、私の身体の向きを変え、外に向けて一歩踏み出させ、「まず、生きてみることだ」という思いにさせてくれたのだった。

　そして、自分の住まいで文庫を開設した。文庫というものは、子どものための本のある場所と考えられているが、その時に私の頭にあった対象は、おとなだった。私は、ほとんどの人が、「自分はなぜ生きているのか」と考え、

悩んでいるのだ、と思い込んでいた。そこで、児童文学を読んでいただくと、これまで閉まっていた扉が開くかもしれない、私がそうであったように、と思い、周りのおとなの方が来てくださったらという思いで、青山台文庫をオープンした。

　このように書いてくると誤解を招くかも知れない。子どもたち3人を放ったらかしにして、本ばかり読んでいたようにひびくかもしれない。実は、ほとんど結婚と同時に夫の父との同居も始まっていた。父も夫も子どもたちの上の二人の男の子たちも驚くほど食べたので、大量の料理を作る必要があった。一升釜でご飯を炊き、同じく一升窯のような大きなお鍋で煮っころがしのような煮物を炊いた。大根1本と里芋2袋、ニンジン数本、それにコンニャクや鶏肉などを一緒に炊けば、それだけでおいしくなった。

　3人の子どもたちは結婚後も、お盆の季節と暮正月の季節には、それぞれのパートナーと子どもたちと一緒に狭い3DKに帰ってくる。私の大して特別でもない料理を食べるために。それぞれのパートナーと子どもたちをあわせると、13人が押しかけてくる。子どもたちが巣立ったあと、夫婦二人であれば少しは余裕があると思われそうだが、壁面全面本箱であり、周りには、はみ出した本を押し込んだ箱が積み上げられていて、床は探さなければならないくらいだ。全員がきちんと座れるスペースはない。名古屋の実家からもらってきた丸い折りたたみ式のちゃぶ台の周りにまず子どもたち（私にとっては孫たち）を坐らせて食べさせ、おとなたちはうろうろと立って待ち、食事を終えた子どもたちがボールを持ったりして外に出ると、やっとおとなが座れるスペースが出来る。それでもみんな、ここがいいと言う。50平方メートルにも満たない住空間のなかで、親子三代6人が生きてきた。個室どころか個人のベッドも机もない暮らしのなかで育った子どもたちは、それぞれ結婚した後も、伴侶や子どもたちを連れてやってくる。「少しでも動けばお尻が触れ合う」という空間で、食べたり、しゃべったり、ごろごろしたりするのがいいのだそうだ。かっての真っすぐの直線の白いコンクリートは、本

箱などに隠れてどこにもなく、数十年の生活の痕跡ばかりが3DKを満たしている。

　もう一つしたことがある。絵本や本を子どもたちと読んだこと。寝る前になると、幼いころの3人はそれぞれ自分が読んでもらう絵本や本を探しに本箱のところへ行った。子どもたちが幼いころには、私もひとまず子どもたちと布団のなかに入った。本読み開始前に3人はじゃんけんをして、誰が母親の右に寝て、左に寝て、そしてはずれになるかを決める。ところがはずれになった子は承服できないから、布団の下から潜り込んできて、悶着が起こる。これが毎晩の行事であった。3人分読むのには相当時間がかかった。横になって絵本を持ち上げて読むのにくたびれて、また眠ってしまって、絵本がバサリと私の顔の上に落ちてくることもあった。すると、3人が叫ぶ、「おかあさん！」。

　長男が9歳くらいになった頃から、児童文学の古典の完訳を読むことが増えてきた。『ハイジ』や『宝島』や『トム・ソーヤーの冒険』、そしてワイルダーの『大きな森の小さな家』のシリーズなど、毎日一章ずつ読んでも、1冊読むのに1か月くらいかかったと思う。こういう本は重いから、3人を布団に入れてから、私は坐って読んでいた。

　この絵本読み、本読みは、子どもたちのためにとしたことではなかった。私が子どもたちと一緒にできることはこれくらいだと思って、好きなことだからしていたのだった。このことが、予想してはいなかったある種の働きを生じさせたのは、彼らが、中学生・高校生になった頃だったかもしれない。どの子も、いわゆる学歴取得にエネルギーを費やすことなく、中学までの子、高校までの子、辺鄙なところにある大学卒の子となった。とりわけ、ひとりは、10代で家出。今日は帰ってくるだろうか、と不安がよぎる日々もあった。暗い5階の踊り場で、待っていたこともあった。3年間待った。その間、時々帰ってきて、こう言った。「おかあさん、絵本、読む？」　ティーンエイジャーの子と私は、畳の上に寝転がって、モーリス・センダックの『かいじ

ゅうたちのいるところ』[19]や『まどのむこうのそのまたむこう』[20]、あるいはアーノルド・ローベルの『ふくろうくん』[21]などを読んだ。どれも、以前に一緒に読んだ絵本ばかりだった。そしてその子はまた出ていった。「私は、おかあさんの成果だ」と言いながら。

　この3年間、不安がなかったわけではなかった。それどころか、今頃どうしているのだろう。大阪のど真ん中のごたごたの中で、どうやって生きているのだろう。道頓堀川で死んだ体で浮いているのではないだろうか、と母親としての妄想や苦悩はふくらんでいくこともあった。それでも待った。この子は大丈夫だ、きっと帰ってきてくれるという確信があった。そして、本当に大丈夫だった。

　19歳の終わりに帰ってきた。そして、自分のお気に入りの絵本を持って、パートナーと暮らすために、今度は本当の自立に向けて出て行った。2年後、二人で貯めたお金でささやかで素朴ではあるが心を込めた結婚式をあげた。「おかあさん、絵本読む？　泣くねえ。」私はやっぱり泣きながら絵本『大きなクスノキ』[22]を読んだ。この子は、今は二人の子どもの親をやっている。そして、食べるためにどんな仕事もいとわず、やっている。人を絶対に肩書や学歴では見ない。わが子ながら、「いい人間、やってる！」と思い、私の方が教えられることが多い。「学歴」はないけれど、それにまさる「人間歴」がある。

　幼い子どもの子育て中の人たちに「子どもたちと絵本を読んでください」と私が勧めるとき、それは、言葉を覚えるためでも、知識を増やすためでも、成績をよくするためでもない。一緒に泣いたり、笑ったり、感動したりするためである。一緒に絵本や本の世界に入り、その世界で登場人物たちと共に生きるためだ。絵本や本の世界で生きた経験も、現実の世界で生きた経験と同じだ。人は、常に身体と共にしか生きられない。そして、絵本や本の世界で、多様な生き方が可能となる。

　一緒に読んだ絵本は、子どもにとっての宝物であるばかりではない。一緒

に読んだおとなにとってのたからものでもあるのだ。「この」子と「この」絵本を一緒に読んだという経験、子どもの側では、「この」人と「この」絵本を一緒に読んだという経験、すなわち、ある時、〈いま・ここ〉で共に生き、共に感動した経験は、共に身体のなかに宿る。

「子どもたちと絵本を読んでください」というとき、私には、子どもたちが生まれて数か月から絵本を読んできた経験があり、その経験が、思春期の嵐が荒れ狂う時にも、この子は大丈夫だと見守り続けることができたという思いがあるからである。

アメリカの心理学者エレン・ハンドラー・スピッツは、『絵本のなかへ』のなかで、次のように書いている。

> ［おとなは］子どもを喪失から守りとおすことはできないけれども、喪失とどのように向き合うかを配慮することはできる。[23]

親は、わが子の「生」を初めから終わりまで伴走することはできない。ある時間を共有することはあっても、あるいは、わが子が幸せであれと、あらかじめどのように手立てを尽くそうと、わが子を喪失や絶望から守ることは不可能である。できることは、喪失や絶望とどのように向き合うかを伝えることだろう。

スピッツは子どもたちには明るいものばかりではなく、死をテーマとして扱うものも紹介することを勧めている。ただ、喪失や絶望を感じさせるのは、必ずしも「死」を題材とするものばかりではないだろう。第二部で紹介するが、子どもたちはおとなが気が付かないかもしれないところで、喪失感を味わっている。

この後、私の個人史は、青山台文庫に続く。青山台文庫は、私にとっては「子どもたちと絵本を読む」現場であり、特別の意味をもつため、第2章にまとめた。順序としては、そちらに先に立ち寄っていただいてもいい。

第6節　絵本の研究のためにイギリスへ

　絵本についてもっと研究したいという思いがどんどんふくらんでいった。私は、幼い頃からの活字人間で、幼児期における絵本体験は全くない[24]。
　しかし自分の子どもたちや文庫の子どもたちと絵本を読む機会が増えていくにつれて、絵本を読んでもらっているときの、子どもたちのからだつきや表情、あるいはちょっとした発声や言葉などから、子どもたちが非常に深く絵本の世界に入り、登場人物たちと共感していることがわかり、そのように子どもたちに受け取られている絵本という表現メディアに驚きを持って出会った。子どもたちが絵本を見る集中力、そして絵本に出会う時の「絵本と子ども」の間に走る電流、子どもたちのエネルギーが絵本と読み手である私のまわりに作り出す磁場のようなものに、私も吸い込まれていくのを感じた。
　この空気は（活字ばかりの）物語の本にもないわけではないが、絵本の時は、もっとはっきりとその磁場が目に見えるのだ。もともと絵を見ることも好きだったので、絵本の言葉を読むこととは別に、絵を読み込むことをしてみた。それから、一度の視野に入る1見開き（開いている左右のページ）のなかの「言葉（文学）」と「絵（美術）」とをできるだけ共に味わうようにしてみた。
　絵本の場合、自分で絵本を手に持って、50センチほど離して見る場合、目というものは、見ているようで見ていないという働きをしていることがわかる。1見開きにおける言葉と絵はデザイン的に一体化しており、同じ空間を占めているが、言葉と絵を同時に見る（読む）ことは物理的に不可能である。文字を読んでいる時には、絵は周縁に退き、ぼやけてしまう。反対に絵を見ようとすると、同時に文字を読むことは不可能である。また、言葉の中に「いぬ」と出てきたとする。すると、絵のなかで犬はどこにいるだろうと、絵の中を探す。「あ、ここにいた」と目が犬を発見した途端、周りの絵はぼやけて行き、さらに、文字のなかの「いぬ」の箇所に戻るのにも時間が

かかる。そうして、文字の「いぬ」に戻ったとたん、絵の犬はぼやけてしまう。文字に戻って読むと、どういう「いぬ」であるか説明している。またあわてて、絵のなかの犬を探し出すことになる。

　絵本の画面を注意して見るということは、地平（絵本の見開き全面）の中の何かに注意を注ぐことであり、人はページをめくって１見開きを目にしたときに、全部「見た！」と思い込み、おとなの場合は、すぐに文字のパートに目を集中させ、まわりの絵は周縁に沈んだまま「みんな見た」気持ちになって、ページをめくって、次の見開きに移動して、また、文字のパートのみに注意を持って行って……、を繰り返して、終わりとしている。そして、１冊の絵本を読み終えた気持ちになってしまう。

　こうして絵本というものを自分でじっくりと見てみて（見てみようとして）、ひとりで絵本を読み取ることの難しさに驚くと共に、子どもたちが、やすやすと絵本を読み取れることもわかった。おとなに読んでもらっているからである。絵本との距離をもう少しだけ多めに取って、文字のパートはおとなに読んでもらう。それを耳で聴く。絵は自分の眼で見る。これなら、絵本の見開き全体を楽しむことができる。

　次には、捲るという機能を大事にして見ていってみた。ゆっくりと捲っていく。次はどんな絵だろう、と思いながら。すると、絵本は演劇の舞台であることが見えてきた。

　絵本は表現形態としてのユニークさを持っている。１冊の絵本における最小ユニットは１見開きで、１見開きが１場面（舞台）を構成し、だいたい15場面で物語を完成し[25]、一つの物語世界を構築する。言葉と絵の間の読み取りの多様性、見開きから見開きへの未来（期待）に向けての読み取りの多様性があり、１冊の絵本でも多様な読み取りを可能にする。その結果、年齢、性、文化、民族などによって、多様な読み取りが可能であると同時に、１冊の絵本を仲立ちにして話し合ったりすれば、それぞれの境界を超える可能性を持つ[26]。

そして、私自身、絵本表現の可能性に魅せられるようになり、絵本のことをもっと知りたい、絵本がどのようにして現在のような形態をもつようになったのかその歴史を知りたいと思うようになった。しかし、私が知りたいことが書かれている、絵本に関する研究書はなく、絵本について研究する場も日本にはなかった。

1994年の秋、イギリス国立ローハンプトン大学大学院文学研究科に入学した[27]。渡英時点では、博士論文を書くということは考えてはいなかった。イギリスに到着早々出会ったのが、ウオルター・クレイン（1845-1915）の絵本であった。ここから、私はヴィクトリア時代（1837-1901）の絵本の研究にのめり込んでいった。ブリティッシュ・ライブラリー、ヴィクトリア＆アルバートミュージアム内にある国立美術図書館、オックスフォード大学図書館およびケンブリッジ大学図書館その他のイギリスの主だった図書館に所蔵されているヴィクトリア時代の絵本はほとんど全部見た。その時の指導教官であったキンバリー・レイノルズ教授が、私の研究ぶりをみて「博士論文を書いたらどうか」と提案してくれた。また、子どもの本の歴史研究の分野では、世界の第1人者であるブライアン・オルダソン先生の指導を個人的に得ることができ、結果として、イギリス滞在6年間の全ての時間をかけて仕上げたのが、2000年にローハンプトン大学に提出し受理された博士論文 *A History of Victorian Popular Picture Books* だった。

研究過程の半ば頃にわかったのだが、ヴィクトリア時代の絵本の学問的、網羅的な歴史研究は、イギリスの研究者もアメリカの研究者も誰もしていなかった。この英文1000ページと図像900枚の論文は、イギリスでは刊行がかなわず、日本の科学研究費の出版助成金を得て、2006年に風間書房から英文のままで出版することができた[28]。この本は、イギリスの「子どもの本歴史協会」より、2年に一度与えられる「ハーヴェイ・ダートン賞」[29]を2008年に受賞した。ハーヴェイ・ダートン賞は、子どもの本の本格的な歴史的研究にあたえられる賞であり、英文で書かれている必要がある。今のと

ころ、ヴィクトリア時代の絵本研究として高く評価されている。自慢めくいい方だが、絵本の研究は世界的にみても、これからという分野であり、言い換えれば、可能性のある分野であることの現われでもある。

　帰国してすぐに、当時児童文学に力をいれているある大学から絵本について学生たちに教えてほしいという依頼があり、非常勤の仕事をした。そのすぐあとに、幼児教育専門の伝統ある大学[30]から声がかかり、卒業したら保育者として働く人たちや、すでに現場で働いているが、修士および博士課程でもっと学びたいという人たちに、絵本について話すという願ってもない仕事をすることができた。このことが、幼児教育という分野の存在を知り、子どもたちにとっての絵本についてもっと研究したいという動機を与えてくれた。

第7節　イギリスで理論書を読む授業に参加する

　イギリス滞在中にローハンプトン大学大学院のいくつかの授業に出た。その中で一番の収穫は、理論書を読むという授業で、15回の授業中、毎週一人の理論家の本を読んでくるというものだった。フロイトの『精神分析入門』、ソシュールの『一般言語学序説』、ベンヤミンの『複製技術時代の芸術作品』、ジャック・デリダの『グラマトロジーについて　根源の彼方に』、エドワード・サイードの『オリエンタリズム』、レヴィ＝ストロースの『悲しき熱帯』、ジュディス・バトラーの『ジェンダー・トラブル』など。1週間に1冊、しかも英文で読むのは、イギリス人であってもかなりハードルが高い。リーディング・リスト[31]を受け取るとすぐに日本に連絡して、翻訳があるものはできるだけ早く送ってもらった。しかし、日本語であっても、これらの本を1週間に1冊読み通すことは厳しかった。この授業の参加者は、イギリスの修士課程の学生たちで[32]、児童文学科ということもあって、ほとんどが学校の教員か管理職、図書館員たちであったが、学生への要求度が

高すぎたため、非常に評判の悪い授業だった。この授業は、当時オックスフォード大学で博士号を取得したばかりの若い女性研究者カーリン・レズニック＝オーベルシュタインによるものだった。彼女はその持てる能力をすべて伝えようと一生懸命だった。イギリス人たちにとっては不評だったが、私にとっては、授業とはこういうものか、学ぶということはこういうことかと、生まれて初めて、学校での教育に感銘を受ける体験となった。

　帰国後、すぐに大学で学生たちに教える機会を得たが、私はなんの躊躇もなく、私流のやり方を通すことができたのは、カーリンのお蔭でもあった[33]。彼女の授業は、私のそれまでの「日本での授業の有り方」の土台を覆し、再構築する役割を果たしてくれた。

　この授業を通して私が学んだことを2点にまとめることができる。日本でも現代の大学（小学校・中学校・高校でも）では、研究の方法としての理論や考え方を学び、テキストを自分でどう読み取るのかが大事になっているのだろうか。古めかしい教育しか受けてはいなかった私には、イギリスの授業は、目から鱗、であった。

　つまり、教育とは、ひとつ目には、自分で考える方法を見つける場であること、ふたつ目には、テキストの作者がどう考えているかではなく、読者である私がどう読み取るかが大事である、ということであった。つきつめれば、自分で考える過程が大事であり、正解は（極論すれば）ない、ということになった。日本の教育のなかで、正解を求め続けられ、その風潮に自分の身体性がそぐわないものの、教育とはそういうものかと思わされていた。イギリスの大学院にまで来て、やっと、それぞれの読みとりでいいとする読者論に出会った。

　理論の勉強の時だけではなく、他の授業を通しても、それぞれがまず自分が考えていることを述べるという授業の仕方、すなわち、正解を求めるのではなく、お互いの思考を交差させていき、メルロ＝ポンティ流に言えば、共に一枚の織物を織り上げて行き、その過程で自分の考えを深め、あるいは変

更させていく、という教育としての方法は、私には、一種のカルチャーショックでさえあった。日本という井戸の中だけで暮らしていては得られない学び方を学んだ授業ばかりであった。そして、教育者の仕事は、自分も学び続ける人であり、他者とともに学び続ける人であり、他者に正解なるものを押し付けることではないことを学んだ[34]。

　6年後に帰国して、また、カルチャーショックを受けた。日本の教育は、正解を求めるという古めかしい方法を繰り返していた。

　イギリスでの授業の経験が、学問をするときの身体性と学問をする方法という二つの点から、帰国10年後の臨床哲学入門と結びついていると思われる。学問は机上だけでする必要はなく、〈いま、ここ〉に生きている自分の生身のからだ全体を通して見たり、聞いたり、触ったり、感じたりすることを大切にすることからも生まれるものであること、そして一方、物事を根本的に考えたいときには、メタ的思索、すなわち哲学が必要であることを学んだのだった。

第8節　絵本学研究所を開設

　幼児教育関係の大学で仕事をするようになり、保育や教育関係者の間で、子どもと絵本の関係についてこれまで本格的な研究がされてこなかったことを知り、愕然とした。私が地域で子どもたちと絵本を読んできた年月、自分なりに絵本を研究してきた年月を思い、「子どもと絵本」についてもっと研究し、まとめ、伝えていくことは、私に与えられた仕事かもしれないと思うようになった。

　2009年に、個人的な絵本学研究所を設けた。世界で唯一の絵本学研究所かもしれない。現在、日本の大学では、文学部は縮小されていっている。英文学科は消滅しかけている。児童文学科はなくなり、アカデミックな場で絵本を研究できる機関はなくなった。絵本という領域は、文学にも美術にもデ

ザイン学にも子ども学にも心理学にも社会学にもはまりきらない。そのためどこからも顧みられず、絵本を研究できるところは、どこにもないという状態になった。唯一、保育学の中では、絵本を研究対象とする可能性はありそうだが、保育者養成機関である大学や専門学校でも、「絵本」は学ぶ対象とはみなされてはいない。保育者になる前に学んできていないにもかかわらず、一般の人たちからは、現場で働く保育者たるもの絵本のことを知っていて当り前と思われている。このことは、絵本なんて簡単なもので、おとなならだれでもすぐに理解できるものとされ、まだ文字が読めないから理解できないでいる幼児たちに読んでやればいいものとされているところに問題がある。最近では、「100均」で売られている絵本も「絵本」の内とみなして、幼い子どもたちに読む保育者も現われている。

　一方では、絵本はどんどん出版され、絵本愛好家は増え、保育所や幼稚園、小学校や中学校へ絵本を読みに行くボランティアは増加の一途を辿っている。ボランティアの増加は、公立の図書館が行政による直営から民営による委託事業への方向にあり、図書館員も司書としての採用よりは一般職としての採用がほとんどの地方自治体に拡がっていることの裏返しであり、絵本の読み聞かせは安上り（無料）のボランティアに任されているのが実情である。絵本に関しては、ボランティアの方々に望みを託すしかない状況にあり、絵本学研究所が行っている絵本学講座への参加者は、ほとんどボランティアであり、幾らかの保育者、図書館職員、学校図書館司書、研究者である。

　絵本学研究所は狭く、寺子屋みたいなものだが、大阪近辺はもちろん、滋賀県、奈良県、和歌山県、三重県、遠くは福井や福岡からも勉強に足を運んでくださる。絵本を幼い子どものための幼稚なもの、ではなく、幼いこどもにとってはもちろん、一つの芸術形態として、自分でテーマを見つけて研究を続ける人がひとりでもふたりでも出てきてくださることを期待している。また絵本という文化財は、美学、デザイン学、子ども学、心理学、社会学、歴史学、比較文化学など多様な視点からも研究できる素材であることを知っ

てほしいと願っている。

第9節　大阪大学大学院の臨床哲学専門分野に参加する

　青山台文庫は、私にとって、人生の学校であり、「生きられた場」であり、「生きた場」であった。
　文庫を長年主宰し、子どもたちと絵本を読んできたが、その実践的行為は研究のためにしているのではない、という思いが常にあった。「子どもたちと絵本を読む」という行為を、研究という目的のために対象化・手段化することは間違っている、という思いが付きまとっていた。しかし、6年間のイギリス滞在を経て、ヴィクトリア時代の絵本の研究をまとめ上げて、帰国し、文庫に復帰して見ると、私の目の前に子どもたちがいた。その時点で、文庫の取り組みの一つとして、「だっこでえほんの会」を発足させた。生まれて最初の3年間の子どもたちに接し、子どもたちが絵本を見る集中力、絵本に向かい合う人間まるごとの強さに、圧倒された。子どもたちが、生まれて4か月くらいからの3年間、月2回、文庫に通い、私の絵本読みに付き合ってくれて、その「ひとなっていく」[35]育ちが、人の年輪のコアの部分を形成しているのだと目に見えるようになっていった。
　幼児教育に関わり、卒業したら保育者になる人たちと付き合う仕事をする過程で、「幼い子どもたちと絵本を読む」という私の体験を記述しなければならないことなのかもしれないと、思うようになった。絵本を声に出して読むのは、私であっても、私の声を聞いて、絵本を見ている子どもたちの中に起こっている情感（驚き、沈み、揺れ、渦巻き、爆発など）が、彼らの「からだ語」となって顔や身体で表出され、そのことが絵本を読みつつ子どもたちの反応を感じ取っている私に跳ね返ってきて、私の中で感情が動いていく。結局のところ、研究の対象は、子どもたちであると同時に、自分自身そのものかもしれない、行き着くところ、このことこそ「私はなぜ生きているのか」

という問いを考えることにつながるのだと、糸をほぐすように、理解できるようになった。

「子どもと絵本」というテーマに焦点を当て、研究の言葉を紡ぐには、自身のからだから出てくる言葉を使いたいと思うようになった。私のそもそもの研究目的は、「私（子どもも含めて人）はなぜ生きているか」を考えることにあった。学問分野としては哲学だという思いが強く、模索している中で、本を通じて出会ったのが、鷲田清一の『「聴く」ことの力』であった。次のような文章がある。

> 「哲学」ということで、ことさらに西洋の哲学史、あるいは現在の大学でおこなわれている哲学の講義やゼミナールのことを思い浮かべなくてもよい。あるいは、書斎で頭をかかえ込み、もだえつつことばを紡ぎだす哲学者の像を思い描かなくてもよい。じぶんの存在をその意識について、あるいは世界の存在と構造について考えるということ、そしてそのことの可能性とさらにその権利根拠とをみずからに問いただしつつ、自己と世界について考えるということ、そうした思考のいとなみをかりに西洋人にならって「哲学」と名づけるならば、それはアカデミズムの内部の作業にはとても押し込めることのできないようなひろがりをもつことはあきらかである。[36]

「アカデミズムの内部の作業にはとても押し込めることのできないようなひろがり」をもつ「生きている場」を「哲学」と結びつけることは可能なのだ、私が学びたいと思っている場はここだと、からだが熱くなる思いで、この文章を受けとめた。人が生活の場（生きている過程）で出会った現象、見聞きした現象を自分の身体の中に取り込んで、哲学の言葉として表現していく研究の場がここにあった。ここなら、私が子どもたちと出会って、子どもたちの身体や言動を見聞きし、私の身体が驚きや感動で震えたりすることを、単にうわべを書きとめるのではなく、なぜこうなるのだろう、この現象は人間のどんな深いところから立ち現われるのだろう、ということの思考を深めることができると思った。

鷲田清一先生は、大阪大学大学院に臨床哲学講座を創設されたが[37]、2011年に大学総長の座を降り、大阪大学を去られた。私がお聞きしたのは、「最終講義」だけであった。

　臨床哲学とはなにかを、私はこう理解している。「臨床」を広辞苑で引くと「病床に臨むこと」とあるが、「床（とこ・ゆか）」は、生活の場のことで、その「床」に身を置いて、見えてくるものを考えるということ。その「床」は、病床と言われるフィールドでなくてもいいかもしれない。日々の生活もまたフィールド（原野であり、野原であり、畑でもある）だからである。問題（苦痛・苦悩・悲しみ）を抱えている人と共にあってもいいし、何ごとも無く見える人（誰でも問題を抱えている）であってもいい。要するに、〈いま、ここ〉に、生きているもの同士が、交流し（からだ、表情、言葉を使って）、ときには受け取り、ときには手渡し、ときにはぶつかり、訳が分からなくなり、それでも付き合っていくと、何かが生まれるかもしれないということを考える学問ではないか、と考えている。

　このような学問（研究）は、現代にあっては非常に大切だと思われる。何事もすぐに答えを求められる時代にあって、何事もお金に換算するように要請される時代にあって、何事も早く上手にできることが大事な時代にあって、また人びとの多様性が認められず規格品のような画一性が求められる時代にあって、「いっしょに、じっくり考えましょう、語り合いましょう」などという場はそうそうあるものではない。

　臨床哲学は、すべての人々の哲学なので、そこにいる人は誰でもまず受け入れることが大事なのではないかと思う。この世界に到着したばかりのあかちゃんから、この世をまもなく旅立つ人まですべてを。

　現象学の創始者であるフッサールが70歳の誕生日に語った言葉を、浜渦辰二は、フッサールの『デカルト的省察』を訳し終えたあとの解説で紹介している。「私は哲学しなければならなかったのです。そうしなければ私はこの世界で生きることができなかったのです。」[38]　これは哲学者であるフッ

サールの言葉であるが、意識するかしないかはあるにしても、すべての人の言葉ではないかと思う。

　人間には哲学が必要である。それも、生身の人間が生きている場である「生世界」[39]での哲学が必要だ。それを「臨床哲学」という名で呼ぶことが出来る。

　「臨床哲学」に入学した時点ですでに70代に入っていた私は、私流に自然にメルロ＝ポンティに邂逅した。

第2章 「子どもたちと絵本を読む」現場
　　——青山台文庫と「だっこでえほんの会」——

第1節　青山台文庫

　1973年の秋11月。私は33歳、子どもたちは、6歳、5歳、3歳になっていた。青山台文庫を開始した。開設場所は、わが家族の住まいである千里ニュータウンにある公団の3DKだった。50平方メートルにも満たない住居には、私たち夫婦に子ども3人、そして結婚とほとんど同時から一緒に暮らした夫の父の計6人。エレベーターなしの5階建ての建物の5階だった。

　文庫を開設した途端、予想もしなかったことが起こった。地域の子どもたちが、押しかけてきたのだった。その数が、日に日に増加していき、スタートしてまもなく100人の子どもたちが4時間ほどの間にやってきた。公団3DKの玄関は、わが家の住人だけでも靴の置場が足りないほどの狭さである。文庫にやってきた子どもたちの靴が、五階の踊り場に敷き詰められ、四階へと連なる階段に並んだ。後からやってきた子は、靴を下でぬいで、先に来た子たちの靴の上を踏んでわが家にたどり着いた。お互いに余り離れていない二つの小学校の間にわが棟があったために[40]、ランドセルを背負ったままやって来る子もいて、本だけ借りてランドセルを忘れて帰ってしまう子もおり、届けてまわったこともあった。

　家の中と言えば、家族6人が暮らしていくためのそれなりの家具があり、そして壁面全部が本箱であった。内側の畳のスペースにも本棚があり、家族の住居と言うよりは、11基の本箱が並んでいるミニミニ図書館というありさまだった。一つの部屋とDKが繋がっている部分の襖を取り払って、そこ

には結婚と同時に購入した10人掛けのテーブル41)があり、ここが文庫の受付になった。やってきた子どもたちは、本棚と本棚の間の狭いスペースに座り込んで本を読み、幼い子は、母親たちがおしゃべりをしている間、テーブルの下に寝転がっていた。私は、当初非常に戸惑った。当時は、人と挨拶するのも苦手で、出来ることなら人と会わないように暮らしていたかったから。

　私が文庫をしていると知ると、大抵の人が、「子どもが好きなんですね」と言う。「違います。子どもよりも本が好きです」と答えても信じてもらえなかった。実は、子どもの方がおとなよりもずっと怖かった。いい加減な受け答えは認めてもらえないことがわかっていたから。子どもたちと向かい合うには、努力を要した。しかし、どんどんとやってくる子どもたちとは話し合わなければ、文庫は成立しなかった。しかし、次第にわかったのだが、子どもたちとは無理に話す必要はなかった。子どもたちは、話すことが必要な場合は、他のおとなと話をし、本については、この人と話したらいいのだと思ったらしく、本のこととなると、私のところへ来てくれた。

　当時は、どちらかと言えば、おとな用の本が多く、幼い子ども用の本は、わが家の子どもたちと読んだものばかりで、次々とやってくる子どもたちの要求を満たせるものではなかった。私は、生れて初めて、吹田市の市立中央図書館や市役所に出向き、文庫に本を貸し出してくださいと、お願いに行った。私の背中の後ろにはたくさんの子どもたちがいて、勇気をだすようにと背中を押してくれていた。吹田市の中にも文庫の数が増え、吹田子どもの本連絡会が結成された。大阪府内でも、文庫の仲間が手をとりあって、大阪府子ども文庫連絡会を結成し注)、一人ではできないことを、集まりまとまることで、勉強会を行い、講座を開催し、大阪府や各市へも陳情書などを持って出かけて行くようになった。

注）大阪府子ども文庫連絡会（通称大子連）は、「どの子にもよい本を、よい読書環境を」との願いを込めて1976年に設立された。

第2節　日本における文庫活動について

　文庫は、地域で子どもたちと本を結ぶ場であり、たいていボランティアである母親たちによって運営されている。文庫は、世界の子どもの本の関係者からはBUNKOと呼ばれ、日本独自の子どもたちのための本のある場として世界的に注目を集めてきた。石井桃子が1958年に「かつら文庫」という子どものための図書室を開設し、その後の7年間の記録を1965年に『子どもの図書館』にまとめ、出版された。このことを契機に、子ども文庫は日本中に広がっていった。日本における図書館の少なさや質の貧困さも相まって、1960年代の終わりから1970年代にかけて、日本列島に多くの文庫が誕生し、1980年代には、最盛期に達した。石井桃子の「新編子どもの図書館」が『石井桃子集』第5巻として1999年に出版されたとき、松岡享子が解説文の中で、文庫の数について、「今も全国に約五千、公共図書館の約二倍の数存在している」と書いている[42]。また、子どもの読書推進実行委員会が1998年に行った全国読書グループ調査によると、子ども文庫の数は（公共図書館による調査で）5,356あったそうだ。調査には漏れている文庫も考えられるので、その点も考慮にいれると2000年前後にも約6,000の文庫が存在していると言える[43]。

　日本の子ども文庫活動は、子どもたちと本を結ぶことを目的として始まった。初めは読書活動であったが、そこから図書館運動へと広がり、自分の暮らしている地域だけではなく、地方自治体全体で子どもたちが歩いて行けるところに図書館がほしいという図書館網の充実に向けて活動するようになった。それまでは、PTA活動などでも、会長は男、副会長以下が女という役割分担をし、社会的な場で発言することに躊躇していた女性たちであったが、1970年代から1980年代にかけて、自分の文庫にやってくる子どもたちだけではなく、自分の市町村の全ての子どもたちに良い読書環境を作りたいと考

え、図書館運動を展開し、市民のための図書館作り（単なる蔵書の図書館ではなく）に関わるようになった。文庫に本がもっとほしい、図書館を設立してほしいなどの要求を持って、図書館長、教育部長、市長に会いに出かけるようになった。普通の女性たちが、政治的なことに発言するようになっていったのだ。

　文庫活動自体は、読書活動であり、子育て活動でもあったが、活動を進めていく中で、女性運動であり、文化活動であり、社会的活動であったと言える。文庫活動を通じて、物言わぬ女から物を言う女へと、時代の流れと並行して、変身を遂げていった女性の歴史があるような気がする。この流れの上に立って、食のこと、環境のこと、教育のこと、憲法のこと、核のこと、平和と戦争のこと、女性の生き方を考えることなど、行動する範囲が広がっていった。こうした経緯は、女性たちが、自分も本を読み、子どもたちにも本を読む人になってほしいという願いがあったことと無関係ではないだろう。

　こうした傾向、行動を見ると、日本の子どもたちの読書運動において文庫が果たした役割の大きさが目に見えてくる。さらに、最盛期に関わった文庫の世話人は、ほとんど自分が本が好きで、その内なる力に押されて、自ら文庫活動を開始し、自分の地域の子どもたちのためだけでは片手落ちと思い、自分の市の図書館網作りにも関わっていくことになった。こうした読書活動、図書館運動に質的な陰りが見え始めたのが、1990年代の後半であった。

第3節　青山台文庫の経過

　増加し続ける子どもたちに対応するには、わが3DKはパンク状態になった。押しかける子どもたちがふくれ上がる中で、本の数も増え、各部屋を仕切っていた襖は全て消え[44]、押し入れの襖もなくなっていった[45]。子どもたちの数は増え続け、ついに、個人の住まいで文庫を運営していくことは無理だと判断し、地域の集会所へと移転することにした。この時、地域の人た

ち（自治会の中心的役割を果たしている男性たち）とぶつかった。その時までも、「どこかの女が、子どもを集めてなにかやっとる」、「売名行為だ」、「どうせ、市会議員に立つんだろう」という声が聞こえてきていた。それが、地域の集会所に本箱10基の常設となると、表立って大問題になったのだ。地域の「自治会」にも「子ども会」にも所属していない「個人、しかも女が勝手にやっている会」に、集会所を使わせることはできない、ということだった。千里ニュータウンといえども、日本のなかの村社会で、お上と結びついている制度（民生委員、青少年対策委員、自治会など）は大手を振って存続できるが、そういう制度に所属しない、とりわけ女性たちがやっている会は、怪しい会、認められない会とみなされていた。

結果として、中には理解ある人たちもいて、「いいだろう」ということで、青山台C42棟公団集会所でのオープンが可能になった[46]。1978年11月のこと。以来、この集会所で文庫を毎週開催してきた。

文庫の活動内容としては、以下のものがある。

1) 文庫の日　現在は、毎週水曜日午後、詩や絵本やおはなし（ストーリーテリングなど）を楽しむ。工作をするなど。
2) 小学生読書会（低学年、高学年）月1回　（現在、お休み中）
3) おかあさんの絵本の会　月1回
4) おかあさんの読書会　月1回
5) 年間の行事　文庫オープニング会、講演会、人形劇、たなばたの会、お月見の音楽会、クリスマス会、野点（のだて）の会など。
6) 「だっこでえほんの会」　0歳から3歳までの絵本の会　月2回

第4節　現在の青山台文庫

参加をしてくれている幼い子どもたちは、近隣の子どもたちである。青山台は吹田市に所属しているが、千里ニュータウンの中で一番北に位置し、南

側は吹田市内の古江台に、西側は豊中市の北町に、北側は箕面市に、少し離れるが東側は茨木市に隣接している。道一本隔てた豊中市側は、そこも千里ニュータウン内ということもあり、近年、公団住宅であったところがマンションに建て替えられ、若い家族が住むようになった。現在、そこからの参加者もいる。青山台の中でも箕面に隣接している住宅地にマンションが建ったので、そこからの参加者もいる。

　千里ニュータウンは、住居も住人も老齢化しており、とりわけ文庫を開設している青山台UR住宅（旧公団住宅）は、全棟が5階建てのエレベーターなしの中層で、賃貸住宅である。URが内部を改装して若い人たち用に工夫しても、毎月同じくらいの住宅費を払うならと、自分のものになるマンションを選ぶのももっともなことである。したがって、青山台のUR住宅よりは、周辺のマンションに若い家族は集中することになり、そのお蔭で、青山台文庫は成り立っている面もある。もちろん、文庫開設場所の集会所に数分で通えるUR住宅組もあり、心強い。

　同じ吹田市側である古江台からも以前はそれなりに参加者がいた。というのは、そこにマンションが建って若い家族が住むようになったからだが、子どもたちが幼いうちは子どもたちと共に通ってくださっていても、ひとりで行動するようになると、子どもたちの忙しさもあるが、「校区外に一人で行ってはいけない」という学校の決まりがあり、ほんの近くにある文庫でも「校区外」ということで子どもは一人では来れなくなる。文庫スタッフの中には、古江台の人たちもいて、その息子や娘たちも中学生の時点まで（なかには、高校生や大学生になっても）、関わってくれる人たちもいる。

　青山台文庫は、40数年、青山台に存続してきた。そこに在り続けた。子ども時代に通ってくれた子が、集会所を通り過ぎる時、「文庫に通っていたな」と、ふと思ってくれるかもしれない。千里を離れても、結婚して子どもが生まれたとき、なにげなく絵本を取り、わが子と読むかもしれない。そんなときに、ふっと文庫に通っていた頃のことがよぎるかもしれない。

文庫活動をするなかで、文庫内でのおはなし会、文庫祭り、クリスマス会、人形劇などはしてきたし、今もしているが、外に出かけてキャンプをするなどの活動は、近年ほとんどしていない。かっては、そういうことに巧みな人たちの応援をいただいて、キャンプをしたり、淀川で船を浮かべる会、星を観る会などをしたこともある。

　また、かっては非常に大勢の子どもたちが参加をしてくれていたが、最近は、数えるくらいの参加者数である。それでも、ときには、文庫の常連の子どもたちが、学校のクラスの同級生を連れてきてくれて、急に膨らむことになる。

　色々と考えてみると、青山台文庫があることで、この本のある場所の中を、通り抜けていってくれた子どもたちの数は、かなり多いと言えるだろう。もし、青山台文庫がなかったら、子どもたちは本のある場所を知らなかったかもしれない。今は吹田市の中にも図書館が増えてきたが、その間、本のある場所としての文庫が果たした役割があるだろう。

　公立の図書館と文庫の違いは、公立の図書館は自治体の仕事として運営されているが、文庫はボランティアの手で運営されていることである。現代は何ごともお金で換算される時代にあって、いま生きている一人のおとなとして、なにがしかの責任を感じて、自分のエネルギー、労力、時間を継続的に提供していることは、簡単なようで、厳しいことである。特に子どものために、と思って肩に力を入れてやっているわけではないが、この現実に「お金にならない」ことをしているおとなの存在は、とりわけ自分の子どもたちにとっても、同じ地域で暮らしている子どもたちにとっても、貴重なおとなの姿ではないだろうか。

　そして、もし、日本に文庫が存在していなかったら、日本は、政治や経済や産業に重きを置く人たちにとって、もっと早くやりやすい国になり、もっと動かしやすい国民を作り出していただろうと思う。

第5節 「だっこでえほんの会」をスタートする

　2001年、「だっこでえほんの会」をスタートする。青山台文庫に来る子どもたちの数は減少しつつあった。

　千里ニュータウンの青山台は1965年から入居が始まっている。若いカップルたちがやってきた。私たち夫婦もその一組であり、結婚と千里ニュータウンの入居が同時期であった。典型的な千里ファミリーであった。

　1970年代に入ると、幼稚園、小学校の子どもたちの数は、千里を開発した大阪府が当初予想した以上に増加し、幼稚園も小学校も満員状態であった。その結果1973年に、青山台地区と古江台地区の調整校として北千里小学校が開設され、それぞれの地域から北千里小学校周辺の子どもたちが登校した。わが住まいも調整校の地域に入っていたため、子どもたち3人は、北千里小学校に通った。子どもたちの中には、その後結婚してこの地域に住むことになり（社宅などがマンション化されたため）、私にとっては孫に当たる子どもたちも北千里小学校に通い、親子二代が同じ小学校に通った。しかし、子どもの数が激減し、北千里小学校は2009年に閉校した。

　子どもたちが、1990年代に入ると独立して千里を離れていった。UR住宅は3世代住める広さがなかったから、千里に帰ってこないのは当然としても、一戸建ての家から巣立った子どもたちも、帰ってはこなかった。千里はオールド・タウン化していったが、考えようによっては、成熟した落ち着いた住宅地になっていった。青山台文庫のあるUR住宅は中層の5階建てであったが、このことは樹木が建物の高さよりも大きくなり、まるで「千里の森」の景観を呈するようになり、大阪市内など他地域から訪れる人たちには、緑の豊かさでうらやましがられるほどだ。

　エレベーターなしの5階建てということで[47]、若い層からは人気がないが、都心の梅田、新幹線の駅である新大阪、飛行場の伊丹と、公共機関の交通の

足は便利であり、日常の買い物場所や医療機関も便利で充実しており、気に入って住んでいる人たちも多い。とりわけ青山台のUR地域は、地域お気に入りの高齢者が多く、千里の中でも高齢者率は高いのだそうだ。

千里で子ども時代を過ごした若者たちのなかには、千里を気に入っており、また年を重ねていく親の近くに住みたいということもあって、結婚した子どもたちや孫たちが千里に帰ってきて、UR地域に住むようになった家族もある。

そんな中で、生まれたてのあかちゃんたちと絵本を読む会を開始した。私自身、3人の子どもたちが幼い頃に絵本を読んできた経験があり、親にとっても子どもたちにとっても、かけがえのない絵本体験になっていた。イギリスから帰国した時点である2000年には、孫が5人おり（その後に、もう2人加わる）、彼らと絵本を読むことが、私にとって喜びであった。そして、幼い子どもたちが、思いがけない絵本の読み取りを見せてくれたり聞かせてくれたりすることもあった。こうした個人的な経験も手伝い、あかちゃんの頃から絵本を読むことは、早期教育に結び付くというよりは、読み手（おとな）にとっても、聴き手（子ども）にとっても、人間関係を形成する上で、また信頼関係を作りあげる上でも大事な行為だと思うようになっていた。

「あかちゃんたち、集まってください。絵本の会をします」ということで、イギリスから帰国した翌年2001年の春に、「だっこでえほんの会」をスタートした。最初は、0歳のあかちゃんたちだけの予定で、1年したら、そのあかちゃんたちとさよならして、また新しい0歳のあかちゃんたちに来てもらうことにしていた。しかし、初めてみると、1年経過して、全員1歳になったあかちゃんたちとは別れがたく、1歳組をつくった。0歳のあかちゃんたちは別に募集した。それからまた1年。今度は2歳児組をつくった。かくして、0歳、1歳、2歳の子どもたちの3つのグループができた。こうして、3年目から現在にいたるまで、0歳組、1歳組、2歳組が存続し、同じあかちゃんが3年間通ってくれる。2年間や1年間の子もいる。募集は4月度だけ

にし、原則として、途中の入会は受け付けてはいない。どのクラスも定員10組にしているが、毎年、0歳で来てくれるあかちゃんは少なく、1歳組で追加募集をし、ここでは、時々定員を少し超えることもある。しかし、あかちゃんは風邪をひいたり熱をだしたりしやすく、またおにいちゃんやおねえちゃんが幼稚園に通っているとそちらでの行事もあり、あかちゃんたちは、お休みとなる。

　文庫の本を借りて帰っていただいて、家庭でも読んであげてくださいという願いを込めて、青山台文庫に加入していただく。会費は年間で500円。そして、「だっこでえほんの会」に参加時毎に、資料代として、100円をいただいている。

　「だっこでえほんの会」は、月に2回、水曜日の午前中に開催している。夏休み、冬休み、春休みなどはお休みにするため、年に17回ほどの開催となる。

　資料として、毎月発行の「青山台文庫だより」と毎回私が作成している「だっこでえほんの会」のたよりがある。そこには、その日に読む絵本のタイトルと書誌情報、それから、おとな用（ほとんどが、おかあさんたち）に特別の一冊が記されている。というのは、絵本の中には、或る年齢の子どもたちにぴったりの絵本もあれば、おとなにこそと思われる絵本もある。絵本の世界の広がりを知っていただきたいので、そんな1冊を毎回見てもらうことにしている。また、その日に紹介される「わらべうた」も書かれており、下の方に、その季節のことや、先輩の人間から（若いおかあさんたちからすると、今の私は、おばあちゃんであるよりは、ひいおばあちゃんに当たるだろう）のちょっとひとことが書いてある。

　10時にスタートし、0歳のあかちゃんと30分。10分の入れ替えと受付。1歳の子どもたちと30分。10分の入れ替えと受付。2歳の子どもたちと30分ともうちょっと。2歳組には、長めの特別の1冊の絵本を読むことにしており、また、ひとりひとりの子どもが「読んで」と絵本を持ってきてくれる

ので、できるだけ全ての絵本を読みたいために、予定時間の30分内に納めることは難しい。その後の組がないので、いつも時間をオーバーしてしまう。

　年齢だが、4月の時点で、その年齢であるということ。したがって、0歳のあかちゃん組は、前年度の4月から、その年の3月生まれのあかちゃんたちのクラスである。もっとも、首が座ってからの参加が望ましいので、その年の3月生まれのあかちゃんたちは、秋の9月からの参加となる。2歳組ということは、3月の終わりで全員2歳の子どもたちだから、4月すぐに3歳の誕生日を迎える子もいるし、7月や12月に3歳になる子もいるし、なかには翌年の3月の終り頃に3歳になる子もいる。ほぼ全員が3歳になったところで「だっこでえほんの会」を卒業し、ほとんど全員が、地域にあるどこかの幼稚園の3歳組に入園することになる。毎週水曜日の午後3時から5時の間、青山台文庫を開催しているので、「だっこでえほんの会」の卒業生たちのなかには、文庫にきてくれる子もいる。文庫の世話人としては、とてもうれしい[48]。

第6節　「だっこでえほんの会」の内容

　「だっこでえほんの会」が始まる。まず、「来ました」の受け付け。病気や行事などでやむを得ずおやすみの場合には、必ず前もっての連絡をお願いしている。理由なくおやすみの場合には、「どうしたのだろう」と心配になる。むろん、幼い子どもたちということもあり、ちょうど眠ってしまって、起こすには忍びないということもある。それでもいいので、「寝ています」と連絡していただいたり、お休みになるよりはいいので、他の組にきていただくこともある。スタッフとしては、できるだけお休みなく参加していただけるように工夫している。というのは、できるだけお休みなく年間参加してくださると、そのことが、はっきりと子どもたちの「ひとなる」過程に現れるからである。段取りが目に見えるのだ。

さて、受け付けで、自分のカードのその日の日付のなかに、シールを貼ることになっている。1枚のシートには何枚かの小さなシールがあるので、その中から1枚選んでカードに貼る。動物シートであれば、ぱんだ、ぞう、きりん、かばなどのシールがある。あかちゃんたちには、まだ選べないのでおかあさんたちが適宜選んで、貼り付ける。やがて、おかあさんがわが子を抱いて、机の上のシールを見えるようにして、「どれがいい？」と聞くときがくる。しかし、まだ選べない、というよりは、選ぶということがわからない。
　2歳前くらいになると自分の足で立ったまま、机の上のシールを見て自分で選ぶようになる。小さなシールをじーと見て、悩みに悩んでいる。なかなか選べない。それでもやっと1枚の小さなシールを選ぶ。或る日、自分のお目当てのシールをさっと選ぶようになるときがくる。「自分で選ぶ」ことができるようになるには、それなりの時間と段取りを経なければならないことがわかる。3歳くらいになって、そうした段取りを経て、みずから進んで選ぶようになる。
　3歳を超すと、自分で本棚のところへ行って読んでほしい絵本を、私のところへ持ってきてくれる。ある3歳さんは、文庫の部屋に入ったらすぐに絵本選びに入り、2歳組の会が始まる前に私のところへ両手に絵本を捧げもってやってくる。それから、絵本の時間が始まる前に、あるいは、絵本読みの最中に、読んでほしい絵本を次々に持ってきてくれる。時には、予定の時間を超えることがあるが、すべて読むように心がけている。
　自分で選んで「読んで！」と持ってきてくれる絵本は、文庫の書架に並べられている絵本からだから当然だが、私もみんなに読みたい絵本を持ってきてくれるのがうれしい。面白いのは、3歳になっているのだから、背伸びをして文字の多い絵本や難しそうな絵本を持ってくるなどということは、この子たちに限ってないということ。以前に読んだ絵本も多く、『いないいないばあ』はよく登場する。
　『いないいないばあ』は、あかちゃんの時から何度も読んでもらっている

し、いかにも「あかちゃんの絵本」という感じがするから、3歳にもなれば「もう卒業」とか、「あきた」とか思っているのかと考えるときもあるが、そうはならないらしい。『いないいないばあ』を読んでもらうことで、3歳であることを確認し、3歳を乗り越えて行くように見える。また、2年間も『いないいないばあ』を読み続けてもらったので、「だっこでえほんの会」に来たら、読んでもらう絵本だと思っているのかもしれない。私が、「この子たちは3歳だし、それぞれがもって来てくれる絵本をできるだけ全部読みたいから、今回は読まないでおこう」と考えて『いないいないばあ』を最初に読まないでいると、誰かが、『いないいないばあ』を本棚からわざわざ持ってきてくれて、「はい、読んで」と手渡してくれる。

　あるいは、『りんご』や『がたんごとん　がたんごとん』や『おつきさまこんばんは』などもよく持ってきてくれる。時には、いちごの季節に私が大好きな絵本として紹介した新宮晋の『いちご』を、覚えてくれていたのかどうか、秋になって「読んで！」と持ってきてくれると、やっぱりうれしい。

　また、なかには文庫から借りていって、家でおかあさんに読んでもらって、その絵本を「読んで」と持ってきてくれることもある。家で何度も読んでもらって大好きになった絵本を、お友だちと一緒の場で読んでもらうことは、特別のうれしさらしい。そんなときにも、自分は知っているからと自慢するわけではなく、絵本の世界にまた入り込んで、絵本の中に発見した子どもや動物の表情に、自分もそうなるとばかりに、同じような表情をしている。

　どの子もおかあさんの目や手を借りずに、自分の目で選んでくる。読み終えてから、「この絵本は〇〇ちゃんが選んでくれました。今日、借りて帰りますか？」と聞くと、うれしそうに抱えてくれて、その日の借りてかえる1冊（5冊借りることができる）になる。

　シールにしても、絵本にしても、自分で選ぶのには、生れてから3年以上の年月がかかる。最初は、「選ぶ」ことはできない。「選ぶ」ということの意味がわからない。それから、「選ぶ」という意味はわかるけれど、どれを選

んだらいいのか、自分の意思でどのように決心したらいいのかがわからない。迷い、悩みの状態が或る期間続く。そしてやっと、「自分で」選ぶようになるのは、3歳を越してからである。ほとんどの子が安定して「選ぶ」ことができるようになるには、3年半の年月がかかるようだ。

　ここにも「ひとなる」段取りが働いていて、それまでに絵本を読んでもらうという体験をしていなければ、絵本とはどういうものであるかわからないし、選ぶこともできない。

　さあ、だいたい集まった。青山台文庫の代表である飯田妙子さんが、最初の「おはようございます」の挨拶をして、文庫の案内や季節の行事などについて話す[49]。それから、私も参加者のみなさんと「おはようございます」をして、ちょっと前置きなどをする。

　それから、詩をみんなで読む。大抵まど・みちおの詩をみんなで声に出して読む。その月の詩は、毎週水曜日午後に開催している青山台文庫のおはなし会や絵本読みの時に、最初に読むことにしている詩と共通しており、その詩は、毎月、季節などに合わせてまど・みちおの詩から選ばれて、模造紙に大きな文字で書かれて、窓ガラスに貼られている。詩と並べて、文庫スタッフによって大きく描かれた、詩を読んだことにより喚起された絵が、貼られている。この詩を、おとなたちが読む。声を合わせて読む必要はないのだが、言葉の調子やリズムが自然に合ってしまう。

　みんなで詩を読むことは、文庫でかなり前から行っており、模造紙に書かれた詩の言葉と描かれた絵という一対の「詩の紙」は、今では大分蓄積されて、青山台文庫の財産のようになっている。行事があると、会場に貼り巡らされることになる。文庫のおはなしの時間の時は、小学生たちも一緒に読んでくれたり、小学生たちだけで読んでくれることもある。要するに、「詩を読む」は、会のはじまりの「ドアをあける」という標のようなものである。文庫でしていたことを、「だっこでえほんの会」でも踏襲したことに過ぎなかったのだが、そして詩を読むのはおとなばかりであるが、この「詩を読

む」体験から、私は、幼い子どもたちの「聴くということ」の得難い「からだ語」を体験することになった。このことは、この第Ⅰ部の最後で述べる。
　詩の後には、わらべうたをひとつ、入れている[50]。自らの子ども時代にわらべうたを楽しんだ「わらべうた世代」は、1940年代生まれの私の世代とその後の1950年代生まれの世代までではないだろうか。地方によっては、もう少し後まで「わらべうた」が子どもの生活に入っていたかもしれない。1960年代以降になり、日本中の道が人の歩く道ではなく、車が走る「道路」に改造され、テレビが家庭に入り込んでくると、「わらべうた」は子どもたちの世界から消滅していく。わらべうたの中には、人の声の呼気が持っている自然のリズムとあたたかさを伴なって、生まれてきたあかちゃんたちに届けられる最初の声と言ってもいい。言葉が持つ意味ではなく、意味以前の人の声がこの世界に生れてきた人たちに「よく来たね」の思いを込めてうたってあげるのがわらべうたである。そこで、絵本という文化財に入る前と終りに、わらべうたをうたうことにしている。うたの歌詞はレジュメにも書き込んでいるが、2回ほど歌ってもらえば、どのおかあさんでも家でわが子にうたうことができるわらべうたが多い。
　4月には、子どもを抱いて歌う「このこどこのこ　かっちんこ」。エンドレスに繰りかえして歌うことができ、そのうちにむずかっている子も静かになって、眠ってくれるだろう。「ととけっこう」のように、眠っている子をやさしく起こすうた、「ゆうなのきのしたで」のようなこもりうたを歌うと、子どもだけではなくおとなもうっとりと気持ちよくなり眠くなる。「ちびすけ　どっこい」のうたでは、2歳組ではみんな立って、しこを踏む。本気でおかあさんにぶつかっていく子もいる。
　春の定番のわらべうたは、「たんぽぽ　たんぽぽ　むこうやまに　とんでけ」。たんぽぽを思い浮かべながら優しく歌い、そして「ふーっ」と子どもに暖かい息を吹きかける。くすぐったそうな顔つきをする子どもたち。秋の定番のわらべうたは、「おつきさま　えらいの　かがみのようになったり

くしのようになったり　はる　なつ　あき　ふゆ　にほんじゅうをてらす」。このうたをみんなで歌うと、明るい午前中の時間にもかかわらず、夜の空に明るいおつきさまが煌々（こうこう）と輝いている光景を想像することができる。あかちゃんも、少し大きい子も、とてもいい表情で聞いていてくれる。わらべうたの歌詞は、日本語の基本のような優しい言葉遣いであり、リズムはあかちゃんの呼気にぴったりとした柔かさである。歌うおとなのからだの感覚もゆったりと柔らかくなるだろう。私は、「おつきさま」が、日本だけではなく、世界じゅうを照らしてほしいと願う。人々が戦闘を止めるように。

　指遊びをともなう場合には、指の動かし方から、子どもたちの育ちの過程がくっきりと見えてくる。例えば、「ぎっちょぎっちょ　こめつけこめつけ…」では、お手玉を使い、子どもたちもおかあさんたちも左手の掌におてだまを持って、右手で左手のおてだまを軽くたたいて米を搗く真似をくりかえし、最後に「こめついたら　はなそ」でおてだまを右手の親指と人差し指でつまみ、「はなした」で、親指と人差し指を離せば、お手玉は下にポトンとおちる。ところが、1歳の子どもたちは、まだ指を離すことができない。2歳になると、お手玉を放り投げるようにして「放す」。3歳になると、つまんでいたおてだまを宙に持ったままから、指を開いて、ポトンと下にきれいに落とすことができる。もちろん個人差があるので年齢や月齢は異なるが、どの子もその順番を辿っていく。親指と人差し指できれいにつまめるようになり、その指を離すだけで、おてだまをぽとりと下に落とすことができるようになったときには、すごいなあ、と感動する。どの子も、急に何かができるようになるわけではなく、段取りをもって「ひとなって」いくことが、こんなときにもあらわれる。

　絵本読みが終わってからも、おなじわらべうたを入れている。最後にみんなでわらべうたの「さよなら　あんころもち」を歌いつつ、その時々で、腕を大きく動かして大きなあんころもちを作ることもあれば、指先で小さなあんころもちを作ることもある。そして、「さようなら」、となり、その日の

「だっこでえほん」は終わりとなる。

　わらべうたについては、こののち記すことはないので、少し詳しく書く。幼い時期に両親などから「わらべうた」を歌ってもらうことは子どもたちにとって幸せな体験となること、そしてこの過程でも「ひとなって」いくことの段取りが見受けられることを記した。特に幼い子は、リズムのある言葉や唄になると自然にからだがゆれる。わらべうたはゆったりとしたうねるようなリズムをもつものが多く、それに子どもたちのからだが自然に応答し、ゆったりと左右に揺れ出すのを見ていると、人の口からでる音声が、どれほど聴いている人のからだに触れて行くかが目に見えるような気がする。ということは、荒い言葉を聴くと、身心がそれに応答することも理解できる。

　そして、絵本の時間。「絵本を読みますよ。もう少し、前の方に集まってください」。すると、2歳組になれば、初めから、おかあさんの膝を離れて、絵本の前に坐る子どもたちもいる。

　前もって準備としている絵本は、6〜7冊。これらの絵本を前もって選書するために、子どもたちのあの子やこの子を思い浮かべながら、絵本選びに時間をかける。当日になってみると、その日の子どもたちの様子や、1冊の絵本に時間が掛かったりすることもあり、全部読むとは限らない。また、子どもたちの様子をみて途中か最後に、おかあさん用の絵本を紹介する。絵本は幼い子用のものもあり、小学生や中学生に紹介したいものもある。なかには、毎日忙しいおとなに絵本のひとときをプレゼントしたい、その時にはこの絵本を、というものもある。「だっこでえほんの会」では、幼い子どもたちの絵本に集中することになる。もちろん、そうした絵本でも、おとなにとって「いいなあ」と思われるものも多いが、絵本のなかには、こういう絵本もありますよ、とおとなの女性たちに見て欲しい絵本もあり、そんな1冊を毎回絵本バッグに入れて持って行く。時には、女同士でもあり、先輩の女として、若い人たちになんらかの励ましやメッセージを伝える場合もある。

　「だっこでえほんの会」の絵本読みの具体的な様子については、第II部を

参照してください。

　「だっこでえほんの会」の独自の行事は、2歳組の最後の卒業式である。最後の絵本読みのあと、「だっこでえほんの会」の卒業式を行う。記念のプレゼントとして、それぞれの子用に作成した特製アルバムと、文庫スタッフ作成の折紙の花束を贈る。

　アルバムに貼る写真は、その子の参加年数によって、3年間あるいは2年間か1年間に撮影したものから選ぶ。写真撮影もアルバム作成も飯田妙子さん。パソコンに取り入れた写真の中から選び出すのだが、とりわけ3年間参加してくれた子どもの写真を選びだすときは、毎年のことだが、涙と共に選ぶことになる。出生4か月くらいから3歳半過ぎくらいまでの「ひとなって」いく過程を連続的に見て行くと、その変化、その時その時の顔の表情、身体の動かし方、この子、こんな明るい表情で、あるいは、こんなにしっかりした顔つきで、こんなに強い目で、こんなにからだ全体で一生懸命に、絵本を見ていてくれたのだと心を動かされる。

　子どもたちは、この後、幼稚園の3歳児クラスに入る。まだおとなに守られているとはいえ、これから社会的集団に仲間入りする。自分で決めたり、対応したりしなければならないことが起こるだろう。きっと、生きて行ってくれると信頼している。

第7節　「だっこでえほんの会」の卒業生

　「だっこでえほんの会」の子どもたちのなかには、午後の文庫に、おかあさんといっしょに参加してくれる子どもたちもいる。文庫に参加すると、「だっこ」の子どもたちは、「だっこ」の時には、一番大きい2歳組だった子どもたちも、小学生たちに混じると急に小さい子になり、異年齢集団の仲間入りができる。ということは、少々荒っぽい遊び方にも参加できるし、小さい子として、おねえちゃんやおにいちゃんたちから可愛がってももらえる。

「だっこでえほんの会」のメンバーだった子どもたちのなかには、ずっと通ってくれて、小学生となり、大きい段ボールが手に入ると、文庫に持ってきて、家ともなり自動車ともなるようなものをこしらえる。今の「だっこ」の幼い子どもたちは、入れてほしくて仕方がない様子をする。すると、小学生は、同じ学年の友だちには対抗意識をもって入れてやらないのに、小さい子たちには、「いいよ」と言って、段ボールの家に入れてやって、その上、さらに車にして押してやったりしている。

　文庫のおはなしの時間になると、現在「だっこ」の子どもたちも、幼稚園児になった子どもたちも、小学生たちも、それまで文庫の広い板の間で暴れまわっていた子どもたちが、マットの上に「だっこ」の時にしていたように、おはなしをする人や絵本を読む人の前に、誰からもそのように言われもしないのに、正座して坐り、必ず「聴く」態勢になる。同じ年頃やそれ以上の年齢でも、座らない子もいたり、おはなしの時間になるといなくなったり、途中で抜けだしたりするのだが、この子たちは、座って、おはなしや絵本の世界に入り、上等の聴き手になる。

　ただ、こういうことも起こる。もし絵本の読み手やおはなしの語り手が良くなかったりすると、子どもたちは聴かないようになる。それは、読み方や語り方が上手とか下手の問題ではない。アナウンサーのようにイントネーションや発音に気をつけて読んでいるかどうかではない。子どもたちが見て取るのは、その人が、自分たちにきちんと向かい合ってくれているかどうか、である。自分たちのことを、どうせ子どもだからといい加減に扱っていないか、子どもたちを低く見て、絵本やおはなしを選んでいないか、自分たちに語っているかどうかを、子どもたちは見て取り、聴き取る。どんなに「上手に」読んでいようと、「私は上手に読んであげているのだから聞きなさいよ」という態度の人には、子どもたちは拒絶の態度を示す。

　子どもたちが「ああ、この人の話は聴く必要がない。この人はぼくたちのことをきちんと考えてくれている人ではない」と判断して、騒ぎ出したりす

ると、おとなの中には、この子たちはなんてお行儀の悪い子たちなのだ、と評価するかもしれない。さらに一般化して、この文庫の子どもたちは、特に小学生にもなって、自分をコントロールもできない悪い子どもたちだ、と決めつけるだろう。こうしたことは、十分にありうる。もっと推測すると、この子たちが、小学校でいわゆる「順応」するのは難しいかもしれないとも考えられる。子どもたちもその場に「順応」あるいは「妥協」しなければ、学校という場で生きのびることは難しいと自ら学び、萎縮していくことも有りうるだろう。

　小学校の教師たちが、子どもたちから見て、子どもとは人生のなかでどういう存在であるかを知っているとは限らない。乳幼児期をどのように過ごしたか、乳幼児期にどのような絵本を読んでもらい、絵本を通して、どのような人間像に出会い、どのような世界に生きていたかを知っているとは限らない。ひとりひとりの子と向かい合い、話し合い、とりわけ「聴いて」くれる教師であるとは限らない。少し前に、わらべうたに触れた箇所で、相手の声の出し方に、聴き手の「からだ」が応答すると書いたが、子どもたちのからだは、素直に、話し手の言葉の内容（意味）ではなく、声として表出される話し手の身体性に、反応する。おとなも同じなのだが、おとなは自分の「素直な応答」を隠すという手立てを知っているにすぎない。

　しかし、こういう状態は学校だけではない、生きていれば、歩いていれば、いろいろな人にぶつかる。絵本の中にも、多様な登場人物が存在する。良い人もいれば、悪者もいる。絵本の中で、多様な世界に生きる体験をしていれば、現実の世界でも生きていけるだろう。また、一人の人の中にも多様性があることがわかるだろう。良い面も悪い面も、自慢したい面も秘密にしたい面も。絵本のなかでは、あるいは昔話のなかでは別々の人によって演じられている性格が、実はひとりの人の中に共存している性格であることも知っていくだろう。

　第Ⅰ部のおわりに、「だっこでえほんの会」にわが子と一緒に３年間通っ

てくださったおかあさんたちの声について考える。

　さて、「だっこでえほんの会」にある期間参加してくれていた子どもたちに、何が身についたのだろう。あるいは、どんな「いいこと」があるのだろう。子どもたちが誕生して間もなくから、3歳半ころまで、雨の日も、風の日も、お天気の日も、雪の日も通ってくださったおかあさんたちや子どもたちにとって、「だっこでえほんの会」は、どういう意味を持ち、役割をしているのだろう。第Ⅱ部では、絵本と出会ってきた子どもたちの「からだ語」を通して、考えてみる。

おわりに──子どもたちがおかあさんの膝をおりる時

　「だっこでえほんの会」では、毎年ではないが、年度の終わりに、卒業組のおかあさんたちに、参加されての感想を自由に書いていただいた時があった。この会の主宰者である私には、参加されるおかあさんたちの気持ちに分からない点があった。それは、生まれて数か月の赤ちゃんを4月に抱っこして参加してくださって、それから3年間、幼いこどもを連れて外出するということは、母親にとってかなりの負担となるはずだ。寒い日も暑い日もある。雨の日も雪の日もある。それなりの準備を整えて、水筒やおむつや着替えを持って出かけなければならない。おんぶしたり、抱っこしたり、ベビーカーに乗せたりして。

　絵本を読むと言う行為は誰にとってもそれほど難しいことではない。自分の家で子どもと向かい合って絵本を読めばいいのであって、わざわざ集会所まで出向いていただかなくともよいのではないのか、と考えないでもなかった。それが、2番目の子や3番目の子が生まれると、必ずまた「だっこでえほんの会」に参加してくださる。私にはうれしいことではあるが、これはどういうことだろう、おかあさんたちはどういう気持ち、意図を持って参加してくださるのだろうと、ある年に自由記述のアンケートを行った。どうして、「だっこでえほんの会」に参加されているのですか、について書いていただいた[51]。以下は1回目（2007年6月27日）と2回目（2009年2月25日）に実施したものから拾っている。

子育てに関することでは、次のような言葉があった。
・親子の居場所になった。
・密室育児の風通しをよくしてくれる。

・同年の子どもが参加されていたので、あんな子もいればこんな子もいる、わが子も優秀ではなかったが、それも個性として受け止められるようになりました。
・次女は長女も参加していたので是非にと思い参加しました。次女には長女ほど、絵本を読んであげていなかったので、二人でゆっくり時間を過ごすことができ、貴重な時間となりました。
・この30分はとても気持ちのいいゆったりとリラックスできる癒される時間でした。

絵本に関連しては、次のような言葉があった。
・卒業間近になると、前へひとりでいって指を指して声をあげていました。うれしかったです。
・絵本の会へ行くと、時間がゆっくりになったような気がします。
・会に参加して、L［男の子］は、色んな世界が見え、彼は別人のように変わりました。「死」をいつのまにか（絵本の物語などで）理解してくれていました（『おおかみと七ひきのこやぎ』）。
・R［男の子］は少しでも前で絵本を見たいのか、前の場所をお友だちと取り合いになることも出てきて、親としては驚いています。そして大好きなお友だちLくんができました。
・2歳で絵本の会に参加したころは、私の膝の上でのけぞり、絵本を読んでもらっているのに……と、とても申し訳なく感じていました。初めの頃は、とにかく本に集中して〜‼と、心の中で祈っていたのですが、ある回から急に私の膝の上ではなく、前に出て一人で座って、本を楽しむようになり、とてもうれしく思っています。
・母親が家で絵本を読む時と、文庫で絵本を読んでもらう時とでは、同じ絵本でも変わるみたいな気がします。同じ絵本でも子どもの反応が全然違うので面白いです。文庫では、下の子のH［女の子］はとってもよそいきな、ま

じめな顔をして聞き入っているので、笑えます。
・一人目の子の時、初めは全然聞かないし、動くしでしたが、だんだんと聞くようになりました。特に自分の好きな絵本だと前に行って聞くことができるようになり、びっくりしました。私の膝の上から離れることができなかったのに、すごい成長に驚きです。3歳になる頃には長い文の絵本にも集中し、聞き入っている息子の姿に感動しました。確か、『三びきのやぎのがらがらどん』だったと思います。今は幼稚園の年中ですが、本がとても大好きです。そんなお兄ちゃんのこともあり、弟も参加させて頂きました。「だっこでえほんの会」で成長していく子どもを見るのが楽しみです。私もいろいろな絵本に出会えて良かったです。弟も、やはり「だっこでえほんの会」が大好きで、いつも楽しみにしています。(2年後)ほんの30分という時間ですが、子どもと過ごすとても大切な30分でした。こういう会がもっとあれば良いなあと思います。長い間、本当にありがとうございました。おからだに気をつけて、もっとたくさんの子どもたちに素敵な絵本を読んであげてください。

おかあさん自身にとってはどうであったかについて。
・私自身は「だっこでえほんの会」に子どもを連れて行っているつもりが、私自身も絵本を楽しんでおり、そのおかげでそのひとときは日常を忘れて気分転換が出来ています。気持ちの余裕ができたような気がします。
・いつもおとな向けの絵本を紹介してくださるので、子育て以外の、文庫に行っていなければ全然触れることのない世界に触れることができて、楽しみです。
・最初は子どもに自分から本を読んでやろう、またそのための方法や手段を学ぼうという、与える側の姿勢でスタートしたのですが、参加の回数を重ねるごとに会場では自分が子どもになって絵本を読み聞かせていただいたり、子どもと一緒に無条件に場の空気感に浸りこんでいるようになりました。「子どもにどうしてやりたい」ではなく、自分が本から出てくる言葉のリズ

ムの美しさ、絵の美しさ楽しさに感動するようになり、自分の見たい、聞いてみたいと思うような本を借りて、本に元気をもらい、なぐさめられ、絵本と一緒に過ごす幸せを感じるようになりました。

　重なる内容もあり、書いてくださったものすべてを紹介してはいないが、多くは、わが子にどんな絵本を読んだらいいか、またどういう読み方をしたらいいのかを知りたくて、と書かれた上で、しかし参加しているうちに、おかあさん自身が絵本の楽しさや絵本に魅せられていったことを書いてくださっていた。絵本を読んでもらうことが、こんなに気持ちがいいものであると、この会に参加して知りました、という記述もあった。あるいは、この会の雰囲気が好きで、心が静かになり落ち着くこと、そして、子どもに兄弟姉妹がいる場合、「だっこでえほんの会」のときだけは、その子どもとだけの親子になる時間で、自分にとっても子どもにとっても大切な時間になったことを書いてくださっていて、そういうこともあったのか、絵本を仲立ちにしてそういう時間を親子で共にしていただけてよかったと思った。
　また、参加して最初の頃は、絵本に集中できなかった子どもが、次第に聞けるようになりうれしかったという内容も多い。
　ところが、書いていただいた文章のなかで、私が予想もしなかった言葉があった。「あの子が、私の膝を降りたとき、本当にうれしかった」という文章だった。すなわち、わが子が母親の膝から離れることができ、絵本の読み手と絵本の前にひとりで座り、ひとりで絵本の世界に入れる姿を見た時に、わが子の成長に驚きと感動を覚えるというものだった。
　この感想は、母親と子どもとの二人による絵本読みでは起こらないものであったので、私はそれまでに気づくことができなかった。母親が子どもを抱っこして絵本を読んだり、母と子が向かい合って絵本を読むと、その子の気持ちはよくわかるが、絵本を通して、わが子が母親から離れて行って自立する時を目の前にすることはない。社会的な場における第三者の読み手による

読み聞かせであったからこそ現われた現象であった[52]）。

　もっとも、この状況には、母親同士の、一種の子どもたちの比較意識も存在していたことはいなめない。複数の子どもたちが目の前に入れば、母親としてはどうしようもなく、わが子と他の子どもたちとを比べる競争心理が働く。あの子は、絵本の前で静かに座って聴いていられるのに、うちの子はじっとしていられないのだから、とか、あるいは、うちの子は私の膝からちっとも離れられない甘えん坊なのだから、とか思ってしまう。しかし、一方では、いろいろな子どもたちがいて、それぞれでいいのだとも段々わかってくる。確かに、「子どもが、私の膝を降りるとき」と言うとき、母親たちには子ども同士の比較もあるが、根底には、わが子の育ちを望んでいる母親のいつわりのない期待がある。そして、実際に、3歳半くらいになったわが子が、少々長めの文章で、絵も美しく深い絵本の前に、ちょこんと正座して、読んでもらっている声を真剣に聴き、絵に見入っている姿は、感動的であるに違いない。まわりの何ものにも振り回されずに、絵本の物語に入り込み、絵本の世界に住み込んでいる子どもの姿は、おとなたちを驚かせるほどの真摯な存在感がある。

　母親だけではない。私たち主催者側も、卒業間近かに見せる3歳児の姿に、毎年、胸打たれる。この日のために絵本読みの会をしているわけではないが、結果として、毎年起こる現象である。そして、ひとりひとりの子どもの3年間を思って、母親たちともども、胸いっぱいの日となる。

　さて、感動的な「おかあさんの膝を離れる時」であるが、この時も、何も手立てをしないのにやってくるわけではない。ここにも「ひとなって」いく段取りがある。

　白石正久の『発達の扉〈上〉―子どもの発達のみちすじ』のなかで、子どもが「第二者」[53]の膝を降りるのは1歳半の時であるとしている。

　　発見の喜びを味わうようになるころには、子どもたちは、もう「第二者」の膝は

必要なくなります。おかあさんや先生からの心の支えは、もう膝という具体的なものではなく、文字通り心のなかにつくられているのです。[54]

　子どもたちが「ひとなって」いく過程に発見の喜びを知る時期がある。「あっ！」と言って、おかあさんや保育者の膝を離れて指差しに行く時期である。たしかに１歳半くらいから、おかあさんの膝を離れて具体的なものを指さしに行くが、絵本となると、子どもたちにとっては、現実の場で出会うチョウチョやテントウムシとは次元が違う。ここで、その点を考えてみたい。
　おかあさんの膝と絵本を持って読んでいる私との間は、その子がその日に座っている位置にもよるが、せいぜい１メートルから２メートルくらいのものだ。しかし、この距離を超えるのに、子どもたちは、生まれてから３年半の年月を要するのだ。もちろん、二つの点の間は１メートル半として、一方の側が母親の膝であるが、もう一方にあるものによって、心理的距離は異なってくる。母親の膝の地点を「ここ」として、もうひとつの点にあるものが、お菓子であったり、おもちゃであったりする場合は、幼い子どもが１メートル半を超えるのは、それほど難しいことではないだろう。白石がいう１歳半はこうした物のときである。問題は、それが絵本であるということにある。また読んでいる人が第三者であることもかかわるだろう。
　「絵本」とはなにかを考察する必要があるが、ここでは、簡単に、絵本について、次のようにまとめておこう。絵本は物であり、数枚の紙が綴じられた本の形式をしている。絵本の中には、想像世界、あるいはもう一つの世界があること、絵本の表現媒体としては言葉と絵があるが読者はそれらを融合させる仕事をしなければならないこと。捲るという作業を通して物語が語られる（描かれている）ということ。こうした絵本の世界に入るには、現実世界の体験も薄い子どもたちにとって、紙の上に描かれたりんごや犬や人間をどのように認識するかという認識の仕方を獲得する必要があり、それなりの月日を要するだろうと想像することができる。

あかちゃんたちが、上を向いて寝ている時代には、自分の手をしげしげと見ていることがある。さらには、指を何本かまとめて口に入れて、しゃぶっていることがある。はいはいができて移動できるようになると、目に見えるものはなんでも見て、触れるものはなんでも触り、なんでも口にいれて味見をする。その間、耳に聞こえるあらゆる音を聴こうとし、臭いも嗅いでいる。身体の感官を全開させて世界を探索する。自分の身体で空間にある物を自分に取り込んでいき、自分の地平を広げていく。

　それに対して、絵本のなかのりんごは、さわってもりんごの触覚ではなく、臭いを嗅いでもりんごのにおいはしない。ところが、1歳半くらいに、『りんご』[55]という絵本を読むと、よだれを垂らして見ているし、2歳になれば、絵本の前にやってきて、絵本の中のりんごをつまみ、口に入れる。向こうでもじもじしている控えめな子には、絵本から取りだして、お椀のような形にしているその子の両手にりんごを入れてあげると、本当に持っているように大事そうに眺めている。「食べてもいいよ」、と声をかけると、実においしそうに「りんご」を食べる。その様子は、食べる振りやごっこ遊びではなく、どう見ても、心底「食べている」という風に見える。4歳になれば、ごっこ遊びをやっているという感じになり、劇遊びが可能になっていく

　子どもたちと絵本を読んでいて、一番読みにくい子どもの年齢がある。1歳半から2歳半くらいの間。この年頃の子どもたちは、自分の足で立てるようになり、歩けるようになり、走れるようになる。自分の思い通りに自分のからだを運べるということは実に愉快なことに違いない。青山台文庫の会場であり、「だっこでえほんの会」の会場である集会所は、板の間がかなり広く、片面は全面ガラス戸という明るく開放的な空間である。2歳くらいの子どもたちにとっては、はだしになって思い切り走り回れるので、絵本どころではなく、とっとことっとこ駆け回る。ひとりが駆け始めれば、数人が大きな輪をなしてぐるぐるぐるぐると走り回る。それでも、耳のどこかで絵本が読まれる声を聴いていて、絵本の絵を目のどこかで見ていて、お気に入り

おわりに——子どもたちがおかあさんの膝をおりる時　79

の絵本が登場すると、絵本に近い空間にやってくる。が、たいてい、おかあさんに近いところにすわる。いずれにしても、躍動する身体全体を使って踊るように走るこの時期は、あかちゃん時代から大きく広がった空間を身体ごとで味わう大事な時期である。

　2歳くらいから、絵本の中で描かれているものへの指さしが始まる。絵本の中に知っているものが出てくると、母親の膝を離れて前に出てきて、絵本の中の物を指さし、それから、母親の方を振り向く。ここで母親が頷いたり、にっこり笑ったりすると、非常にうれしそうな表情をして、またおかあさんの膝へと走って戻っていく。三項関係と言われる時期だが、おかあさんに自分がしていることを承認してもらった（自分を認めてもらった）うれしさで飛び跳ねるようにしておかあさんの膝にまた落ち着く。このようにおかあさんの膝である「ここ」を拠点にして、「あそこ」である絵本に近づいていく。まるで、木の上の巣にいるひな鳥たちが、まず羽根をばたばたさせて飛ぶ練習をし、それから、巣からちょっとだけ首をのぞかせ、それから、巣の端まで行ってみて、まだだめだめというように巣の中に戻る。ある日、身を乗り出して、少しだけ飛んでみる。でもまたすぐ巣に戻る。そして段々と距離を伸ばして、遂にある日、高く遠くへと飛翔する。

　2歳組の子どもたちが3歳になった頃、私の前には数人の子どもたちが座っている。私は、『三びきのやぎとがらがらどん』[56]という絵本を取り出す。すると、ほとんどの子どもたちが、表紙を見ただけで、後ずさりしはじめ、母親のもとにたどり着き、ついに母親の膝に上がる。子どもたちは、この絵本の表紙を見ただけで、この絵本の内容は暗い、怖い、と判断し、母親の膝という安全基地に落ち着き、そこから絵本を見ることにしたのだった。中には、顔を絵本の方に向けないで、母親にしがみついて向こうを見ている（振りをしている）子もいたり、あるいは、わざわざもぞもぞとしたり、騒いだりする子もいる。聴くことも拒否しているのだ。それぞれが、自分にあった懸命な反応を、その「からだ語」で表現しているのがわかる。

全員が3歳半以上になったある日、それは、3年間の終わりころにやってくるのだが、私の前には、ほとんどの子どもたちが座って、絵本を待ってくれている。絵本バッグから『おおかみと七ひきのこやぎ』[57]を取りだした。半年前だったら、この子たちの多くが、表紙を見ただけで、母親の膝に戻って行っただろう。今や、子どもたちは、膝小僧を揃えて座り、女の子の中には、お気に入りのワンピースを着て、みんな絵本の世界に入ることを期待し、待ち構えている。ゆっくりとタイトルから読み始める。子どもたちの真剣なまなざし、眉間に寄せたしわ、きゅっとした口元、力の入った肩や背中、膝の上の握りこぶしなどから、どんなに真剣に深くからだごと絵本の世界に入り込んでいるかがわかる。絵本の世界は想像の世界であるが、子どもたちの表情や姿をみていると、その想像の世界に住み込んで、生きていることがわかる。3歳半の子どもたちが、母親の膝にはもう戻らないで、自分ひとりで絵本の前に座って、ひとりで絵本の想像世界へと旅立ち、ひとりで冒険し、体験しているであろう恐怖を必死でしかしまっすぐに受け止めている。ひとりひとりの存在のありように、ここまで「ひとなったのだ」と生きる道のりの最初の一区切りをみる思いがする。

　誕生から、おかあさんの膝である「ここ」を安心の拠点として、そこから自分の身体を使って、世界の探索を試み、ひとつの芸術表現である絵本の世界の「あそこ」にひとりで入れるようになった、その巣立ちのときでもあった。

　『知覚の現象学』のなかで、〈ここ〉という言葉が登場する。

> 私の身体に適用された〈ここ〉という言葉は、他のさまざまな位置との関係で、あるいは外面的座標との関係で決定された一つの位置なぞではなくて、第一次的な座標の布置、或る対象への活動的な身体の投錨、自己の任務に直面した身体の状況なのである。[58]

　心理学の場合には、「おかあさんの膝」は幼い子どもたちにとっての最初

の〈ここ〉であり安全基地という意味で使われる。おかあさんの膝は、その役割をはたしている。

しかし一方、メルロ＝ポンティの〈ここ〉は、「私の身体」に適用された〈ここ〉であって、どんなに親しく、愛している身近な存在であったとしてもあくまでも他者の身体は〈ここ〉ではない。幼い子どもたちと空間と時間を共にしていると、自分の身体がまさに〈ここ〉で在ることが目に見えてくると同時に、まさに〈いま〉で在ることが目に見えてくる。子どもたちは、〈いま、ここ〉で存在者としてまったき時間と空間を生きている。そして、幼い子どもたちの身体が、座標の布置(ふち)そのものであり、或る対象にむかって活動的な身体を投錨する存在、自己の任務に直面した状況であることがわかる。子どもたちは常に目を輝かせて周りを見つめ、ことあらば飛び込もうと身構えている。しかし、絵本の表紙を見ただけで、その絵本の世界に入るには、自分の身体がまだ不適切だとわかれば、ただちに見事に撤退し、やってみられる身体であると自分の身体に自信がつくまで待つことも知っている。そしてその時がくれば、なんと果敢に、その状況に身を挺することだろう。そして、絵本の世界に錨を降ろし、生きることができるのだ。

身体全体で空間的に時間的に生きることで、外面的空間の地に点をつくり、絵本やその他の文化的・社会的な出会いから内面的空間の地に点をつくり、外と内の二重の地平に現れる地平の上に結ばれた図を注視していく。メルロ＝ポンティの「哲学とは自己自身の端緒のつねに更新されてゆく経験である」[59]という言葉に接すると、毎秒くらいに、自己自身の端緒を更新している子どもたちは、まさに哲学をしている、と思われてくる。子どもたちの「ひとなり」方の密度は、この自己自身の端緒を更新していく経験の密度によるものだろう。

子どもたちが、おかあさんの膝という地点から、絵本という地点へと、現象学的距離をはかりながら、身体を挺する。それには、出生からのおよそ3年半を要する。古めかしい言い方だが、子どもたちがおかあさんの膝を離れ

るとき、それは誕生時を第1回目の「身ふたつ」になる時とすれば、この3歳半ころの巣立ちは、第2回目の「身ふたつ」になる時かもしれない[60]。母親たちが、わが子が3歳半頃になって、自分の膝をきっぱりと降りて、『三びきのやぎのがらがらどん』や『おおかみと七ひきのこやぎ』などの絵本の前に、小さいながらも勇敢に坐っている姿を見た時、それは、単に自分の膝を降りたという物理的なことではなく、その真剣な姿は、もうひとつの世界に「身を挺して投錨している」姿に見えたからこそ、感動したといえるのだろう。そして、それまでの「ひとなって」きた年月がある。幼いわが子の一種の旅立ちの姿に、喜びと一抹の別離の感情もともなっているに違いない。

「母親の膝を降りる時」で、「だっこでえほんの会」の卒業時頃の子どもたちの姿を紹介した。第Ⅲ部では、出生4か月くらいから3歳半にいたる過程の子どもたちを、すなわち、文字通り「自己自身の端緒のつねに更新されてゆく経験」をしている姿を、具体的な絵本を通して記述していく。

注
1) メルロ＝ポンティ『知覚の現象学』2巻　p.337.
2) 「生」という語の使い方については、「序章」の注14を参照。
3) メルロ＝ポンティ『知覚の現象学』1巻　p.274.
4) メルロ＝ポンティ『知覚の現象学』1巻　p.281.
5) メルロ＝ポンティ『知覚の現象学』1巻　p.220.
6) 『子どもが忌避される時代―なぜ子どもは生まれにくくなったのか』（本田和子　新曜社　2007年）
7) メルロ＝ポンティ『知覚の現象学』2巻　p.371.
8) 本章は、『臨床哲学』第13号（大阪大学大学院文学研究科　臨床哲学研究室　2012年）掲載の「「「なぜ生きているのか、という問い」（10歳）から「臨床哲学に身を置く」（71歳）まで　―臨床哲学に、一番遅くやってきたものとして、考えてみる―」を基にして、大幅に書き改めたものである。
9) 墨塗り教科書とは、第二次大戦直後、占領軍の指示などによって、国民学校・中等学校・青年学校等の教科書の中で軍国主義・侵略戦争・天皇制・国家神道を

鼓舞する部分に墨を塗ったものをいう。(『広辞苑』より)

10) 『子供の科学』は誠文堂新光社より1923年に発刊された子ども向けの科学雑誌。子どもたちに科学をわかりやすく学べるようにと編集されており、現在も刊行され続けている。

11) この頃の私の夢は、文字解読者になることだった。数千年前に書かれた文字が解読されないままでいると知ると、身の置き所がないくらいつらい気持ちに陥り、いつかその文字の解読者になりたいものだと思った。誰かが書いた記録が読まれないままでいるということは、非常に理不尽なことに思われたのだ。要するに、私は、子どものころから書物に大きな意味と信頼を寄せていた。後に地域で子どもたちと本を楽しむ「青山台文庫」を開設したり、さらに乳幼児期の子どもたちと絵本を読む会をするようになるのも、ひとえに「本」という物への信頼の現われであり、その気持ちをお節介にも人に押し付けているのだとも言える。

12) 父が用意してくれた本のなかで、子ども用の本として揃っていたのは、講談社の世界名作全集だった。第1巻のユゴー原作の『ああ無情』が出版されたのは、1950年。全集としては第180巻のサンドー原作の『かもめ岩の冒険』(1961年) まで刊行された。11年間で180冊が刊行されたことになる。私が読んだのは、揃っていない本もあったかもしれないが、第86巻のメルヴィルの『白鯨』(1954年) あたりまでだった。いわゆる名作の翻案もの(完訳ではない)であったが、1冊ずつのページ数もかなりあり、省略の仕方が巧みで、非常に面白かった。第2巻がスティーヴンスンの『宝島』(1950年)、第3巻がデュマの『巌窟王』(1950年)、第4巻がマーク・トウェインの『乞食王子』(1950年)、第15巻がデュマの『三銃士』(1951年)、第23巻がスピリの『アルプスの少女』(1952年)などという名作物をこの時にすべて読んだ。

本の最初のところにカラーの口絵がついていた。私がはっきりと覚えているのは『乞食王子』である。折りたたまれていた口絵はツルツルの紙に印刷されていて、伸ばせば2ページ分に拡がった。左手の立派な椅子に座っている王子(本当は貧しい少年)の頭上に王冠が被せられようとしたまさにその瞬間に、右手から本物の王子が登場する。右手をぐっと前につきだして、「待て〜」と走り込んでくるクライマックスの場面だった。

現在、省略本というと、アニメ版にまで落ちてしまう。多くの人がアニメで出会い、最初からアニメだったと思い込んでいる人が増えてきた。「えっ? 本があるんですか」と言われるとがっかりする。大作の場合、文学の香りを遺した、子どもたちでも読める翻案物の出版が望まれる。今はマンガの形態で出ているのだ

ろう。私が好きだったのは、第18巻のハーベイ原作の『ロビン・フッド』(1851年)だった。それから約30年後、はじめてイギリスを訪れた時、バスはシャーウッドの森を通った。あこがれだったシャーウッドの森は、中世の時代よりも、多分狭く明るくなり、どこにもロビン・フッドの気配はなかった。私の子ども時代の宝物であった本は、1959年9月26日、東海地方を襲った伊勢湾台風によって、高い防波堤と堤防を乗り越えてなだれ込んできた海水のために、全て失われた。

13) 結婚して大阪の吹田市に住むようになり、吹田市立中央図書館で「子どもの本の研究会」を結成し、みんなで、児童文学を学びあった。私は、当時から英語圏のマザーグースについて調べていたこともあり、その話を会員にしたところ、日本にも「わらべうた」がある、みんなで、自分が知っている「わらべうた」を書き出してみようということになった。調べて書くのではなく、自分のからだの中に宿っている「わらべうた」を書き留める作業が始まった。興味深いことに、私とほぼ同世代(1940年前後の生れ)は、わらべうたをとてもよく記憶していた。とりわけ、四国や富山などの地方出身者は、驚くほどたくさんのわらべうたをそのときも見事に歌うことが出来た。ところが、5歳以上若い人たちからは、「わらべうた」はほとんど出てこなかった。からだを使って歌い、遊んではいなかったのだ。冊子として『わたしたちのわらべうた』(吹田子どもの本研究会 1979年3月3日)を出した。歌を吹き込もうとなったとき、おなじ「かもめかもめ」にしても一緒には歌えないことに気づいた。ところどころ言葉の違いがあるのだが、問題は言葉ではなく、それぞれ地方独特の「ふしまわし」があり、結局、ひとつの「わらべうた」は、誰かが代表して自分のふしまわしで歌うことになった。自分たちの手で作成した、なつかしい冊子もカセットテープも吹田市立中央図書館に保存されている。

14) 千里ニュータウンは1962年から入居が開始された日本最初の大規模団地であった。開発は大阪府企業局によって行われ、豊中市と吹田市にまたがっている。50年が経過し、入居者の老齢化と立て替えの問題が大きく浮上している。一方、当時の5階建て(エレベーターなし)の低層住宅地では、樹木は建物より高くなり、並木道も住宅街も美しい景観を呈している。しかし、数年後の建て替え後には、建物はエレベーター付きの高層住宅となり、樹木は建物より低くなり、景観は激変するだろう。そして青山台文庫も幕を閉じることになると思われる。千里ニュータウンは、1962年から入居が始まっているが、私たち夫婦が入居した1965年は、阪急千里線の終点である北千里地域の入居が開始した年であり、私たち家族は典型的な千里市民と言える。

15) 新幹線は、1964年に東京・新大阪間の東海道新幹線が開業。
16) 御輿員三（おごしかずぞう 1917―2002）1962年―1980年、京都大学英語学英文学教授。英詩研究の第一人者。
17) 吸収性の良い紙おむつ（使い捨ておむつ）の登場は、1980年代に入ってから。それまでは、どこの家庭でも着古した浴衣などをほどいて、おむつを作っていた。私の母もたくさんの布のおむつを作ってくれた。わが家の子どもたちは、年齢がくっついているため、おむつ時代のあかちゃんがふたり重なる時期があり、洗濯も大変なら、乾かすのも大変だった。乾きの悪い雨季や冬には、家中に綱を張り巡らし、おむつを干した。まるでトンネルをくぐって暮らしているようなもので、幼い子どもたちは、おむつがぶら下がっている下を這いまわり、ちょこちょこと走りまわっていた。今は、懐かしい思い出である。今も夫婦でそこで暮らしているのだが。
18) 「おかあさん、ごはんと本とどっちがすき」は、私が初めて出版した本のタイトルとして、創元社の編集者の正路怜子さんが非常に気に入り、題名にもなった。地域の団地新聞「千里タイムズ」に15年間連載した、暮らし、子育て、文庫活動、社会的な関わり、絵本についてのコラムが、結果として5冊の本になって「絵本の散歩道」シリーズとして出版された。1)『おかあさん、ごはんと本とどっちがすき』1982年8月、2)『おかあさん、本よんで』1984年12月、3)『絵本という宝物』1988年5月、4)『絵本のある生活』1992年7月、5)『絵本があって花があって』1995年2月。
19) 『かいじゅうたちのいるところ』 モーリス・センダック作　神宮輝夫訳　冨山房　1975年（アメリカ1963年）。
20) 『まどのむこうのそのまたむこう』 モーリス・センダック作　脇明子訳　福音館書店　1983年（アメリカ1981年）。
21) 『ふくろうくん』 アーノルド・ローベル作　三木卓訳　文化出版局　1976年（アメリカ1975年）。
22) 『大きなクスノキ』 甲斐信枝作　金の星社　1991年。
23) スピッツ（2001）p.115.
24) 私の幼児期は戦争中であった。そして戦争中にも大量の絵本が出版されていた。その多くは、子どもたちを戦争へと導くものであった。この時期の絵本が、現在、大阪府立中央図書館の書庫に保管されている。閉館となった大阪国際児童文学館に所蔵されていた貴重な資料である。
25) 一般的な絵本は、32ページ構成。しかし、最初の印刷ページである「扉ペー

ジ」は、見開きの右ページから始まり（文字が横書きで、絵本として右開きの場合）、最後のページは、見開きの左ページで終わるため、その間は30ページとなり、見開き場面は15になる。

26）絵本が内包している可能性として、文化の「越境」を容易にするという点がある。絵本を活用すれば、世界の平和にも寄与しうるかもしれない。

27）イギリス留学について、その実行には時間がかかった。子どもたち3人がみんな20代に入り、また、結婚以来25年間一緒に暮らしてきた義父が85歳で眠るように亡くなった時、留学を決断。1994年、長年待ちに待ったイギリス留学に旅立った。54歳。イギリスでの6年間の絵本研究滞在については、私の『イギリス絵本留学滞在記』（風間書房　2017年）を参照していただきたい。

28）*A History of Victorian Popular Picture Books*　風間書房　2006年。イギリスの絵本の歴史研究をテーマとした英語論文の出版に、出版助成をしてくださった日本学術振興会に感謝している。

29）ハーヴェイ・ダートン賞（The Harvey Darton Award）の対象となる研究書は、「英語圏の子どもの本の歴史に新鮮で詳細にわたる知見を寄与する本であり、歴史的書誌情報だけではなく幅広い文脈のなかで学問的にも書かれている本であること」とされている。

30）西宮市にある聖和大学の歴史は、1880年創立の神戸女子神学校にまでさかのぼる。1950年の学制改革により聖和女子短期大学、1964年に聖和女子大学を開設。1973年、幼児教育学専攻としては全国初の大学院を開設。1982年に男女共学の聖和大学になる。1992年、私立大学の幼児教育学専攻としては全国初の博士課程を開設。2009年4月関西学院大学に統合された。

31）大学生たちに、授業開始よりも前の時点で長い「リーディング・リスト」を配り、出来るだけ読んでおくように指導する授業の工夫を、日本でももっと取り入れてはどうだろうか。どの大学でも立派な図書館を設置しているが、図書館を利用する学生数が非常に少ない大学もないわけではない。日本、イギリス、アメリカのいくつかの大学の図書館を訪れたが、図書館がよく利用され、よく機能している大学は、概していい大学と言えるだろう。逆に、図書館を利用する学生を増やすように図書館も教員も工夫すれば、大学自体も良くなると言える。

32）当時、ローハンプトン大学大学院文学部の児童文学科の授業のほとんどは、夕方からスタートした。学生のほとんどが社会人であった。年齢も高く、54歳の私が特に目立つわけではなかった。日本でも、現役の人たちのために、授業を遅い時間に設定し、週に1回の授業で、数年かけての単位取得と論文作成で修士課程

を修了というコースをもっと設置してはどうだろう。とりわけ、保育者や教師対象の修士課程の設置を期待したい。

33) イギリス、ローハンプトン大学大学院の児童文学コースの授業内容については、拙著『イギリス絵本留学滞在記』の第2部を参照していただきたい。
34) 正置友子（2017）第2部「イギリスの大学院で学ぶ」の中で、私が学んだローハンプトン大学大学院の児童文学コースで、教えることに真の情熱を持ち、ユニークで、溌剌としていた教師陣と授業内容を紹介している。
35) 「ひとなる」については、「序章」の注2を参照。
36) 鷲田清一（1999）pp.12-13.
37) 「臨床哲学」と明記した講座がある大学院は、大阪大学のみであった。
38) フッサール（2001）この本の中で訳者（浜渦辰二）解説 p.374.
39) 現象学では、「生活世界」という用語が使用される。フッサールのドイツ語Lebensweltの日本語訳である。『現象学事典』にも取り上げられ、4ページに及ぶ解説（野家啓一）が掲載されている。「生活世界」について、「われわれが日常的に事物や人格と交わりながら自然的態度によって生きている世界を意味する概念」（259ページ）と書かれている。訳語は他にも試みられているが、他の用語との関連や意味内容から「生活世界」がふさわしいであろうとされており、現実に「生活世界」に統一される傾向にある。そうしたなかで、私は「生世界」という言葉を使いたい。理由は、「生」について、本論の「序文」の注12で述べたように、「生」は「生命、人生、生活」を含む。日本語で「生活」とすると、「生」のなかの一部である、日常的な暮らしの面にのみ結びつきやすく、平板な意味合いに陥る。以上のことを考慮して、「生世界」と記す。なお、『フッサール間主観性の現象学』のなかで著者である浜渦は、「生世界」を使用しており、「生世界」は簡潔でありながら、世界は時空間に拡がり、生命も人生も生活も含んでいると捉えることができる。
40) 千里ニュータウンの子どもの人口は、開発当初に大阪府が予想した数をはるかに越えてしまったため、調整校として一校が新設された。その北千里小学校は、1973年4月1日に設立し、子ども数の減少にともない、2009年3月31日に閉校。わが家の歴史とも重なり、長男が小学生時に開校し、孫の小学生時に閉校した。
41) 10人掛けのテーブルは、家族の食卓であり、子どもたちが宿題をする机であり、私の書き物机にもなった。「青山台文庫」をここで開設中は、受け付け台の役目も果たした。狭い住居を一層狭くしているテーブルであったが、「なんでも台」として役に立ち、今も健在である。

42) 松岡享子 「解説『子どもの図書館』の驚くべき浸透力」p.296. 『石井桃子集』第5巻 岩波書店 1999年、所収。
43) 子どもの読書推進実行委員会編 『子どもと本の出会い・実践記録集 子どもに翼をあたえるために』 2000年 p.533.
44) 当時の公団住宅の襖は、なかに黄色の発泡スチロールのようなものが入っており、子どもたちの指で簡単に穴を開け、穴を広げることが可能だった。そのため、骨のような木枠の桟だけが不細工に残り、処分するより仕方がなかった。
45) 押入れの下段に、わが家の子どもたち用のオモチャ、たとえばレゴなどが入っていたため、家の子どもたちも文庫にやって来た子どもたちも取り出しているうちに、襖も消えてしまった。
46) 文庫の開設場所について、今では、子どもの読書と結びつく場ということで一般的に認められる傾向にあり、自治会などが地域の集会所、マンションの集会所などを無料で提供をしてくれるところも多い。その場合、自治会に所属するという形を取り、本箱代、本代の資金援助もある。それに対して、女性が自分たちだけの力で運営をしていく場合には、今もって厳しく、中には、文庫の開設日ごとに、本を集会所に運び入れるというところもある。青山台文庫の場合、本箱10基を常設させていただけるだけでも恵まれているかもしれない。公団に払う年間の会場使用料が、文庫が参加者（参加費ひとり年間500円）からいただく全会費を上回るとしても。千里ニュータウン50周年を経て、最近、地元のUR（都市再生機構 Urban Renaissance Agency、旧公団住宅）もその存在を認めて、会場使用料を安くしてくださっているが、それでも参加費をはるかに上回る。なお、青山台文庫は、地域の自治会や子ども会に所属しているわけではなく、自立した組織である。
47) 1965年頃には、エレベーターなしの5階建ては当り前のことであったが、どこでもエレベーターありの時代になると、時代遅れとなる。今では「えっ、エレベーターなし？」とびっくりされる。しかし、50年間自分の足で5階まで上がり降りしたことが、私の身体を作ってくれていると考えれば、願ってもないこととなる。
48) 青山台文庫にしても「だっこでえほんの会」にしても、運営の問題がある。現在、青山台文庫の代表は飯田妙子さんが担う。子ども時代より本が好きで、本を信頼している人であり、子どもの目線とおとなの目線を共にもっている。私の立場は青山台文庫主宰。「だっこでえほんの会」は、飯田妙子さんとの文字通りの二人三脚で成り立っている。

49) 飯田妙子さんの息子の飯田拓也さんは、5歳くらいの時から文庫に来てくれていた。おかあさんよりも文庫歴は古い。拓也さんが友達を誘ってきてくれて、この子たちとは、小学生読書会、中学生読書会、高校生読書会と続いた。10人くらいだっただろうか、男の子が多かった。絵本を真ん中にして、後には読み物の本を読んできて話し合った経験は、忘れがたい。この子たちとの読書会のことは、私の「絵本の散歩道シリーズ」第3巻『絵本という宝物』（創元社　1988年）の後半部分に書かれている。みんなの希望で読む本を決めたので、那須正幹の「ズッコケ」シリーズを何冊も読んだ。そして、その後の希望として出てきた本が斎藤惇夫の『冒険者たち　ガンバと15ひきの仲間』（アリス館牧新社　1972年　現在は岩波書店より出版）だった。薮内正幸の表紙絵―大きく翼を広げたオオミズナギドリの背にのるガンバ―と共に、忘れられない読書会となった。全員、今や30代後半である。

50) 「だっこでえほんの会」はあくまでも絵本の会である。一般的にあかちゃんの会は、「おたのしみ会」と名称づけられて、絵本も短いものが1冊で、後は手遊びなどが多い。青山台文庫の「だっこでえほんの会」の場合、あくまでも絵本が中心であるが、はじまりとおわりに「わらべうた」を入れることにしている。「わらべうた」は、なごやかな雰囲気をつくることができ、両親に「わらべうた」を伝えたい気持ちもある。唄だけのもの、手遊びをともなう唄、身体を動かす唄などを入れている。この係は入れ替わりがあり、現時点では山本直美さんに担当していただいている。山本さんの3番目の男の子は、「だっこでえほんの会」の第1期生であった。山本さんは、わらべうたを声を張り上げて歌唱的に歌うのではなく、また大声で教育的に歌うのではなく、親がわが子に届くような声と調子で唄ってくださるのがとても気持ちがいい。

51) このアンケートのことなどについては、「〈母と子〉のはじめての絵本体験　青山台文庫の『だっこでえほんの会』の8年間を通して、わが子と共に絵本に出会う母親たちの絵本体験を考える」として書いている。掲載は、『あかちゃんと（も・の・に・が）えほん』（千里えほん研究会　2010年　pp.4-13）

52) このことは、私が、社会的な場において、子どもたちが養育者以外の人から読み聞かせをしてもらうことの重要性に気がついたときであった。日本には絵本ボランティアという人たちがたくさん存在しているが、一つの目的を「家で、両親が子どもに読み聞かせをする」という点においている。このことも重要ではあるが、第三者による読み聞かせの意味もあることを教えられた。また、母親たちがわが子を膝に抱いて、あるいは横並びに座って、第三者が読んでくれる絵本をわ

が子と共に楽しむ体験は、母親も自分が読み手である時には得られない絵本体験をすることができる。この点についてはこの本の最後のところで考える。

53) 白石正久は『発達の扉』の中で、「第二者」という言葉を使う。ある子どもにとってある時の大事な存在の人を「第二者」という呼び方をしている。両親である場合もあるし、保育者である場合もある。白石の実践の現場は保育園であるため、第二者は保育者を指す場合が多い。

54) 白石正久（1994）p.94.

55) 『りんご』松野正子文　鎌田暢子絵　童心社　1984年。

56) 『三びきのやぎのがらがらどん』ノルウェーの民話　マーシャ・ブラウン作　瀬田貞二訳　福音館書店　1965年。

57) 『おおかみと七ひきのこやぎ』グリム童話　フェリクス・ホフマン絵　瀬田貞二訳　福音館書店　1967年。

58) メルロ＝ポンティ『知覚の現象学』1巻　p.175.

59) メルロ＝ポンティ『知覚の現象学』1巻　p.13.

60) 「身ふたつ」という言葉を使いながら考えたこと。誕生時（母親からすれば、出産時）は、自然がなせる「身ふたつ」体験である。それに比べると、3歳代の「身ふたつ」体験は、現代では、社会的文化的体験かもしれない。そしてこれが出来ない状況が、現代の社会的病いの原因の一つかもしれない。

第Ⅱ部

メルロ＝ポンティと子どもの現象学

はじめに──『知覚の現象学』における子ども

　メルロ＝ポンティ（1908-1961）の主著である『知覚の現象学』のなかでは、「子ども」や「出生」への言及がよく見受けられるが、そのなかで、「おばあさんと眼鏡と本」という非常に興味深い寓話が紹介されている。少し長いが、ある時期の、とりわけ言葉の獲得期にある子どもの本質を表しており、また、寓話から引き出されたメルロ＝ポンティの解説も参考になるので、そのまま引用する。

> 　児童用の或る作品のなかに、日ごろおばあさんから聞かされていた物語を自分自身でとらえることができるかと思って、おばあさんの眼鏡と本とを手にとってみた、幼い少年の失望の話が出ていた。その寓話は、つぎの二行の詩句でおわっている──
> 　　「なあんだ、ダメだ！　おはなしはどこへいっちゃったんだろ？
> 　　ぼくには、黒と白しか、なんにも見えないや。」
> 　子どもにとって、〈物語〉も表現されたものも、〈思想〉または〈意味〉ではなく、また言葉も読書も、〈知的作業〉ではない。物語とは一つの世界であって、眼鏡をかけて本のうえに身をかがめることによって、この世界を魔術的に出現させることのできるような、なにか手段がなければならぬはずだ、というわけである。ところが、表現されたものを存在させ、思惟にたいして道を、あらたな次元を、あらたな光景を拓く言語のもつ能力というものは、けっきょくのところ、子供にとってとおなじくおとなにとっても、やはり不可解なものだ。あらゆる成功した作品では、読者の精神にもたらされる意味は、すでに構成されてしまっている言語や思想を超過する部分をもっており、あたかもおばあさんの本から物語がとび出してくるように、それは言語の呪術がかけられているあいだに、魔術的に展示されるようになるのだ。[1]

　この寓話の出典先については、メルロ＝ポンティは記載してはいない。「児童用の或る作品のなかに」とあるところからすると、注で紹介するほどの本

ではないと判断があったのかもしれないし、記憶に残っていて使用したのかもしれない。ただ、私には合点が行かないのは、「児童用の作品」とあるが、この寓話は「児童」が読んで面白いものではなく、おとなが読んで面白いものだということだ。というのは、この寓話自体は、子どもの生育過程のある段階を表しているものであり、その時期をずっと前に通り越してきたおとなには「微笑ましい」寓話ではあるが、その渦中にある子どもにとっては、この可笑しさはわからないものだからである。

　「幼い少年」は、日ごろ、眼鏡を掛けたおばあさんに本を読んでもらっていた。多分、そのお話がとても面白かったにちがいない。子どもは自分自身でも読みたいと思い、おばあさんの眼鏡を掛け、本を手に取って読もうとした。ところが、「黒と白」だけで、物語は現われてはこなかった。眼鏡を掛けて本を見たら、本のなかから面白いお話が見えてくるはずだと思ったのだ。

　子どもたちと長年、絵本や詩や読み物を読んできた私には、この寓話のなかに幾つかの興味深いことが読み取れる。この子どもは、本の中には、物語という面白い世界があることを知っているということ。その物語は、眼鏡を掛ければ見ることが出来ると思ったこと。それは、眼鏡を掛ければ「文字」というものを読めるようになるということではなく、「物語」が見えるようになると思っていたこと。つまり、イメージ、あるいは絵による表象があらわれると思っていたかもしれない。子どもが眼鏡を掛けても見えないのでがっかりしたのは、おはなしが現われなかったこと。そして、本のなかには物語があることを教えたのは、おばあさんである。おばあさんがこの子に読んであげたからこそ、子どもは本のなかに物語があることを知ったのだ。もし、誰も本を読んであげなければ、子どもは本に出会えなかったといえる。もう少し考えてみると、この子に本を読んであげて、物語を見えるようにしてあげたのは、おかあさんやおとうさんではなく、もっと長い年月を生きてきたおばあさんであること。そして、この子はおばあさんから「本」の存在と、本というものがどういう物であるかということを受け取ったのだといえるだ

ろう。おばあさんになったのは偶然だろうと考えるひともあるかもしれない。もともとの作者にしても、あるいはメルロ＝ポンティにしても、意識せずに「おばあさん」にしたかもしれない。しかし、そこにこそ、年長者への信頼とその役割が見えてくる。やはり、おばあさんである必然性がある。

　すると、この寓話に、本についてのおとなの役割を見ることができる。おばあさんが眼鏡をかけて読んだ物語は、とても面白いものだったにちがいない。あるいは、読み手の読み方、その声、語り方の調子、さらに読み手の座り方などから形づくられる雰囲気も良かったにちがいない。早く読み上げてしまおうという性急さはなく、淡々と読む中に滋味のような味わいがにじみ出ていたかもしれない。だからこそ、男の子は、「自分で読めたらいいなあ」と思ったのだ。本を読むおばあさんという、ひとりのおばあさんの姿は、少年にとって、ひとりのおとなのモデルだったのではないか。孫に眼鏡をかけて読んでやっているおばあさんの素朴な姿こそ、私たちおとなにとっても一つのモデルになるかもしれない。絵本や本を一緒に読んだ子どもたちが、自分で読みたいと思ってくれたら、それで私（たち）の願いの半分を達したことになる。後の半分の願いは、子どもたちがおとなになったら、次の世代の子どもたちへの本の読み手になってほしいということだ。

　この寓話を基にしたメルロ＝ポンティの解説は、言語表現とはなにかに向かう。「表現されたものを存在させ、思惟にたいして道を、あらたな次元を、あらたな光景を拓く言語のもつ能力」は、子どもにとってもおとなにとっても、「不可解」なものだとしている。優れた作品の場合には、「読者の精神にもたらされる意味は、すでに構成されてしまっている言語や思想を超過する部分」を持っているからである。ある言葉がもっている意味、例えば「りんご」という言葉がもっている、「くだものの一種」という意味を知っていたとしても、その作品を十分に味わうことはできないのであって、その言葉が持っている「その言葉を超過する部分」を感じ取れないと、その優れた作品を十二分に味わったことにはならない。このようなことは、子どもにもおと

なにも共通する作品の深い読みの難しさであり、他方、作品の読みの多様性を拓くとも言える。

　メルロ＝ポンティの引用文のなかに、もう一点、注意を引く言葉がある。意図的に「成功した作品では」という言葉を挿入している点である。ここにいう「成功した作品」というのは、「よく売れている作品」という意味ではない。優れた作品と解していいだろう。世に出ている作品が全て良いという訳ではない。では、どういう作品をもって「成功した作品」と言えるのかだろう。メルロ＝ポンティが想定している「成功した作品」の作者というのは、画家ではセザンヌであり、作家ならプルースト、バルザック、ヴァレリーであろう。絵本作家でこれらの人たちと並ぶ人物を挙げることは難しいかもしれないが、幼年期に出会った絵本が、その人の生涯を通じて留まり、影響を与えるとすれば、優れた作品を子どもたちに届けてやりたい。メルロ＝ポンティの言葉を絵本とのかかわりで紹介することを試みれば、成功した作品とは、言語表現と視覚表現を用いて、ただその言葉とその絵が表している額面通りの物ではなく、それらが作品世界のなかで一つの全体に融合されて、それぞれの表現を越えて、深い人間観と世界観へと導く何かを持っていること、そしておとなが子どもに読むという行為を通して、そうしたことが魔術的に現われるような作品といえるだろう。

　さらに、上記の引用で注意を引くのは、メルロ＝ポンティが「言語」という用語を使っていることである。この場合は「書き言葉」と言っていいだろう。メルロ＝ポンティは、「話された言葉」として「言葉」を使う場合が多いが、この寓話では「言語」を使っている。おばあさんに本を読んでもらっている子どもは、「眼鏡をかけて本のうえに身をかがめることによって、この世界を魔術的に出現させることのできるような、なにか手段がなければならぬはずだ」と思う。この子は、おばあさんが、言語（書かれた言葉）におまじないをかけてくれたおかげで、物語の世界に入ることができる。おばあさんは、書かれた「文字」におばあさんの「生」の息を与え、声に出して読

むという行為を通して、文字を立ち上がらせ、生き生きとした物語にしたと言える。子どもが「本」という物を自分で見ていただけでは、本とはどういう物であるかわからず、本を自分で読みたいとは思わなかったであろう。ここに、子どもと本や絵本を読むおとなの役割がある。そして、子どもとおとなの違いがあるが、おとななら誰でも「本」におまじないをかけて、物語世界の良き伝え手になれるかというとそうとは限らない。「文字」上の意味だけではなく、その作品が優れていればのことであるが、その作品がもつ「言語を超過する部分」を読み取れる人であり、言語におまじないを掛けられる人であらねばならない。そういう人は、文字を上手に読めるとか、イントネーションを間違わずに読める、アナウンサーのようにきれいな標準語で発音ができるということでは全然ない。方言が入っていい。その人の「生(せい)」がこもっている「声」で読めばいい。そういう人に読んでもらうことで、子どもは、本に、物語に、その人に出会う。

　この寓話の例は、『知覚の現象学』の中で「子ども」が登場する一例であるが、日本語訳『知覚の現象学』(1967・1974)のなかでは、「子ども」という言葉、あるいは「子ども」に言及する文章は頻繁に登場する。上記の寓話の引用文では、「幼い少年」が登場しているが、日本語の訳書の場合、子ども(たち)、幼児、幼児期、幼年期、幼年時代、幼少時、嬰児など、「子ども」の呼称はさまざまに使い分けられている。原書のフランス語版 *Phénoménologie de la Perception*(1945)では'enfant'でほぼ統一されており、ドナルド・A・ランデスによる英語訳 *Phenomenology of Perception*(2012)では'child'でほぼ統一されている。日本語版の訳者がこのように訳し分けていることを考えると、日本の社会では、子どもである時期を、あかちゃん、乳児期、幼児期、子ども期(学齢期)のように、子どもの年齢によって、あるいは子どもが所属する社会的な制度によって、子ども期を呼び分ける傾向が強いことがうかがえる。

　メルロ＝ポンティ自身が、「子ども」と書いたときに、その文脈、内容か

ら推察して、あるいは『知覚の現象学』全体から想定して、日本語の訳者が「幼児」とか「幼児期」へと訳したことは、子ども期の年齢層を限定しているようではあるが、日本語の読者にとっては理解しやすいと思うし、そこに日本人の子ども観も現われている。

中には幼児期以外の例外もあり、年齢が明記されている場合もある。例えば、12歳になる視覚障がいの少年に触れているエピソードや[2]、15歳の思春期の危機について書いている個所[3]もあるが、多くは、乳幼児期の子どもたちである。「子ども」という語の多さには、日本語独特の言い回し、特に子どもには、代名詞（彼／彼女など）をあまり使用しないということもある。

「子ども」を示す言葉以外に、『知覚の現象学』では「出生」という言葉も目に付く。「出生」と同義語とみなしてもいい「生まれるということ」、「私の最初の知覚」、「私の誕生」という言葉もよく使われている。また、どちらにもまたがるような言葉として「私の人生の最初の年月」や「私の生涯の最初の数年間」などもある。「子ども」と「出生」では、その出来事や様態が微妙に異なることもあるが、こうした人生最初期の言葉の多様さから、メルロ＝ポンティが人間の誕生に始まる人の最初期に大きな関心を持っていたことがわかる。『知覚の現象学』における「子ども」と「出生」に関するさまざまな表現の言葉の数を数えてみると、あいまいな表現もあり、また翻訳でもあるので、明確な数を示すことは難しいしあまり意味もないことであるが、100回ほども使われている。乳幼児期のシンメトリー的対極にある「老年期」という言葉も使われているが、誕生とその後の数年に関わる言葉と内容の方が、極めて多い。

メルロ＝ポンティ（1908-1961）は53歳で急逝している。『知覚の現象学』（1945）の執筆時は、彼自身若く、時代の要請から考えても、「老年期」は、思考の主要なテーマにはならなかっただろう。それにしても、なぜ、出生や幼年期にこれほどの焦点を当てたのだろう。

『知覚の現象学』が、パリで出版されたのは1945年であるが、執筆は第二

次大戦中であり、パリはナチスの占領下にあった。彼は、サルトルと共に反ナチ活動にも関わる。『知覚の現象学』執筆中は、人の「命」も「生」も無慈悲に消費される時代であった。このような時代にあって、この世界へ生まれてくること、この世界で「子ども」として生きることは、どういう意味を持っていたのだろう。そのような状況の中で、『知覚の現象学』における「生まれること」や「幼い人たち」への彼のまなざしは、「生まれる」ということをただ物体である身体の誕生ではなく、「生」の当事者としての主体の身体の誕生として書かれている。時代の暗さの中にも、人の誕生は未来への希望を秘めているように思われる。例えば、次の引用文にあるように、「生まれるということ」は、「無限の可能性」に開かれていることになる。

> 生れるということは、世界から生れることであると同時に世界へと生れることである。世界はすでに構成されてはいるが、しかしまたけっして完全には構成されてはいない。前の関係からすれば、われわれは世界によって促されることになるし、後の関係からすれば、われわれは無限の可能性に開かれていることになる。[…]たとえば、口を割らせるために、一人の男が拷問にかけられたとしよう。もしその男が、相手が無理にも聞き出そうとしている誰かの住所や名前を言うことを拒否するとしても、それは何の拠り処もない孤独な決意によるわけではない。彼は自分がなお仲間と共にあり、共同の闘いに参加していると感じて、いわばしゃべることができなかったのである。[…]結局のところ、苦痛に耐えているのは裸の意識ではなく、その仲間や己れの愛する者やそのまなざしに包まれて生きてゆける相手をもっている捕虜、ないしは誇り高くその孤独を意思する意識、つまり、やはり「共存」の或る様式をもった意識なのである。4)

このような文章を読むと、彼の哲学の根底にある人間への信頼を感じる。引用文中の譬(たと)えからもわかるように、メルロ＝ポンティはここでは、あってはならないが、あった苛酷な状況を挙げているが、では、現代の日本の日常性のなかでこのようなことがないかと問われれば、残念ながら、現代のおとなの社会でも子どもの社会でも起こっていることである。現代に生きる子どもたちが、「自分の愛する人たち（家族や友だちや教師たち）やそのまなざしに包

まれて生きてゆける相手」をひとりでも持っているかどうかである。つまり、この世界のなかでともに存在していることを喜びとし、「生きていてほしい」と願ってくれる人を、持っているかどうかである。

最初に紹介した寓話のなかのおばあさんと幼い子どもの関係は、日常的で平凡に見えるが、そうした、幼い時代の日常性のなかにある「共存」の様態こそ、その後の「生」を支えるといえるのではないだろうか。こうした平凡な日常性のなかにある「共存」、例えば、一緒に朝食や夕食を食べるというような「生」を共にする暮らしがあるかどうかではないだろうか。このような、生きることの根幹に関わることが共にあると感じられる暮らしこそ、子どもがその後の「生」を生きる中で、抱き続ける意識ではないだろうか。なにか他の目的があってではなく、幼い子どもがそこにいるというだけで、子どもに注がれるまなざし、子どもに語る声が、その後を包むのである。

私が、本論のなかで登場させている子どもたちは、幼児期の、それも幼児期前半の子どもたちである。0歳から3歳半くらいの子どもたちが物事や事象を体得していく過程、すなわち世界を把握していく過程は、『知覚の現象学』のなかで、メルロ＝ポンティが描き出している子どもたちの姿と重なる。幼児期前期と幼児期後期の子どもたちとでは、他者（物であれ人であれ）との関係の取り方が異なる。幼い子どもたちと長年絵本を読んできた経験から言えば、幼児期（誕生から学齢期前）の真ん中の三歳半のあたりで分水嶺のような山脈があり、幼児期前半と幼児期後半に別れる。

誕生して3年半ほどの幼児期の前半を生き、この分水嶺の山脈を超えて、幼児期後半へ、さらに学齢期の子ども時代へと入って行く。幼児期前期の子どもたちの存在の仕方は、その後の生き方に影響を与える大事な人生の始まりの時期と言えるような気がする。すなわち、人の最初期の段階で、この山脈を登り超える必要があるのではないか。この時期に、人は這い、立ち、歩き、言葉を習得し、他者と言葉を介在として関係性を持つようになる。そして、3歳半に至る。

はじめに――『知覚の現象学』における子ども

メルロ＝ポンティは、『知覚の現象学』の原書 Phénoménologie de la Perception を 1945 年に出版して数年後、1949 年にソルボンヌ大学で、児童心理学および教育学の講座の主任教授となり、1949 年から 1952 年まで児童心理学の講義をしている。その中には、「意識と言語の獲得」(1949 年―1950 年の講義)[5]や「幼児の対人関係」(1950 年―1951 の講義)[6]も含まれている。こうした講義録には、講座名からも明らかなように、子どものことが中心となり、子どもたちの言葉の獲得についての考察が意識的に深められていく。それに対して、『知覚の現象学』では、著者の根本的なテーマである「人間とは何か」をどのように知るのかという枠組のなかで子どもが捉えられている。もちろん、この態度は、「意識と言語の獲得」でも「幼児の対人関係」の中でも流れてはいるが、『知覚の現象学』に比して、著者の問題意識が「子どもはどのようにして言語を獲得していくか」に集中している。

『知覚の現象学』は、現象学として、本質を研究する哲学の書である。私は、人間の本質を研究する書であると考えている。そして、この書のなかには、「生まれる」、「出生」、「子ども」、「私の最初の年月」などという言葉が多く語られるということは、人の始まりの時期に、本質の起源を探求していると捉えることもできる。

私が、本論で考えたいのは、子どもそのもの、あるいは、子ども時代そのもの、のことではない。子どもは、いつまでも子どもではない。子どもは、人間の最初の年月の様態であると共に、ひとりの人の中で命尽きるときまで生き続ける核である。老年期になっても生き続ける。

> われわれが生きてきたところは、われわれにとって永久に存在し続けるものであって、老人は己れの幼年時代と接続しているのだ。産み出されてゆく各現在は時間のなかにあたかも楔のようにうちこまれ、それぞれ永遠たることを主張している。[7]

70 代に入っている私の周りには、老年時代を生きている人も多い。その人

たちと話していると、その人の前に、人生のある時期、例えば、幼年、青年の時期が、今、現前しているのだろうと思われることがある。老年時代が進んでいくと、幼年時代との接続が一層強くなるように思われる。

　第Ⅱ部では、『知覚の現象学』における乳幼児期の子どもたちのことを考える。

第1章　メルロ＝ポンティと子どもの現象学

第1節　子どもとおとなの違い──世界を前にしての驚き──

　子どもとおとなの絶対的な違いは、子どもはおとなであったことはないが、おとなは子どもであったことがあるという一事である。誰しも、子どもの時代を生きておとなになっている。だからかもしれない。おとなが持っている子ども観と言えば、子どもとは、おとなになる前の未熟な状態であるとか、あるいは、一人前の人間になるまでの発展途上の未完成な状態である、ということではないだろうか。子どもとおとなの関係は、子どもからおとなになる、という図式であり、自分は「おとな」になっているのだから、「子ども」よりはよほど成長していると思うことである。

　子どもは、しつけや教育を受け、成長していっておとなになるという人間成立観を前提にすれば、すでにおとなであるという到達点がそこにあり、そこからあかちゃんの時、幼児期、学齢期を見ることになる。おとなならできるとされていることが到達点であり、当り前であれば、子ども期は、まだ当り前なこともできない未熟な時期となるのは当然のことだろう。

　私が、乳幼児期前半である生まれてから3年ほどの間の子どもたちと絵本を読んでいるとき、衝撃的と言ってもいい驚きを与えられたのは、子どもたちが、絵本と出会っているときの「驚きよう」であった。また、毎回の「発見」であった。

　子どもたちにとっては、初めて見る絵本であるから当り前と言えば、当り前であるが、同じ絵本を見ていても、しょっちゅう、絵本の中に何かを発見し、驚き、興奮し、感動し、そして注意する。なんらかの音声を発せられる

ようになると、喉のあたりから音を出して、「驚き」を表現している。声を出せるようになると、「あっ！」という。「あっ！」と言いながら、そちらに顔を向けたり、指を向けたりする。自分の足で歩けるようになると、「あっ！」と言って、ひとさし指を突き出して、絵本に突進し、絵本の中のある個所にひとさし指を突きつける。彼らは、絵本のなかに小さなテントウムシを発見し、赤という色を発見し、描かれている物と物との間の関係性までも発見し、うれしくてうれしくて、思わず母親（養育者）の膝を降りて、絵本の世界にやって来る[8]。そして、母親の方を振り向き、「共感」のうなずきや、微笑みを認めると、それもうれしくて、また母親の膝に戻る。

　母親の膝を「あっ！」と言いながら、降りて、母親の確認を得て、また膝に座り込む、これを何度も何度も繰り返す。「三項関係」の始まりの時期である。

　このような新鮮な驚きや感動を、人はいつの間にか失ってしまう。そして、物事がよくわかって、驚かなくなったことを、「成長」した証として見なすようになる。すなわち、世の中のことは、なんでも当り前のこととなってしまうのだ。

　メルロ＝ポンティは述べる。「現象学とは、世界とのあの素朴な接触を取り戻すことである」[9]、と。当り前とみなされていることを、その当り前というベールをはがし、世界との直接的な素朴な体験に戻ってはどうだろう。すると、世界のなかで生きているときに出会うひとつひとつのことに、驚きや発見があるにちがいない、と。現象学では、当り前というベールをはがすことを、還元という。そして、メルロ＝ポンティは言う。「現象学的還元とは、世界を前にしての〈驚き〉である」[10]、と。

　この〈驚き〉は、単に「びっくり」ということではなく、「初めて出会った新鮮な驚き」であり、「不思議」であり、「発見」であり、からだを揺すぶられるような「感動」である。幼い子どもたちの驚きは、長年生きてきた私の目には、「生まれてきたことの喜び」、とも思われるほどの驚きを私にあた

えてくれた。

　子どもたちと絵本を読んでいる時には二重の驚きがある。ひとつには、幼い子どもたちの驚きであり、もう一つは、子どもたちの驚きを目にしての、私の驚きである。子どもたちは、自分の驚きを言葉化して表現することはできない。しかし、「からだ語」で表現してくれている。「世界との素朴な接触」の驚きをからだ全体で表してくれている。私ができることは、この子どもたちとの素朴な接触から得た驚きをできるだけ言葉で表現することである。メルロ＝ポンティは『知覚の現象学』の序文で、現象学について、いくつかの定義をしている。その中に、「現象学とは、経験の直接的記述の試みである」[11]、とある。

　つまり、私のすべきことは、子どもたちと絵本を読んできた経験を直接的に記述することである。発達心理学的に一般的に言われているように、1歳の子どもの体重はこのくらいで、身長はこのくらいで、何々が出来るはずであるという、当り前とされてきた「ものさし」で子どもを測定するのではなく、当り前のベールをはがして、目の前にいる子どもたちを直接見ることである。このとき、このことも従来の心理学でされてきたように、実験的に客観的に見ることではなく、私自身も〈いま・ここ〉に生きているひとりの人間として、子どもたちと関わりを持ちつつ接することである。子どもたちも〈いま・ここ〉に生きている。〈いま・ここ〉に共にあるもの同士が、お互いに関係をし、交差しつつ、生きていることの意味を考えていきたい。子どもたちと絵本を読む関係のなかで起こったことの具体的なことは、第三部で書く。ここでは、『知覚の現象学』を基にして、「子ども」のことを考える。

第2節　生まれるということ

　「私の誕生と私の死も、私にとっては思惟の対象ではありえない」[12]、とメルロ＝ポンティはきっぱりと書く。同じ内容だが、「感覚を経験する主体

は、その経験と共に始まりそして終わる。そして主体が自分に先立つことも自分より生きのびることもできない」[13]とも書く。人は身体と共に世界にやって来る。それが誕生するということ。人は身体そのものであり、身体は感覚を経験する。身体を持たなければ、感覚を経験することはできない。従って、誕生前のことや死後のことは分からない。誕生や死そのもののことも、私が考えるテーマではない。

　私の誕生を、私が選んだわけではない。私はずっと、生れるということは、たいしたことではないと思っていた。生命の長い連鎖の果てにやってきたちっぽけな生命体に過ぎないし、いま現在、この地球上に存在する膨大な数の人間の一人にすぎない。そのみじめなほどの卑小さ、その極小さを考えると、存在すること自体が無意味なことに思われてくる。しかし、メルロ＝ポンティが、生れるということは、この世界に「ひとつの新しい〈環境〉が生れた」[14]ということなのだ、という。

　「だっこでえほんの会」に、出生してまもなくのあかちゃんがやってくる。あかちゃんをお母さんから手渡してもらって、抱っこする。最初はその小ささに驚く。その軽さに驚く。そして、その顔の眉、つむった目元、結ばれた口元のしっかりさに驚く。そのいとけなさに驚くと同時に、私の腕に伝わってくる暖かい手ごたえに驚く。柔らかく、心もとなげではあるが、そのしっかりとした存在感に驚く。

　無防備でありながら、「わたしは、ここにいます」と、その顔もからだも語っている。あかちゃんは、意思など持っていないと思われている。しかし、じっと抱いていると、抱いている人に身を任せきっているからだから伝わってくる、ねっとりとしたぬくもり、やわらかいしなやかさ、自分では何の配慮もしていない重さ、そして顔の面立ちから、身体そのものの意識を感じる。あかちゃんも、からだあるものとして誕生してきた存在として、志向性がある。つねに、何かに向かい、何かを発信し続けている。からだ全体で、あたり一帯の空気を感じ、抱いている人を信頼していいかどうか測っている。

新しくやって来たあかちゃんを抱いて、じっと見ていると必ず思うことがある。不思議だ。どのあかちゃんも、おじぞうさまのような顔をしているのだ。みんないい顔をしている。その顔とからだ全体で、語ってくれている。「大丈夫だよ。大丈夫だよ。大丈夫だよ。」まるで、抱いているおとなを励ましてくれるように、からだで語ってくれる。自分の身体を全部、抱いている人に預けて。「生まれてきて、よかった」とも、そのからだは語っている。どのあかちゃんも、いい生き方をしようと生まれてきたのだ。誰かを傷つけようと生まれてきたのではないのだ。それで、思わず、あかちゃんに語り掛ける。「生まれてきてくれてありがとう」、と。

たしかに、メルロ＝ポンティの言う通り、一つの命の誕生は、世界全体に激震が走るほどの出来事なのである。

> 私の出生という出来事は、すぎ去ってしまいはしなかったし、客観的世界の或る出来事のような具合に、無に帰してしまうことはなかった。それは或る未来をひき入れていたのであって、それも、原因がその結果を決定するような具合にではなく、或る状況がひとたびつくり出されると、否応なく何らかの結末へと帰結してゆくような具合にである。それいらい、ひとつの新しい〈環境〉が生れたのであり、世界は意味作用のひとつの新しい層を受け取ったのだ。15)

この世界に新しい命が誕生したことで、その家族や周辺だけではなく、地球全体に喜びや驚きや感動や震撼(しんかん)を与えたのだ。いま、アフリカで一つの命が誕生している。シリアで、スウェーデンで、イギリスで、アメリカで、韓国で、そして日本で、一つの命が誕生している。その子が素晴らしいことや凄いことをするだろうからではない。その存在そのものが、この世界に新しい意味付けを行っているのだ。

あかちゃんは、「その最初の知覚とともに、自らの出会うかぎりのすべてのものをわがものにしてゆく飽くことを知らぬ存在者が、進水させられたことになったのである」16)。メルロ＝ポンティは水に関係する比喩をよく使用する。ここで使われている「進水」という言葉は、これから人生の海に船出

していくあかちゃんにぴったりの言葉である。港の近くに育ち、進水式を数回見ている私には、実感と浪漫観と人間観が混淆（こんこう）して、「進水」は、あかちゃんたちの誕生をことほぐ言葉にもなり、その後、大海での荒波や嵐や座礁を経験しようとも、無事の帰港を祈る言葉ともなる。

　この世界に生まれて、生きて行くということはどういうことか。それは、私とは何か、と問うことでもある。

> 私とは、結局のところ何であろうか。私はひとつの領野であり、ひとつの経験である。或る日のこと、決然と何ごとかが進行しはじめた。するともうそれは、眠っているあいだでさえも、見たり見なかったり、感じたり感じなかったり、悩んだり楽しくなったり、思考したり休息したりすることを、一言でいえば、世界と「胸襟をひらいて話し合いをつける」ことを、もはや止めることはできなくなるのだ。17)

　一旦、進水すれば、この身体を持って、大海原で生きるしかない。生まれてしまったら、自分の「生」を引き受けるしかない。進むしかない。というと大層な響きを持つが、確かに生きるということは、起きていようと眠っていようと、肺は呼吸し、心臓がドクンドクンと音を立て、血液は流れ、食べたり飲んだりし、感動したり、無感覚になったり、もう生きていられるかと思うほど悩み苦しんだり、飛びあがるほどうれしかったり、考えたり、休憩したり、とにかく、一瞬たりとも世界と関わらないということはない。「世界と胸襟をひらいて話し合う」というと、世界と向かい合って座り込んで、大事な話をお互いに心を開いて話し合うという図が浮んでくるが、確かにこの世界に誕生したら、私の身体は、前人称的性格を持つゆえに、私の意思とは関係なく、健康な時も病の床にある時も働き続け、私を世界のなかで存在させてくれている。これが生まれたもののあり方であり、自分の「生」を生きるということである。

第3節　身体によって世界を把握する三つのステージ

　誕生から3歳代の子どもたちになるまでの年月をたどる時、その道筋として、メルロ＝ポンティが考えている三つのステージがある。
　メルロ＝ポンティは、人は、自分自身の身体からのパースペクティヴで世界を把握していく、としている。つまり、物事を把握していくときに大事なことは、事象を知識として知ることではなく、自分の身体を〈いま・ここ〉に置き、その身体を基点にしてのパースペクティヴから、自分で見たり、聞いたり、匂いを嗅いだり、口で味わったり、触ったりして、それが人であろうと、物であろうと、そのようにして世界との接点が生まれ、世界を把握していくことだとしている。
　その三つのステージは次のようである。注意を要するのは、ステージと書くと、一段目より、二段目へ、二段目より三段目へとステップアップしていくと考えられがちであるが、そのように考えてはならないということである。確かに、生まれたてのあかちゃんと10歳では異なるから、ある面では年齢を重ねてのステップアップであるが、時の経過を美しい川の流れとみなすと、上のほうは水が流れて行くようだが、「それはちょうど私がその上を流れ過ぎる水を通して小石そのものを見るような」[18]もので、過去が現前していることがわかる。一段目は二段目の底をながれており、二段目は三段目の底を流れている。
　また、メルロ＝ポンティ自身、著書のなかで、この三つの方向を段階とかステージという言葉で語っているわけではない。三回とも、「或る場合には」と冒頭に置いているように、並行的に行われるような扱いをしていることからも理解できる。ただ、三番目で、「最後に」という副詞をつけていることから、時間的（歴史的）流れとして、一番目、二番目、三番目という方向をつけていることも認められる。

では、身体によって、世界を把握していく過程を見てみよう。番号は筆者による。

> 身体とは、世界をもつためのわれわれの一般的な手段である。
> (1) 或る場合には、身体は生命保存に必要な所作だけに限られ、それと連関して、われわれのまわりに一つの生物学的世界を措定する。
> (2) 或る場合には、それはこの最初の所作のうえに働きかけて、その本来の意味から比喩的な意味へと移行し、その最初の所作を通じて一つの新しい意味の核を表示する。
> (3) 最後に或る場合には、めざされた意味が身体の自然的手段とはもはや相覆わなくなってしまうこともあり、この場合には身体は、自分のために一つの道具を構成せねばならなくなり、自分のまわりにひとつの文化的世界を投射する。[19]

ここで、非常に興味深いのは、この三段階は、個体としてのひとりの人についてもあてはまるが、種としての人類についてもあてはまるのではないかということ。『知覚の現象学』の中で、メルロ＝ポンティが、「初めて〜する時」と語る文章がいくつかあるが、それはときには、ひとりの子どもやひとりの人が「初めて」何かをするときであると同時に、歴史的に、人間が「初めて」何かをするときでもある、と考えているのではないかとわかることがある。例えば、初めて言葉を発した人として、次のように列挙している。

> はじめて語を発した幼児の言葉、はじめて自分の気持ちを発見した恋する人の言葉、語りはじめた最初の人間の言葉、伝統となる手前の始元的な経験を目覚めさせた作家や哲学者の言葉。[20]

幼児も恋する人も作家も哲学者も、そして言葉を語りはじめた最初の人間も、言葉を発するとき、すなわち原初的な言葉を語る人たちを横並びにする。ここでは、「初めて」言葉を発するという点を取り出すと、ひとりの人としての幼児と人類最初の言葉発声者としての人間が並列している[21]。ということは、三つのステージに、個としてのひとりの人間の三段階であると同時に、

人間の歴史の三段階であることを示している。

　ひとりの人の場合、この三段階は、「ひとなって」いく道筋の段取りともいえる。三つのステージの段取りを通りつつ、文化的世界へとたどる。常に、第一のステージから第二のステージへ、そして第三のステージへと段取りを踏まなければならない。誕生してすぐに、早急に、第三のステージに跳びあがることはできない。ここでさらに重要なことは、順番に第一ステージ、第二ステージとたどり、第三ステージに至っても、第一ステージの状態は、ひとりの人の中にあり続けるということである。

　現代の人の「生きづらさ」を醸し出している原因の一つは、この第一のステージの放棄にあるのではないだろうか。乳幼児期の空洞化は、ひとりの人の「ひとなって」いく段取りを失わせ、早く現代の文化的社会的状況に適応させようとするところにあるように思われる。親になっている人たちを見ていても、中にこの人は乳幼児期を生きさせてもらえなかったのではないかと不安を覚えることがある。第一のステージの段取りの喪失が、次の世代の第一ステージの喪失につながり、「ひとなる」過程の最初の段取りが消えれば、人間が人間として成り立っていくことは難しい。基本的なことの世代から世代への受け渡しができなくなっていることも、共存の喜びよりも、共存の苦痛を増大させていることに繋がっているだろう。基本的には、自分の身体で子ども期を生きていなければ、子どもと関わり、子どもと共に生きようという人は減少する一方に違いない。

　現代の社会的環境のなかに、三つのステージを置いてみたい。AI（artificial intelligence 人工知能）の登場により、人間の役割が考えられる時代になってきた。AIの現時点での、またこれからの、技術的可能性についての知識は、私の能力にあまる。いま、メルロ＝ポンティの三つのステージから考えてみると、人間は第一のステージ、すなわち、出生と生命保存に必要な所作からその「生」を始めるということである。そして、この「生」のステージは出生後から始まり、死で終わる。荒っぽい言い方だが、人間ひとりのこの世界

での存在は、身体所有期間限定となっている。メルロ＝ポンティは言う。「私の誕生と死も、思惟の対象ではない」[22]、と。この偶然性が人間存在の最初の決め手であり、その出生を「引き受けて、偶然を必然に変える」[23]のが、人間存在の意味である。そして、いつか死を迎えるように定められている。

　人の子どもへの意識が変化したのは、子どもは「さずかりもの」ではなく、「つくるもの」へと変わったときであった。偶然にさずかったのではなく、人間が作り出すものになったとき、子ども時代も子どものありようも子どもの未来も、つくってやれるものへと変化した。

　AIは、人間が、誕生から、資質から、職能から、死までを、つくり出せると思っているかもしれない、疑似・人工知能である。

　私の思考が、あらぬところへ行ってしまったかもしれない。しかし、私の目の前にやってくる多くの子どもたちを見ていれば、この子どもたちの未来に思いを馳せるのは当然であろう。偶然に、この世界の存在者となり、偶然に、私の前にやってきてくれた子どもたちが、平凡な言い方だが、無事に幸せに人生を全うして生きてほしいと心から願わずにはいられない。

　メルロ＝ポンティの三つのステージに戻そう。そして、第一ステージにいる子どもたちと絵本を読んでいる日常に戻ろう。「日常」こそ、「臨床」である。

1. 第一のステージ

　最初の段階というのは、「身体は生命保存に必要な所作だけにかぎられ、それと連関して、われわれのまわりに一つの生物学的世界を措定する」という場合である。

　最初の段階として、目の前に生まれてきてあまり月日が経っていないあかちゃんがいると仮定してみよう。あかちゃんは、まだ言葉を持たず、おとなとの言葉を媒介しての話し合いはできない。ミルクをください、とも言えず、

おむつを交換してください、とも言えない。寝ているばかりはいやです、抱っこしてください、と言うこともできない。泣くか、アーウーとしか言えない。あるいは、手を振ったり、脚を蹴ったりして、不随意運動的に動かしている。

しかし、その目は実によく働き、周囲を見つめている。ときには、あまりにもじっと見てくれるので、こちらが恥ずかしくなるくらいである。あかちゃんは、しっかりと生きているのだ。心臓が鼓動し、肺が呼吸をし、血液は身体をめぐっている。このあかちゃんは育って行って、どんな人になるのだろう。どんな希望や夢を育むのだろう。余程の災難がない限り、身体自身があかちゃんを守ってくれるだろう。というよりも、あかちゃん自身がその身体そのものなのである。

私があかちゃんのときも、私の生命保存の働きがあり、以来ずっと、私の身体は、私の生命を守り保証してくれている。要するに、私の身体的実存（生物的実存）のお蔭で、私の生命は保証され、明日に向けて希望を持って生きていくことができる。友達や家族と、来年の計画を立てることもできる。また、悲しいことやつらいことがあっても、私の身体は、脈打ち、呼吸し、根底のところで、生かし続けてくれる。一方、身体を持つが故の限界もある。食べなければならない。眠らなければならない。そして、年を重ね老いていく。いつか、命尽きるときがある。身体を持っているのだから、いつかそのときはくる。この生の限界も、かえって、この身体をいとおしく思うことに繋がっている。

要するに、生れるということは、私の身体がこの世界にやって来て、この世界に住みついたということである。言い換えれば、私という人間が、誰の目にも見える形で実際に存在するようになったのだ。言葉を話すこと、絵を描くことなど比喩的なこと、文化的なことはまだ何もできないが、大事なことは、この身体が〈いま・ここ〉にあり、生命活動を一瞬といえども休むことなく、続けてくれていることである。この世界にまずは身体的に実存して

いること、すなわち、生物学的実存、このことが、この世界にいることの第一の条件なのである。

しかし、「身体がある」だけでは、生命の保存に必要な所作、つまり、生きているだけになってしまう。人類の歴史から見ると、自然に生えている草を食べるとか、木の実を食べるとか、捕まえやすい動物を捕まえて食べるなどして、命を保つことだけのために、身体を使うことになる。それでもとにかく、生きること、生きながらえることは、なににもましてまずは基本的なことである。

人類はこの時期を数百万年と費やし、そして次の段階に辿りついた。今のあかちゃんは、立って歩き、手で道具的なものを操作し、口から言葉が生み出されるようになるのに、出生からほぼ一年半でたどり着く。

2. 第二のステージ

次の段階に移ろう。「最初の所作のうえに働きかけて、その本来の意味から比喩的な意味へと移行し、その最初の所作を通じて一つの新しい意味の核を表示する」というものである。最初の生命保存を目的とする身体的実存が進んでいくと、或るときに、それと関連して、比喩的な意味を有する表現をするようになる。「比喩的な」という言葉は、この三つのステージから考えると、実際の生活から生まれた表象的な形、という意味合いを持つ。実際の生活の場面で、木になっている或るくだものは、「りんご」という名前（言葉）を持つ。すると、「りんごという言葉」は、実際に目にし、手に持ち、口に入れる或るくだものに対して、比喩的な意味を持つという。「りんごの絵」にしても、実際の「りんご」というくだものに比して、比喩的と言うことが出来る。すると、言葉などの言語的表象、絵画などの視覚的表象、あるいは、風や火を踊りで表わす舞踏的表象は、文化的、比喩的と言い換えることが可能である。

ここでは、種としての人類の側からこのステージを考えてみたい。木々が

こすれあったりして山火事などが起こると、人は火を保存することを思いつく。こうして自然を利用することを開始する。暑い日や寒い日があると、身体を少しでも保護するために、洞窟に住むようになる。洞窟は自然にあるものだが、それを一種の「住まい」として使う。素朴ではあるが、自分の身体でそのまま出来ることを考えついている。

　ある日、風が木々を吹き抜けていく音、あるいは木と木がこすれ合ったり、ぶつかりあったりしてたてる音を、或る人の耳がより強く捉えたかもしれない。大昔にも、耳が優れている人、聞くことに敏感な人がいただろう。この人は、自ら木を叩いて音を作ることを始める。その叩く音から、リズムが生じ、まわりにいる人々の関心を誘う。最初の頃のリズムは、人の鼓動に近いものだったに違いない。打ち鳴らされている世界で最初の楽器のまわりに、人々が集まってくる。リズムは、人々の身体を揺らさせ、人々は自然に手を振り、足を振り、体全体を振るわせて、踊り始める。そのようにして、ほかの人たちと共に身体を打ち振り、身体を躍らせている間に、人々の間で身体が共鳴し、酔ったようなリズムが生まれる。すると、中には、動物の動きの真似をするもの、鳥の踊りの真似をするものなどの「比喩的な踊りの振り付け」をする人も現われるだろう。

　人々の群の真ん中には、焚火がある。もともとは、危険な動物を寄せ付けないための焚火であったものだが、その燃えあがる炎は、今や単に保温や動物たちへの「近づくな」の合図ではなくなり、身体を共に寄せ合って生きて行く人達にとっての一種の、求心的な明かりであり、生命の饗宴のシンボルになっていることだろう。

　世界は、今や、身体の生命の保存のためだけにあるのではなく、共同でそこに住みつき、焚火の周りで踊って、世界で生きていることを仲間たちとことほぐ場所になったのだ。最初のリズムの誕生は、身体の鼓動と呼応するリズムであり、リズムから誘い出された最初の踊りは、やはり身体の鼓動とともにある身体の揺らしであっただろう。その動きは、身体全体のしなやかさ

を促進させ、手足だけではなく、身体内部の器官を揺らしたことだろう。身体を軽やかにしなやかに長時間動かし続けるには、身体全体の体幹を保ち、頭から足先までの身体を柔軟に心地よく保つことに繋がる。そのことは、発声器官の充足にも向かったに違いない。かくして、比喩的な意味を高度に表現できる音声表現が誕生していく。

共同の暮らしの方が、生命の保持には望ましい。外界でなんとか適応するためにも、精神的なぬくもりや安心のためにも。みんなで暮らすということから、洞窟壁画も誕生した。壁画は、洞窟のなかのかなり奥に描かれている場合も多く、色も多色を使用している。ということは、真っ暗な洞窟の中で描くということを考えると、あかりを持つ人、鉱物である絵の具を運ぶ人、絵の具を混ぜる水を持つ人、筆（筆も使われていた）を持つ人、描く人など、洞窟壁画は集団による作業であったと考えられる。すると、意思を疎通する言葉はすでにあっただろう[24]。

こうしたことは、子どもたちの育ちを見ていても言える。生まれてしばらくの間、あおむけに寝かされているあかちゃんたちは、とりとめもない不随意運動をしている。足を蹴り上げ、手を持ち上げて打ち振っている。他にすることがないから、むやみにむちゃくちゃに手足を動かしているように見えるが、これが、実は、発声に向かう呼気のリズムと関係して来る。正高信男は『子どもはことばをからだで覚える』の中で、「空をリズミカルに足で蹴る運動は、生後5～6か月にピークを迎える。」そして、「足蹴りをベースに、同期させることを覚えるなかで、赤ちゃんは呼気の規則的で長い連続反復運動を随意的に行う術を身につけていくようにみえる」[25]と指摘している。さらに生後6～7か月の赤ちゃんが、今度は片手にオモチャなどを持って、床や机にたたきつけるバンギングという運動をするようになる。

　　乳児がバンギングを始めるようになるやいなや、笑いは足から手に「乗りうつる」。過去には足の運動と同期していたころの特性を受け継いで、リズミカルな

手の動きの周期数と笑いの呼気の反復数は、やはり一致する傾向を示している。[26]

「笑い声をたてること自体が、子どもにとって大切な発話訓練の一環」[27]であり、その笑いの呼気を引き出しているのが、足を蹴り上げ、手を振り下ろす、ある意味では全身運動だったのだ。足から手に、そして笑いへ、そして、その時点で喃語が始まる。生後7か月頃のことである。言葉の発声が、このように身体の連動をともなっていること、身体の運動の方が、言葉よりも先行していることの指摘は、「言葉を語る」という比喩的であり、文化的であり、ある意味では思索的とされる行為が、大元の発声を可能にするという時点に立ち戻って見ると、まさに身体全体の運動から生まれたものであることがわかる。

「あ〜う〜」という喃語が出て来るのが、手足蹴り上げ運動の成果であることがわかった。ここからさらに一年ほど経った時、あかちゃんは立ち上がり、伝い歩きをし、やがて歩き始める。頭を上に掲げ、身体を真っすぐに保ち、左右の脚を交互に繰り出す。人間は二本足で歩くのだが、歩いているときには、一本足で数秒立つ時もあるという不安定な立ち姿である。このようにして、身体全体がまだ心もとないながらも、「立って歩く」という習慣を体得し、身体の体幹が整い始めた時に、「言葉」が出てくる。メルロ＝ポンティも言葉が発声される時のことを書いている。

　　のどの収縮、舌と歯のあいだからのヒューという空気の放出、われわれの身体を使う或る種の使い方が、突然、一つの比喩的な意味を与えられて、われわれの外部に向ってそういう意味を指し示すようになるわけである。このことは、〔…〕人生の初めのとりとめもない運動のなかから〔意味をもった〕所作が浮び出てきたりすることと同じように奇跡的なことなのだ。[28]

メルロ＝ポンティの時代には、あかちゃんの足蹴りなどの運動と、笑いによる呼気の機能の活発化、そのことが、発声に結び付くという考え方はまだ生

まれてはいなかった。また、彼は、言葉が比喩的な意味を持つことに重点を置いているので、その前段階の「発声」の科学的な仕組みは捉えてはいない。しかし、彼の言う「人生の初めのとりとめもない運動」とある、あかちゃんがそのようにせずにいられない不随意的に見なされる身体運動が、意味を持つ表現運動となり、引いては意味のある言葉になっていく過程を捉えている。メルロ＝ポンティの指摘は、世界の中で、他者（人も物も）と共に身体を持って生きていることそのことが、世界と接触し、世界と関わり、自ずから他者と関わる言葉を含む表現を生み出していくことを語っている。後の世代が、科学的実験などによって証明したことについて、彼は半世紀前にその本質を述べていたといえる。第二のステージは、子どもの場合、1歳半頃、立って歩くという運動と、言葉を話すということをなんとか成立させた段階である。

3. 第三のステージ

第三のステージについて、メルロ＝ポンティは、「めざされた意味が身体の自然的手段とはもはや相覆わなくなってしまうこと」が起きてきて、こうした場合には、身体は、「自分のために一つの道具を構成せねばならなくなり、自分のまわりにひとつの文化的世界を投射する」とある。

子どもたちは、身心の生育にともない、世界を拡大して味わうようになる。自分で身体を動かすことが可能になると、探索を開始する。這うという動きが可能になれば、目が留まったものに向けて行動を開始し、手でつかみ、じっと見たり、口に入れたりして、そのものが何であるかを知ろうとする。親ががらがらを手に持たせると、不随意に動く手が思わず上下に動くと、あっ、音がでる、とわかる。そこでなんども手を上げ下げする。面白い音が出る。自分の手が動くと、がらがらと音がする。そこで、何度も繰り返す。

今度は、木製の積木があてがわれる。最初は、なかなか積みあがらない。その内に、二つの積木が積みあがった。おとうさんが両手をパチンと打ちあわせた。自分も手をたたく。ところが、右の手と左の手が合うことも最初は

難しいことなのだ。やがて拍手もできるようになるし、積木を3つ、積み重ねることもできるようになる。自分で拍手！

　自分の足が自分の身体をうまく運べるようになれば、その足で歩き回り、走り回るようになり、探索できる広がりは拡大する。今度は、三輪車が用意される。ペダルの上に足を乗せるさえ難しい。やがて、すいすい、くるくる、と三輪車を動かし、走らせることができるようになる。もう、うれしくてたまらない。

　現代では、生れた途端から、文化的世界への加入者となる。すなわち、自然的手段だけの時期は、自分の身体性だけであり、先人が作り出した文化財を使いこなすために自分の「生」の時間を費やすという時代になってきている。子どもたちのスマホの操作はあかちゃんの時から開始する。この後、文化的世界を構成している主要産物である乗り物を、自分の身体の一部のように使うことになる。三輪車、自転車、バイク、自動車、そして、バス、電車、飛行機など。自分の身体に馴染む前に、他の乗り物に乗せられている。

　この第3のステージを人類の歴史から見ると、自然そのままを利用するのではなく、自然にある物を操作し、身体が安心に暮らせる方向で、文化的なものを工夫していくことになる。獲物を得やすいように、石矢や矢じりを作る。殺した動物の骨から針を加工し、皮から衣類を作る。粘土から煉瓦も作る。住居も作る。馬に乗って遠方に行く、牛に労働させる、などの自然の利用から、動力や装置も考案されて乗り物が発明される。鳥のように飛ぶ飛行機も作り出される。いまでは、各種の電子機器に囲まれ、テレビやコンピューターがない生活は考えられない。そして、時代は、AIの到来を告げている。

　言語の関連でいけば、人々は言葉を使って意思の疎通を図っているうちに、幾つかの文明圏で文字の発明があり、竹の短冊、動物の皮や草木から作られた紙など、書く媒体を作り、インクのような染料を作り、書くもの（筆やペンなど）を作る。こうして書かれたものは一点ものであったが、複数の書かれたものを作成する方法として、印刷術がグーテンベルグなどによって発明

される。図像の複製方法（木版、銅版、石版など）も考案され、文字と絵が一体化された本も作成されるようになる。ここに、絵本が成立する。現代の絵本に繋がる絵本の誕生は、19世紀中頃である。

第2章　メルロ＝ポンティと子どもの記述

第1節　子どもが生まれた家では

　メルロ＝ポンティは、自分の人生を語らなかったし、詳細な伝記も書かれてはいないので、彼の個人史はあまり知られてはいない[29]。それでも、メルロ＝ポンティ論のような本の中で、時折見かける1枚の白黒写真がある。彼は、女の子（5歳くらいだろうか）の手をとって、どちらかというと、少し早い足取りで歩いている。というのは、右足を前に踏みだし、左足を後ろにけり気味の彼の足取りが、彼がなんとはなしに急いでいるように見えるからでもあり、彼が右手で少女の左手をとっているのだが、少女の左腕が彼の右手で多少引っ張られているようにも見えるからである。少女の小ささ、歩幅の短さの故もあるが、メルロ＝ポンティの足と少女の足が並んでいないので、少女が遅れ気味らしいのも気になる。少女の足取りも急いでいる風である。そんな少女を彼は振り返って見ているが、彼の顔が影になっているので、表情はわからない。彼は、ラフな感じで白いシャツの上にダークスーツを着ていて、左手はスーツのポケットに突っ込んでいるようにも見える。少女は真面目な顔をして、多分、襟付きのブラウスと短いスカートかショートパンツをはいている。この少女がいまも生存中である確率は高いはずだ。

　今、私が見ているこの写真には、「メルロ＝ポンティ、娘の手をひく」とコメントがついている。二人の背景には人も多く、道幅が広く、どこかにぎやかな通りなのだろう。この父と娘は、どこに向かって急いでいるのだろう。これが、私が知っている唯一のメルロ＝ポンティの家族とのスナップ写真である[30]。

『知覚の現象学』の中で、少なくとも2か所、メルロ＝ポンティ自身のことだろうと思われる子どもに関わる文章がある。ひとつ目は、あかちゃんの誕生に関係する。

> 子どもが生まれた家では、あらゆる物がその意味を変え、その子から、まだ決定されていないあらたな取り扱いを受けるのを待つようになる。誰か別の、もうひとりの人間がそこに来たわけであり、短いか長いかはわからぬがひとつのあたらしい歴史がうち立てられたばかりであり、ひとつのあたらしい登録簿が開かれたわけである。31)

それほど具体的に書かれているわけではないが、あかちゃん誕生により、家の中が今までと異なった、なんとなくそわそわして、心配なような幸せなような、待ちきれないようなそんな雰囲気がかすかにではあるが感じられる。あかちゃんが生れると、「その子から、まだ決定されていないあらたな取り扱いを受けるのを待つようになる」という、おとなからあかちゃんへの視線ではなく、新しくやってくるあかちゃんから、先にこの世界に来ていた人への視線という具合に、視線があかちゃん側からこちらへ向かってきて、吟味されるという考え方、すなわち、生れたばかりのあかちゃんを一個の主体者としてみなしている。おとなである書き手が、自分の側からあかちゃんを待つ姿勢ではなく、生まれきたばかりであるあかちゃんの方から自分たちを見るというパースペクティヴの取り方が、珍しくもあり、新鮮である。

生まれて間もないあかちゃんを主人公にしているということは、あかちゃんを待っていたこちら側の人たちの落ち着かない気持ちをそれとなく表わしており、あかちゃんから見たら、この世界はどう見えるのだろう、生れてきてよかったと思ってもらえるだろうかという待っていた側の気持ちも伝わってくる。そんな文章のなかにリアリティがあり、現実の経験の場にいなければ書けないかもしれない視点が感じられる。

第2章　メルロ=ポンティと子どもの記述　123

第2節　生後15か月のあかちゃんの一本の指を

　もう一か所、メルロ=ポンティと自分のあかちゃんとの戯れ（あるいは実験）のシーンだろうと思われるエピソードがある。そのあかちゃんが、あの白黒写真の女の子があかちゃんだったときかどうかはわからない。

　　生後15か月のあかちゃんでも、私が戯れにその［嬰児の］指の一本を歯のあいだにくわえて、噛む真似をすると、口を開く。けれども、その嬰児は、鏡に映った自分の顔を見たことはほとんどないのだし、その歯にしても私の歯に似てはいない。したがって、その嬰児が内部から感じている彼自身の口や歯は、彼にとっては何の造作もなしに噛むための器官なのであるし、そして彼が外部から見ている私の顎も、彼にとっては何の造作もなしに同じ志向を果たしうるものに見えるのだ。〈噛む〉ということは、彼にとっては最初から間主観的意味をもっているのである。[32]

　この個所は、あかちゃんの時から「間主観性」を持っていることをいうための言及であるが、この引用の書き出し部分は、かなり具体的である。メルロ=ポンティが、実際に1歳3か月のあかちゃんの方に向かって身をかがめ、あかちゃんの指の一本を自分の口に入れて、あかちゃんの顔を見ながら、**噛む真似をしている姿**を想像すると、微笑ましくもあり可笑しくもある。認知心理学者が試みる実験をメルロ=ポンティもやっていたのだ。

　認知心理学は、研究方法としては認知科学の分野に入るが、乳幼児研究で大きな成果を出している面からは、発達心理学の延長線上にあると言える。この分野では近年開発された科学的手法による実験（例えば、MRIや脳波、コンピューター）を導入して、あかちゃんがどれほどの能力を持っているかを証明しようとしている[33]。この分野での一番早い発表であり、かつ有名な実験は、アンドルー・N・メルツォフによって1977年に*Science*に発表された、生まれて2〜3週間のあかちゃんの反応である[34]。発表論文には写真も

掲載されている。

　まず、あかちゃんとおとなが顔と顔を向かい合わせている。おとなが舌を突き出すと、あかちゃんも舌を突き出す。おとなが口を開けると、あかちゃんも口を開ける。おとなが口をちょっと尖らせると、あかちゃんも尖らせる。メルツォフはこの能力が生まれつきのものであるかどうかを確かめるために、その後1年間あかちゃんたちの観察を続けた。その結果、生後42分のあかちゃんも模倣能力があることが証明された。

　あかちゃんは、自分の身体、顔、舌などを、自分の目で見て知っているわけではない。にもかかわらず、ほかの人がすることを模倣できる能力を持っている。このことは、「私たちは、自分がほかの人と同じようであり、ほかの人も自分と同じようであることを生まれつき知っていた」[35]ことになる。こうした実験に支えられて、認知心理学は、仮定の上に立って、実験やテストを行い、あかちゃんをはじめとする乳幼児期が、人としていかに優れた出発点であるかを証明していく。

　確かにこうした実験による証明は、客観的論証として役に立つかもしれない。しかし一方で、養育者や保育者なら、乳幼児たちが、こういうことができるということを日々の生活のなかでよく知っている。生後何日から何々が出来るようになったと、厳密な時間判定はできないけれど、あかちゃんの顔を見て、にっこりすると、あかちゃんも気持ちよさそうな嬉しそうな顔をする。おとながいらいらしていると、こどももむずかる。忙しくしていれば、まるでわざとのように、いたずらをして仕事を作ってくれるなど。

　そして、認知心理学上での実験のお蔭で、あかちゃんをはじめとする乳幼児期の子どもたちが、これまで予想されていたよりもずっと早い時期に他者の理解などができることが解明されるようになってきた。ゴプニックは、あかちゃんについて、次のように書く。

> 赤ちゃんは、つまり人間は非常に特殊なコンピューターのようなものであるということです。シリコンチップの代わりに神経細胞でできていて、コンピューター技術者ではなく、進化によって形づくられているのです。［…］私たち発達心理学者の仕事は、赤ちゃんの頭脳の中でどんなプログラムが働いているのか発見することであり、できれば、そのプログラムがどうやって赤ちゃんの頭脳に組みこまれ、どのように進化してきたかを解明することです。もしそれができれば、昔からたくさんの人が頭を悩ませてきた知識についての哲学的問題を、科学的手法で解決することになります。36)

メルロ＝ポンティの場合、間主観性というのは、匿名性や前人称性とも通じる人が持っている質であり、生れながらにして持っているものである。そうでなければ、自分の顔を見ながら、にっこりと笑ってくれた人に、生れて3か月のあかちゃんが微笑みを返すということはないからである。岡本夏木も「間主観的」と言う言葉を使って、乳児期を捉えている。

> 乳児期が「人間」を「間主観的（相互主体的）に」理解するようになっているということです。人は「物」と異なり、自分も他人も同じように行動の主体としてあり、意図や感情、心をもってお互いに、かかわり合っているということ、それを乳児は早い時期から、身体と感情のレベルでまずとらえているのです。37)

岡本は、あかちゃんがおとなと同じ行為をすることから「模倣」と呼べないこともないが、あかちゃんは、自分が相手と別の存在とは気づいていないし、相手の行動に対応する意図も持っていないとし、「双方が一つに融け合って生み出されている現象のようにみえる」38)と書いている。全くメルロ＝ポンティの「間主観性」と同じ意味合いであるが、岡本はこれに「共鳴動作」と言う名を当てている。

> 共鳴動作は、自分と他人が未分化なまま混淆し、融け合い、情動的に一体化したような関係でおこっている。［…］「通じ合うことへの要求」がある。［…］共鳴

動作はそれが生理的要求の満足ということから離れて、刺激と一体化すること自体に動機づけられ、人がその刺激としての役割をもっとも果たしやすい点、しかも相手の人自身もその動作交換のなかで思わずひきこまれざるをえないような魅力をもっている点、そこにコミュニケーションの基盤にふさわしい性質を深く宿している行動といえるだろう。[39]

　間主観性であれ、共鳴動作であれ、生まれながらにして、人はコミュニケーションを成り立たせることができるようになっている。認知発達心理学者のゴプニックは、「発達心理学者の仕事は、赤ちゃんの頭脳の中でどんなプログラムが働いているのか発見すること」として、これがわかれば、「昔からたくさんの人が頭を悩ませてきた知識についての哲学的問題を、科学的手法で解決することになる」そうだが、それがわかると、ロボットに組み込んで、優秀なAIを作ることになるのだが、そのことが、人が幸せに平和に生きて行くことに繋がるのかどうか、いま、人間が問われている段階に来ている。

　間主観性は、全ての人の身体の根底にあり、人を人類の歴史と同じくらい長く、支え続けてきた質である。

第3節　生まれてはじめての把握を試みる時

　絵本は見ることができる。触ること、手に持つことができる。匂いを嗅ぐこと、口に入れることができる。抱きしめることもでき、誰かに、手渡すこともできる。そして、誰かに読んでもらうことができる。要するに、絵本は、そこに「ある」物であり、自分の手で「持つ」ことができる物である。物として、そこにあるからこそ、見ることができ、手に取ることが出来る。

　　それゆえ、生れてはじめて把握の試みをおこなう場合、子どもたちは自分の手の方を見ず、対象の方を見るものだ。すなわち、身体のさまざまな諸部分はその機能的価値においてのみ知られるもので、その並び方なぞは学ばれるものではない。[40]

普通の場合、あかちゃんたちは目で見ることで、対象となる物を見つける。這ったり、伝い歩きしたり、よちよちと歩けるようになっていたりすると、間髪を入れず、その物に向かう。その時、自分の手をどうやって動かすのかとか、足をどうやって移動させるのかなどということを考えはしない。ただ、からだ全体がその物に向かい、手がその物に向かって伸びる。このことはあかちゃんたちだけではない。日常生活では誰でもこのようにしている。冷蔵庫の中の豆腐を取り出すとき、どうやって冷蔵庫に辿り着くか、右足をどのように踏み出し、その時は左足は…などということを考えもせず、冷蔵庫に到着し、手は冷蔵庫の取っ手を掴んで開けており、目は冷蔵庫の中を物色し、豆腐を取り出す。実に複雑な身体の動かし方をしているのだが、その度に、足のことを考えたり、手の動きに思いを致すわけではない。台所の流し台の前から、冷蔵庫までの２メートルほどの身体の動きを事細かに書くことは不可能であり、そのようなことを考えて行動しなくてはならないとしたら、一歩も動けなくなる。実は、指一本動かすのにさえ、身体の全てが関わっているのだ。メルロ＝ポンティは、このことを「身体図式」と呼ぶ。

> 私の身体の諸部分は相互に独特な仕方で関係し合っているからであって、すなわち、それらはお互いに並び合って展開されているのではなく、お互いに相手の中に包みこまれて存在しているのだから。［…］私の身体全体も、私にとっては、空間中に並置された諸器官の寄せ集めではない。私は私の身体を、分割のきかぬ一つの所有のなかで保持し、私が私の手足の一つ一つの位置を知るのも、それらを全部包み込んでいる一つの身体図式によってである。[41)]

　身体というものは、手２本、足２本、頭１つ、胴体１つ…という風に成り立っているものではなく、「お互いに相手の中に包みこまれて存在している」のだ。だから、少し高いところにある棚の上の何かを取ろうとするとき、自然に手を伸ばすが、その時は、からだ全体の器官が包み込まれて、その目的達成のために、働くのである。すなわち、身体は、ある目的のために、身を挺して、己れを投企しているのである。『知覚の現象学』のなかでは、「身を

挺する」や「己れを投企する」という言葉が登場するが、なにも大事業や大きな企てに、一大決心して「身を挺する」ということではない。そういう場合もあるだろうが、日常生活のなかで、夕食の準備をするために台所に向かうとか、お皿を取り出すとかの行為をすることも「身を挺する」なのである。考えてみれば、暮らしの中であまり考えも無しにしている行為こそ、自分を生かしてくれている行為かもしれない。「身を挺する」には、では、どこからという問いが起こる。

「身体とは、世界のなかへのわれわれの投錨のことなのである」[42]とメルロ＝ポンティは書く。以前にも書いたが、彼は水に関係する比喩を好んで使う。彼によれば、私は身体であり、身体というものは、世界という大海原のなかに、あるいは港に降ろした錨である。或る地点における投錨の長さはさまざまで、短い場合もあれば、長い場合もある。生きている「世界」そのものが海原なので、誰しも、世界に錨を降ろしている。世界ではあまりにも漠然としているので、それぞれは、それぞれの場所に投錨する。私の場合、文庫という子どもたちの本のある場所に、長らく投錨していたことになる。言い換えれば、文庫という企てに私なりに身を挺し、そこに投錨していることになる。

第4節　子どもが動かすことができる物

出生から1年未満のあかちゃんにとっては、絵本も他のものと同様に物である。あかちゃんたちは、自分の目で「絵本」を見ることができ、触ることもでき、匂いを嗅ぐこともでき、さらに口に入れることもできる。ある時期のあかちゃんにとっては、口は、その物がどういうものであるかを確かめるための一つの機能である。9、10か月くらいになると、這いまわり、伝い歩きをはじめ、何でも手で触ってみて、口に持っていく。硬い陶器のおさらも口に入れる。スプーンも、掬う側だけではなく、手に持つ側も真ん中の棒の

部分も口に入れる。大きなお盆を両手で持ち上げて、お盆の縁を口にくわえている。絵本もこうした物と同じ位置にあり、あかちゃんたちには、まずは口に入れる。絵本のとりわけ角の部分を口にいれて頬張る。絵本は紙で出来ているから、当然、よだれや唾液でべたべたになる[43]。

　何でも口に入れること、またお腹が空いているわけでもなさそうなのに口に入れることから考えると、あかちゃんたちは、食べるために、おいしいかどうか味わうために、口に入れるのではなさそうだ。そのものがどういう物であるかを知るためである。世界を知るための一番良い方法は口で確かめることであるらしい。ある物が食べられるものであるかどうかが、生きものにとっては大事なことであるから、出生してしばらくの乳児たちが人類の名残を受け継いでいることは当然であるが、なんでも口に入れて確かめずにいられない様子を見ていると、口に入れることは、一種の口の運動であるとともに、取り入れ機能である口が、やがて生きるための養分を取り入れる機能であり、やがて共存のための道具としての言葉を出力する機能へと重要な役割をすることになることと無関係ではないように思われてくる。

　残念ながら、『知覚の現象学』のなかでは、人間にとって大事な身体器官である「口」については、一言もない。多分、あかちゃんたちが、ごみに始まって、見たものはなんでも手でつまんだり、口に入れたがるのを、メルロ＝ポンティは見ていなかったかもしれない。畳文化、或いは床に座る文化と、椅子に座る文化では視線の高さが異なり、欧米文化圏では、あかちゃんが細かいものを発見し口に入れることは一般的でないのかもしれない。従って、書かれた研究書もなかったのかもしれない。

　「知覚」をテーマにしながらも、『知覚の現象学』では知覚のなかで一番優位に立つのは視覚であり、聴覚についての指摘は少なく、触覚も少ない。嗅覚や味覚についての指摘は、皆無ではないだろうか。しかし、あかちゃんたちを見ていると、「口覚」という言葉があってもいいのではないかと思うほど、あかちゃんたちは口による調査、検査、吟味を行なう。物によって、口

触りのようなことが違うのだろう。壁をなめるあかちゃんもいる。多いのは、蒲団やタオルの端を口に入れる。そして、ある時期、一番多いのは、自分の指を口に入れることである。

そして、絵本も口に入れて吟味される一つの物となる。子どものこの時期のことを、『知覚の現象学』を紐解いて、理解できることは、子どもは物を移動させることができるということである。「子どもがもてあそび位置を移動させることのできる日用の諸対象」[44]とあるが、暮らしのなかでそこらにある物は、手に持って動かすことができると知ると同時に、物と物の間には、「空き」があり、物をそこに移動させることができるということ、そこから進んで、物の背後にはまた物があるかもしれない、すなわち、ある物はある物を隠しているかもしれないといずれ気が付くようになるということ。そして、人も物ではあるが、人は、こちらの勝手で移動させることはできないとわかっていくことにもつながる。このことが人と物の大きな違いだが、おとなのなかには、人も勝手に自由に動かすことが可能だと思い込んでいる人物もいる。

第5節　子どもは、おばあさんの眼鏡を掛けて本をみた

「おばあさんと眼鏡と本」のエピソードについては、第二部の冒頭に紹介した。本は、口触りや味だけでは、またあかちゃんが自分でみるだけでは、何であるかがわからない。本が他の物とのどのように違うのかがわからない。そのうちに読んでもらうという経験を重ねる中で、「本」はページをめくっていくと、絵（見るもの）が現われ、読んでもらうと心地よい声がきこえてきて、おはなしが生れるものらしい、と分かってくる。すると、本は口に入れるものではなく、放り投げるものでもなく、破るものでもなく、ページごとにめくっていって楽しむものであると理解できるようになる。ときどき、自分で本を取り出して、むにゃむにゃと読むということが起こる。家庭でも

文庫でもよく見かける光景だが、幼い子が絵本を開いて、なにか言いながら、絵本を「読んでいる」。本人は、そういう「振り」をしているのではなく、「読んでいる」のである。

　心理学者であり絵本の研究者でもある佐々木宏子は、『絵本は赤ちゃんから』のなかで、お孫さんらしき1歳5か月頃のソウイチさんを紹介しているが、絵本という物をおとなからページをめくって読んでもらってきた子どもの姿が活写されている。

> 1歳5か月頃のソウイチさんの言葉の特徴は、一語文や二語文よりも、むしろジャーゴン（jargon）がよく出ていました。［…］わたしがビデオに収めたのは、突然、彼がこたつのそばに置いてあった雑誌『論座』を開いて、自分で読みだしたのを目撃したときです。［…］自分でページをめくったり母親にめくってもらったりしながら、本当に「上手」に祝詞をあげるように読み続けていました。本はめくりながら次に進むものという概念もすでに習得していました。45)

本には写真も掲載されており、開いて置かれたおとなの本（漢字がならんでいる）の前にペタリと坐っている子どもの姿がある。写真の説明文には、「1歳5か月：『論座』を朗々と読む」とある。この子は、本とはどういう物であるかを絵本を読んでもらうという経験からすでに習慣化して身につけているが、そればかりではなく、周りのおとなが日常的に本を読む姿を目にしている、すなわち、本を読むことを習慣化しているおとなの存在が身近にある、という環境にあることがわかる。第二部の冒頭で紹介した「おばあさんと眼鏡と本」に登場する「幼い少年」の本への対応とは随分違う。ソウイチさんの方は、本があふれるようにある現代の、そして知的な家庭の雰囲気のなかで、1歳5か月にして本とは文字を読むものであるという理解が成り立っている。もちろん、本から物語がとび出してくることも理解しているはずである。

　物語が語られるときには、物語は、「その固有の強いテンポ、弱いテンポ、特徴的なリズムまたは流れをともなった一つのメロディー的総体」として捉

えられる[46]。「幼い少年」もソウイチさんも、本をおとなに読んでもらうという形で物語体験をしていることは同じであり、テンポとリズムを持つメロディー的なものだと理解している。その意味では、物語というものは文字を一文字一文字読むものではなく、全体として楽しむものだと理解している。

　子どもたちが、絵本や本を楽しむ唯一の方法は「読む」ということだと知るのは、おとなに読んでもらってはじめてわかる。おとなから絵本を読んでもらうという体験がなければ、子どもたちは、「絵本」がどういうものかもわからないし、「読む」ということがどういうことかもわからない。絵本を読んでもらうという体験は、「絵本」という物があり、他者（他の誰か）が自分の身体を使って「読む」という行為をしてくれて初めて、「絵本を読む」という行為を知ることになる。さらに考えると、「絵本」という人為的・歴史的・文化的産物があり、そこにおとなが存在し、近くに子どもの存在があり、「絵本」という物の存在も知っていて、「絵本を読んでやろう」という意図を持ち、図書館に出向いて絵本を選択して借りて来るか、書店に行って選択して購入してくるかして、やっと子どもに読んでやることができる。さらに考えると、そのおとなは、なんらかの経路をへて、「絵本」の存在を知ってなければならないし、「絵本」とはどういうものであるかを知っている必要がある、ということになる。

第6節　乳児期に手本となるべき言語のモデルを持たない場合

　私が、しばしば受ける質問がある。「文字を読むことができないあかちゃんに、どうして絵本を読むのですか。どうせ、読んでやってもわからないのですから、あかちゃんに絵本を読むことは意味がないのではないですか」。この質問に対しては、次のように問い返してみてはどうだろうか。「あかちゃんたちがしゃべり出すのは、1歳くらいからです。すると、あなたは、あかちゃんが1歳になるまで、話しかけませんか。話しかけても、どうせわか

らないと思って」。

　あかちゃんたちが話し始めるのは1歳くらいからとして、それまで、まったく話しかけなければどうなるか。ここに、ひとつの部屋があるとする。その部屋にベビーベッドを置いて、生まれたばかりのあかちゃんを寝かせる。それから、一年間、あかちゃんを一人にして、ミルクの時間だけ、誰かがやってきて、無言で、表情のどんなニュアンスもなく、ミルクだけ与えてまた、あかちゃんを一人きりにする。あかちゃんはどんな言葉も聞かず、一年を経過した。こんな状況は許されることではないし、ありえないことだが、このあかちゃんは、1歳になったときに急に話し出すだろうか。また、言葉を話すということは、当然、表情をともなう。言葉というものは、言葉だけで切り離せるものではなく、人と共にある。だから、あかちゃんは、言葉を育めないばかりではなく、人との関係性も育むことはできず、世界を捉えることもできない。あかちゃんは、この世界に生まれてきて、人と人の間にあって、微笑みかけられ、話しかけられているうちに、ある日、突如として、話し始める。その「突如」の時までに、他者との関係性で生まれる声や物音や言葉を聞いて、聞いて、聞いて、そして、ある日、「突如」として、しゃべり始める。

　絵本も同じこと。5歳になりました。文字が読めるようになりました。では、絵本を自分で読みなさいとなったら、本とはなにかを知らないし、おはなし（物語）がどんなものかもわからないので、自分で本を読むことはできない。絵本を子どもと読むということは、文字を覚えさせるためではなく、おはなしって面白いということを、おとなと一緒に楽しむことだ。また、絵本は絵も大きな比重を占める。子どもたちがおとなによって絵本を読んでもらうことで、物語の世界、あるいは「もう一つの世界」へ自ら入れるように、おとなに誘ってもらうことである。

　あの「おばあさんと眼鏡と本」のエピソードのおばあさんの役割が大切なのだ。絵本読みも同じことで、突如、その時がやってくる。それまでTVな

どの電子機器ばかりに馴染んだ子に、絵本を読んでもなかなか絵本の世界には入れない。それまでに絵本や本に親しむ体験をして、子どもの中で、言葉や絵やおはなしがずんずんと蓄積されていってやっと、言葉を話し始め、絵の楽しみ方も分かって来る。

ところが、子どもたちは「言葉を獲得」しなければならないという教育的な考え方が一般的にあり、言葉の獲得は知的な作業だと一般的に信じられている。そのために、言葉の習熟のために絵本を利用する人もいる。さらに、保育園や幼稚園という幼児教育のプロがいるはずのところでも、「フラッシュカード」が持てはやされる。一秒より早く捲られていく文字を見て、乳幼児たちは、「言葉」を「獲得」する。あかちゃんたちが、「あ」と大書された文字を見て、「あ」と叫ぶ。幼い子どもたちは文字を図として覚える。1歳児が、四文字熟語を「獲得」する。メルロ＝ポンティは、言葉について、次のように書いている。

> 語は、対象および意味の単なる標識であるどころか、事物のなかに住み込み、意味を運搬するものでなければならない。したがって言葉は、言葉を語るものにとって、すでにでき上がっている思想を翻訳するものではなく、それを完成するものだ。ましてや言葉を聴く者にしてみれば、言葉そのものからこそ思想を受け取るのだということを、認めなければならない。[47]

一つの言葉も、「事物のなかに住みこみ、意味を運搬するものでなければならない」。この箇所は、『知覚の現象学』における「序章」の「森とか草原とか川とかがどういうものであるかをわれわれにはじめて教えてくれた風景」[48]という文章や、「海底から引き揚げられた漁網が、ピチピチした魚や海藻を同伴して来る」[49]という文章と同質のことを伝えてくれる。その言葉が、風や匂いや輝きといった、私たちが身体を持ってそこに居り、それを触ったり、見たり、匂いをかいだりと、そういう手触りや肌触りを運んできてくれる言葉であって欲しい。

メルロ＝ポンティは、言葉の獲得について、「厳密に知的な操作であるかにおもわれる言語の習得と、幼児が家族的環境に入り込むことのあいだには、深いつながりがありそうだ」、50) としている。たしかに幼稚園での「フラッシュカード」より、家で夕食を一家そろって「いただきます」といって食べる方が、身についた言葉の習得に結び付くはずだ。メルロ＝ポンティは、「幼児の対人関係」のなかで、誕生して最初の二年間における言葉の習得に関して、次のように書いている。

> 幼児が零歳から二歳までの間に手本となるべき言語のモデルをもたず、言葉を話すという環境にいない場合には、その幼児は、当の時期に言語を習得した幼児と同じように話せるようにはけっしてなりません。51)

言語のモデルと言っても、アナウンサーのような言葉遣いを言っているわけではない。「事物のなかに住み込んでいるような語」を使う人、すなわち、共通的で一般的で無臭のアナウンサー的言葉遣いではなく、身近にいて、生活をともにする人がモデルになるとしている。究極のところ、言葉とは、人と人を結びつける一つの表出である。

> 人間が言語を用いて自己自身なり自己の同胞なりと生きた関係を確立するようになると、言語はもはや道具ではなく、もはや手段ではなくて、それは内部存在の、またわれわれを世界およびわれわれの同胞と結びつける心的きずなの、一つの表出、一つの啓示となるのである。52)

　現実には、言葉となると、一般的にはコミュニケーション、すなわち伝達の手段とされる。残念なことに、現代にあっては、言葉は他者を差別し排除するために使われ、行きつくところ、言葉を習得することが、人間性の喪失につながることもある53)。
　『知覚の現象学』では、著者メルロ＝ポンティの言葉への信頼が強くうかがえる。それは、第二次大戦という人間が人間性を喪失していくという危機

感のなかでの言葉回復への希望かもしれない[54]。それから70数年を経て、21世紀に入り、人間性の崩壊までも感じる時、いま一度、言葉を単に道具や手段ではなく、この世界で生き生きと生きるものどうしとして、風土が違い、文化が違い、考えが違い、言葉も違っているものどうしだが、言葉の根底を流れる幼児期の前人称性を持って成り立っている身体性と、文化を持つ人格性を持つ身体性とを抱え込んで、顔つき合わせて話し合って見てはどうだろうか。この世界で今生きているものどうしが、一枚の大きな織物を織り上げるために。

　そのために、絵本が、何ほどのことができるかは、わからない。しかし、幼児期がその人の一生を通してその人の根底を河のごとく流れるのなら、何ごとも吸収する幼児期に出会う言葉や芸術や文化は世界に影響を与えることだろう。現在、絵本は世界中にあるが、とりわけ日本は、絵本文化では、世界の中で最も豊かな国である。自国の絵本出版も大量である上に、外国からの翻訳ものも非常に多い。ということは、言葉だけではなく、絵を通して異文化圏の絵本に触れることができる。絵本は、文化、風土、宗教、民族、年齢、性、障がいを超える可能性を有する。

　家庭で子どもと絵本を読む。図書館で子どもたちと絵本を読む。保育園や幼稚園で子どもたちと絵本を読む。大したことではない。それだけのこと。しかし、優れた絵本であれば、乳幼児期の子どもたちは、言語のモデルであり、人のモデルである読み手に出会うことになる。母親でも父親でもいい。おじいさんやおばあさんでもいい。図書館員でも絵本ボランティアでもいい。保育者でもいい。子どもたちは、いま共に生きているひとりの先輩、ひとりのモデルを持つことになる。

第7節　子どもが色を見られるようになるとは

　乳幼児期において、子どもはいつころから「色」がわかるのか、つまり、

識別できるのか。メルロ＝ポンティは当時に流布していた考えとして、「生後最初の九か月のあいだは、子どもたちは大ざっぱに有色のものと無色のものとを区別するだけであり」[55]と書いている。1960年代よりあかちゃんを対象にした心理学実験がR. L. ファンツによって「選好注視法」などの方法を使って行われるようになり[56]、乳児はもっと早い時期に、色がわかるようになるとされている。「赤と緑の色の違いを区別できるのは、明るさを同じ条件にして、生後2カ月」だそうだ[57]。子どもは生まれて何か月後には、こういうことができるようになり、1年後にはあれこれのことができるようになる、と実験データは告げる。「科学的方法」によって、あかちゃんの可能性がデータ化されるのは意味があることであるが、これはあくまでも数量的多さのことであり、それが正しいことになっていく。例外は排除されて、数量の多いほうが客観的データとして認められるという思想は、差別や排除にもつながることを心に銘記しなければならない。

　メルロ＝ポンティの場合、ここで言いたいことは、子どもが何か月から色がわかるかということではなく、ある時に、何かに注意するようになるが、それはどういうことかということである。ここで、「注意」という言葉に注意する必要がある。一般的に日本語で「注意」という言葉は、例えば、教師が生徒の学業に対する集中力のなさを「注意する」とか、電車のプラットホームで、駅員が「足元にご注意ください」などと言う時に使う。危険なことにならないように気をつけることを「注意する」といい、どちらかといえば、つい直後のことであっても、これからのことや、将来に向けての喚起である。メルロ＝ポンティの言葉で説明すると、次のようになる。

　　注意をするということは、単に先住している所与により多くの照明をあたえるということではない。それはその所与を図として浮び上がらせることによって、そのなかに一つの新しい分節化を実現することだ。その所与は、いままでは単に地平として先造されていただけだったのだが、いまや全体的世界のなかで、新たな領域を真に形成するようになるのである。[58]

「注意する」ということについて、例えば、いま話題にしている「色」について考えてみよう。「だっこでえほんの会」で、ある日、突如として、子どもたちが「色」があることに気づく時がある。私が、子どもたちといっしょに、色があることに気づいたのは、『いないいないばあ』のきつねの登場の場面であった。2才前くらいの子が、おかあさんの膝から立ち上がって、ひとさし指を突き出しながら絵本に向かってきて、きつねの耳の内部が炎の形に赤いところに指を突き立てて、「あ」と言った時だった。「あ」といいながら、幼いからだが「この色は赤だよ」とわかったことがうれしくて、知っていることの誇りでからだが踊り出したいほどであることを感じた。

　おとなは、色とその名前を知っているので、2歳前くらいの子どもが、赤や黄に気づくようになっても、やっと色の名前を覚えたのかくらいにしか思わない。すなわち、おとなは自分を上位の位置に置き、子どもをこちら（おとな）に近づく者として捉える。自分が当然であり、当たり前であり、子どもは劣ったもの、あるいは、まだ至らざる者として捉える。たいていの場合、自分は上位で子どもは下位である。実際に背丈が低いので、見た目でもそうなってしまう。

　したがって、子どもが絵本の中の色に気づき、「あ」（赤）とか「ち」（黄）と言って指さしをしたからと言って、別に驚きもしない。「知っていて当たり前」なのだから。では、子どもの側に立ってみよう。それまでも、絵本の絵のなかには、「赤」や「黄」は存在していた。ところが、地平のなかに沈んでしまっていたのだ。それが、ある日、ある時、突然に、「赤」が浮かび上がってきたのだ。そうなるともううれしくてうれしくて、そんな色が出てくるたびごとに、「あ」や「ち」と言わずにはいられない。

　このことは、単に「赤」という色の名前を知ることではない。地平から切り離された「色」の名前を覚えることではない。カードで赤い色を示されて、「赤」と知識的に覚えることではない。

　「だっこでえほんの会」の子どもたちは、会に所属したときから、『いない

いないばあ』を読んでもらっている。最初のときから、きつねの耳の炎の形の「赤」を見てきていた。家庭でも読んでもらっているから、2歳になるまでには、何十回と読んでもらっている。それがなにかの拍子に、「あか」という色、「あか」という名前があることを知ったのだ。そして『いないないばあ』を読んでもらったときに、あ、ここにも「赤」がある。「赤」といっしょ。子どもたちにとって、この「いっしょ」ということが世界を広げていく。自分の洋服のなかに「赤」がある。お友だちのバッグにも「赤」がある。おかあさんの服にも「赤」がある。道をあるいていたら、あ、あそこにも「赤」がある。あの花の色も赤だ。「いっしょ、いっしょ」。いつも読んでもらっている『りんご』の絵本にも「あかいりんご」が出てくる。「あか」を見ていると暖かい気持ちになってくる。「あか」「あか」、うれしい「あか」。

　「あか」を知ったこと。それから注意して世界を見ると、「あか」が図になって浮き上がってくる。そして、なんと「いっしょ」であることが多くあることだろう。このことも喜びになる。世界が、「あか」を知ったことから、再構成されて、豊かになっていく。世界が生き生きとしてくる。

　メルロ＝ポンティはこれを「意識の奇跡」と呼ぶが、子どもたちにとっては、日常性のなかで「知ること」が喜びに繋がっていく。「注意する」ことは、それまでは、地平のなかにあっても気がつかないでいたことに気づき、図となって浮かび上がることで、より生き生きとした世界に生きることができるようになる。

> 眼が物から獲得するところは、眼が物に問いかける仕方、眼が物のうえを滑ってゆくかそこに停滞するかというその仕方によって、多かったり少なかったりするものだ。色が見られるようになるとは、視覚の或る様式、自己の身体の新しい使用法を獲得することであり、身体図式を豊かに再組織することである。[59]

　子どもたちと絵本を読んでいる時に、子どもたちが「あっ！」と発見し、「注意」をするおかげで、私も「あっ、そういうことか」と「注意」を促さ

れたことが幾つかあった。それまで当り前に思い込んでいたことに、新たな光を与えることができた。そして、光を与えてくれた対象だけではなく、光を与える、あるいは「注意する」ということの意味を教えてくれた。それまで当り前のようにして地平の中にあったのに、気づかないでいることが多くある。それに気づくことにより、物の見方が変わり、世界が違って見えてくる。色に「注意する」ことになったことで、絵本の見方、世界の捉え方も違ってくる。

　子どもたちが色に注意をしたことに私が気づいたのは、絵本『いないいないばあ』の時だったが、これはたまたまだったかもしれない。その後は、他の絵本の時に、「あか」や「き」や「あお」を言いに来た。そうであっても、子どもたちが、初期の段階で気づく色が、『いないいないばあ』のきつねの耳の内部であることが、不思議である。だいたい、きつねの耳の内側がこのように赤いはずはない。この絵本の中には、人間のこどもである「のんちゃん」以外には、ねこ、くま、ねずみ、きつねが登場する。ねこ、くま、ねずみに比べてきつねの描かれ方は、一種の特異さを醸し出している。しいていえば、子どもたちにとって、ねこはおともだち、くまはおとうさん、ねずみはじぶんかもしれないし、いろいろな人たちでもあり、きつねはおかあさんかもしれない。

　私は、この絵本のなかのきつねをみると、「おんな性」を感じ、耳のなかにくっきりと塗られている赤を見るたびに、幼い子どもたちを前にして、一種の居心地の悪さのようなものを感じていた。自分のなかに燃えている炎のようなものを感じるのだ。きつねの耳の炎のような赤は、私のなかにある炎と「いっしょ」だと思っていた。子どもたちに、絵本の読み手のおとなの女性の「いっしょ」が、子どもたちに伝わっているかどうかはわからない。しかし、優れた画家である瀬川康男が、きつね＝女性として、その「いっしょ性」を表現していることはあり得るだろう。

　2歳まえの子どもたちが、「あか」と云いながら、きつねの耳に突進して

くるとき、単に「赤い色」ではなく、絵本『いないいないばあ』のなかのきつねの耳の内部が際立って赤く塗られていることに、おかあさんのなかの、ある種の情念のようなものに気づいているかもしれないと思うと、「注意する」は、単に色の名前を単独に識ることではなく、自分の「生」と関連させて気づくものであることを物語っている。

第8節　子どもが蝋燭の光で火傷をした後で

　子どもとおとなの違いの一つは、経験数の違いだろう。子どもが3歳半以下であれば、移動にしても、物を手に入れるにしても、生きて行く上では欠かせない衣食住にしても、全面的におとなに頼らざるを得ない。また、おとなの配慮により、危険なこととの遭遇も退けられている。時には、必要以上に配慮されすぎて、生きる上での危険を知らされないために、かえって危険な落とし穴に落ちて生命を失うということも起こる。そこまで至らなくとも、子どもたちは生きる力を喪失するということも起こりうる。

> 子どもにとっての蝋燭の光は、火傷したあとでそれが彼の手を惹きつけなくなり、文字どおり嫌なものとなったときに、様相を変えてしまう。［…］感覚するとは実は性質に一つの生命的な価値を授与することであり、性質をまず何よりもわれわれにとってのその意味、われわれの身体というこのどっしりした塊にとってのその意味のなかで捉えることであって［…］、感覚するとは、世界とのこうした生活的な交流のことであって、この交流によって世界がわれわれにとって、われわれの生活のなじみ深い場としてあらわれてくるわけである。

子どもにとって、蝋燭の光はどのようなものとしてその視覚に映るのだろうか。揺らめく焔の色や形は、捉えどころなく、不思議で、美しいものとして見えるかもしれない。そこで、何にでも手を出し、自分の手で触って見ずにはいられない幼児は思わず手を出して蝋燭の炎に触れた途端、痛みが走り、手を引っ込めるが、既に火傷をした後であった。しかし、この事件は、単な

る物としての蝋燭やその焔ではなく、自分の身体による体験をとおして蝋燭とその焔の何たるかの意味を捉えたことであった。自分の「生世界」において自分の生身のこの身体による物との交流、すなわち「生活的交流」があってこそ、世界は、自分にとってなじみ深い場として現れて来る。

　私にとっては、「だっこでえほんの会」は、自分の身体をそこに据えて、子どもたちと交流する「生」のなじみ深い場であるといえる。多分、いまの子どもたちに欠けていることがあるとすれば、「生活がなじみ深い場」としては現われないことだろう。自分の「生」に直接かかわることが、自分の生身の身体では交流しにくい現状にあって、子どもたちが、直接に「感覚する」ことの大事さと、おとなは危険回避をどのように伝えるかが、現代の大きな問題である[60]。

　「蝋燭の光」は、言うまでもなく、具体的であると同時に、象徴でもある。子どもたちが、どの程度の、どのような質の「蝋燭の光」を身体で体験することが、その後の人生で危機回避に役立つか、そこの文化・社会状況で違ってくるだろう。それでもなお言えるのは、その人を取り巻く「生世界」において、人と人との交流があり、「なじみ深い生活の場」があれば、ある程度、保障されるのではないだろうか。このようなことは、あまりにも当り前で平凡なことであるが。

第9節　子どもは自分の夢を現実の世界のものとみなす

　私は、幼い子どもが自分の見た「夢」について話すのを聞いたことはない。だから、子どもたちが、自分の夢を現実の世界で起こったことと同じと思っているかどうかは、何とも言えない。おとなの場合は、眠っている時の夢と起きている時の現実を別の次元で捉えているはずである。もし、混同していれば、病気だろう。しかし、恐ろしい夢を見ることもあり、現実の身体が汗びっしょりになっていることがある。もし夢の世界と現実が全くの別個であ

るなら、生身の身体が夢の影響を受けなくてもよさそうなものだが、身体の情動性のところでは、繋がっている。そして精神分析学者に指摘されるまでもなく、身体は夢のなかでも現実にもつながっており、時間的にも継続しているため、50年前のことが夢のなかで露出してくる。

　子どもが、夢を現実の世界のものと見なすであろうと思うのは、子どもたちは絵本の世界で起こっていることを現実の世界のものと見なしていることは確かだからである。

> 子どもは自分の夢を知覚と同じく、〔現実の〕世界のものとみなす。子どもは、夢が部屋のなかで、寝台の足もとで演じられてるのだし、眠っている人にしか見えないだけなのだと信じている。［…］幻影をもつということ、そして一般に想像するということは、前述定的世界のこうした寛容と、混淆的経験のなかでわれわれが存在全体と眼のまわるほど近接していることとを利用することなのである。[61]

メルロ＝ポンティは、子どもの夢に関して、他の箇所でもおなじように言及している。

> 幼児にとっては、夢や思惟のようなものをさえふくめて、すべてはこの世界のなかで生起する。というのも、幼児は、夢はこの部屋のなかにあるのだと信じているし、思惟は言葉と区別されていない。[62]

「絵に描いた餅」という慣用句があり、『広辞苑』を引けば、「役に立たない物事。計画だけは立派だが実行がともなわないこと」と書かれていた。このように理解するのは、世間知に長けたおとなであろう。昔話のなかに、「絵姿女房」という話がある。ある男がよめさまをもらったところが、そのよめさまがいとしゅうていとしゅうて、畑や田に出れば、家にいるよめさまのことを思って仕事が手につかない。仕事に出たと思ったらすぐに家に飛んで帰ってくる。これでは仕事にならないので、よめさまが人に頼んで自画像を描いてもらい、男は、よめさまの絵姿が描かれた「紙」を持って畑に出か

けた。そばの枝によめさまの絵姿を取り付け、その絵を見ながら、仕事に励んだ。さてある日、その絵姿が風に飛ばされて、と物語は展開するが、この話でも、確かに「絵に描いたよめさま」ではあるが、この昔話の主人公にとっては、実際のよめさまと同じくらい大事な絵姿なのである。

「絵に描いた餅」を、なあんだ食べられないじゃないか、と思うか、「食べることができる」と思うかどうかで、物語の世界や、絵本の世界の体験の仕方が異なってくる。

子どもたちは、「絵に描いたりんご」を食べることができる。第三部で詳しく述べることになるが、絵本『りんご』を読んでもらっていると、子どもたちはよだれが出てくる。おとなでも、テレビでおいしそうな食べ物が出てくれば、食べてみたいと思うだろう。マスコミの宣伝広告は、この「絵に描いた餅」の原理を使って、購買を高めようとしているのである。

芸術などの虚構の世界に、私たちは「生きる」ことができる。『嵐が丘』を読めば、風吹きすさぶヒース茂る荒地であるイングランドのノースヨークシャーに一挙に降り立ち、そこで激しい恋の体験をする。現実の身体は、温暖なる日本の大阪で、冷暖房が効いた家のなかで、その本を読んでいようと。その身体は、本に合わせて、暑くなったり、さむざむとしたり、涙を流したりしている。そして、細かい筋立ては忘れても、『嵐が丘』を読んだという体験は、身体の中に留まったままでいる。それは、「蝋燭の光」を生身の身体で体験したことと同じ身体的交流で、私の「生世界」における体験となる。

絵本体験に関して言えば、子どもとおとなの違いは、子どもは、絵本の主人公になれるということ。おとなの方は、絵本の主人公になるのは非常に難しい。小学生が絵本の登場人物になる一つの例を紹介したい。

アメリカの絵本作家で、『もりのなか』の作者であるマリー・ホール・エッツの作品に『海のおばけオーリー』[63]がある。北海のアザラシの子であるオーリーが、おかあさんから離れてシカゴの水族館で飼育され、五大湖の一つの湖に放され、大きな湖をいくつも泳いで、最後にオリエンタル湖を源に

するセント・ローレンスという大河を北海まで泳ぎ切り、おかあさんに再会するという北アメリカを舞台にした壮大な絵本である。版画制作であり、白黒の駒割りという画面構成という地味な絵本であるため、今ではほとんど話題にも上らない作品である。

　この絵本を子どもたちと読んだのは、第一部で紹介した小学生読書会をしていた頃だった。1年生から中学年くらいまでの子どもたちがいたが、男の子の方が多かった。この会でも、最初の頃は絵本を通して読むのは私だったが、「読みたい」という子どもたちが現われ、参加者がみんなで順番に読むようになって行った。『海のおばけオーリー』は、ページ数も多く、駒割りの下に書いてある文字も小さく、読みにくいと言うこともあって、私が読んだ。最初の方は、オーリーが、おかあさんから離れ、汽車に乗せられ、シカゴの水族館に入れられる。水族館では人気者になる。しかし、母親を恋しく思い、ついに病気になる。気転を利かせた飼育係により、湖に放される。その後、泳ぎに来た人たちから怪獣と間違われたりと愉快なストーリーが展開する。しかし、その後、北の海に向かって泳ぎを開始するあたりから、雰囲気が違ってくる。

　絵本を見ている子どもたちの様子が変って来たのだ。私たちが暮らしている吹田市では、水泳指導が熱心で、6年生の夏には2キロの遠泳が一種の義務としてある。また、オーリーが世界のどのあたりにいて、どれほど泳いだかを知ってもらっておいたほうがいいと判断して、前もって世界地図を見せて、五大湖を示し、セント・ローレンス河の長さもわかってもらっていた。

　さて、アザラシの子のオーリーがセント・ローレンス河を泳ぎ始めた。一挙に河を北の海に向かって下って行くのだ。小学生読書会のメンバーには2年生の男の子たちが数人いた。彼らは、泳ぐということの意味を知っていた。さっき地図を見た。物凄く長い距離を泳がなければならないのだ。読んでいた私は、子どもたちになにかが起っていることに気付いた。私は、本を右手に持って読む。『海のおばけオーリー』の絵本は、大きくてとても重い。そ

の重い絵本を右手に持って、子どもたちには左側の頬を向けて読んでいたのだが、その左側の頬が冷たくなっていくのを感じた。なにか変だ、と感じた私は、区切りのところで、なるべくそ〜っと顔を絵本から離し、子どもたちの方を見た。みんな真剣な面持ちで絵本を見ていてくれた。その内のひとりのK君の顔を見て、ああ、と思った。顔面蒼白だった。K君がどういう気持ちで絵本を見ていてくれたかはわからない。しかしもともと色白のK君が、この絵本をただ面白い絵本と思って聞いて、見ていてくれるのではないことは確かだ。他の子どもたちもそうだが、K君も一生懸命泳いでいるのだ。おかあさんのいるところへ帰ろうと思って。しかし、泳ぐ距離は長い。どんなに泳いでもなかなか北の海には辿り着かない。学校のプールでの泳ぎだって大変なのに、オーリーはおかあさんに会うまでに物凄い長い距離を泳いだのだ。ぼくも泳ごう。でも苦しい。なんとかがんばろう。でも苦しいなあ。いま泳ぐのを止めたら、おかあさんにもおとうさんにも二度と会えない。ここで泳げなくなったらどうなるのだろう。苦しいなあ。

　K君に聞いたことはないので、あの時どんな気持ちだったかはわからない。しかし、あの顔面蒼白から推察して、命尽きかけていたのではないかと思う。

　私は、『海のおばけオーリー』を優れた作品だと思ったから、子どもたちと読んだ。しかし、私はオーリーにはなっていなかった。オーリーになって泳いでもいなかった。だから力尽きる時もなかった。冷たい北の海に近いところで、命絶えることを想像したこともなかった。

　子どもたちとの読書会で、子どもとおとなの違いを教えてくれた貴重な体験であった。絵本のなかでの体験を現実の世界での体験と同じものとし、主人公と共に生き切るのは子どもたちであった。私は、絵本をある程度は楽しみ、研究対象として見ることはできるけれども、絵本の「世界を生きる体験者」となることは、難しいことを知ったのだった。しかし、子どもたちと一緒に読むことで、私も子どもたちと共に絵本の世界で生きることができることを教えてもらえるわけだ。

この体験の後、『海のおばけオーリー』を見るたびに、私の目の前には、セント・ローレンス河を一列に並んで泳いでいくあの子どもたちが浮んでくる。

おわりに——身体が比較され得るのは、芸術作品に対してである

　もし、メルロ＝ポンティが、絵本という総合芸術を知っていたら、芸術作品のなかに、絵本もいれただろう。メルロ＝ポンティに入る前に、絵本とは何かを考えてみる。

　絵本とはなにかを定義する必要があるかもしれない。実は、絵本についての確固たる定義は存在していない。大抵、「絵と言葉があり、その二つの要素が、互いに補完しあったり、高めあったりして、構成されている本」のように定義づけられている。しかし、絵本の中には、書かれた「言葉」がない場合もある。また「言葉」の代わりに、「文字」、「文章」、「詞」などの用語を使用する場合もある[64]。

　一つの定義の例として、アメリカの子どもの本の研究家であるバーバラ・ベーダーの定義を引用したい[65]。ベーダーは、大著であり名著である *American Picturebooks: from Noah's Ark to the Beast Within*（1976）を著しており、その冒頭に掲げられている絵本の定義は、かなり頻繁に引用されてきているので、ここでもあげてみる。ベーダーは、絵本について次のように定義している[66]。

> 　A picturebook is text, illustrations, total design; an item of manufacture and a commercial product; a social, cultural, historical document; and foremost, an experience for a child.
> 　As an art form it hinges on the interdependence of pictures and words, on the simultaneous display of two facing pages, and on the drama of the turning of the page.
> 　On its own terms its possibilities are limitless.[67]

ベーダーの絵本についての定義を、便宜的にまとめた形にして試訳してみる。
1. 絵本は、
   ①言葉、イラストレーション、トータルデザインから成っている。
   ②機械で製造されたものであり、商業的な製品である。
   ③社会的、文化的、歴史的記録である。
   ④もっとも重要なことは、子どもにとってのひとつの経験である。
2. 芸術形態としてみれば、次の3点で成立している。
   ①絵と言葉の相互依存。
   ②向かい合う2ページの見開き。
   ③ページを捲っていくことで現れるドラマ。
3. 絵本というものは、無限の可能性を持っている。

　この定義は、バーバラ・ベーダーが考えに考え抜いた絵本の定義だろう。絵本とはなにかを、自分の言葉でなんとか表現しようとしている腐心の跡が滲み出ている。

　ベーダーが言うように、確かに現代市販されている絵本は、最終的には機械で印刷された製品であり、商業的な出版物である。しかし、日本では、絵巻物や奈良絵本のように、職人の手技による一点ものもある。また現代日本には、手づくり絵本の活発な文化があり、布の絵本や貼り絵絵本、手描き絵本、点字絵本のように世界で一冊の絵本というものも、絵本という形態では成立している[68]。

　もちろん、ベーダーの言うように、絵本は、社会的、文化的、歴史的記録であるという点は、大いに賛成する。私はヴィクトリア時代の絵本の研究をまとめたときに痛感したが[69]、絵本というものは、その時代を映す鏡のようなもので、単に絵本の研究家のものにしておくのは資料としてもったいない。絵本は、子ども、家族、母親、ジェンダー、ファッション、乗り物、建築など、ある時代の社会的、文化的な事象の歴史的記録であり、もっと多く

の研究者が資料として着目すべきではないかと考えている。しかし、絵本が内包しているものの利用価値については、絵本出版後の結果論であろう。

　ベーダーが指摘している点で注目したいのは、絵本は「子どもにとってひとつの経験である」と言い切っている箇所である。このことは、絵本とは誰のものかということと関わる。絵本が、ベーダーによる定義の最初の箇所のみ、すなわち、「言葉、絵、トータルデザイン」という絵本の構成的な面だけであるとすれば、一冊の本がそのように構成されていれば、すべて絵本と言えることになる。絵本の中には、形態としては絵本ではあるが、対象は必ずしも子どもではない場合もありうるし、現に存在する。言葉だけで成り立つ文学が、非常に幅広い対象を持つのと同じである。文学の中でも、ターゲットとされる年齢層が、限られるものもある一方で、幅広い年齢層に愛読される場合もある。絵本についても同じことが言えるが、言葉だけで成り立つ文学よりも、表現形態として言葉と絵を使う絵本のほうが、同時に幅広い年齢層に親しまれるということも可能になる。あるいは年齢層だけではなく、ジェンダーや文化を超えて愛好されるという質を持つが、ここでは、問題を単純化するために、年齢層に限りたい。

　「絵本は、子どもにとってひとつの体験である」と言うとき、絵本という表現方法から考えられるのは、絵本を共に楽しんでいるほかの誰か、多分、年長者の存在が想定できる。子どもは、経済力、行動力を持たないため、自分ひとりで絵本を手に入れることはおよそ不可能である。両親や祖父母が、その子のことを念頭において手に入れ（購入し）、その子に向かって、幼い子の場合には膝に抱いて、読んでやる、という行為が必然的にともなう。ベーダーがどの程度まで「絵本は子どもにとってひとつの体験である」と書いているのかわからないが、確かに、子どもは絵本自体を体験するが、年齢が低ければ低いほど、年長者と共に体験する、と考えられる。とりわけ、乳幼児の場合、確実に、「絵本は、子どもにとってひとつの体験であり、かつ年長者と共にする体験である」と言葉を付け足すことができる。幼い子どもたち

おわりに―身体が比較され得るのは、芸術作品に対してである　151

にとっては、年長者の存在なくしては、絵本そのものも存在しない。

　芸術形態の箇所「絵本は、絵と言葉の相互依存、向かい合う2ページの見開き、ページを捲っていくことで現れるドラマで成り立っている」は、最初の「絵本は、言葉、イラストレーション、トータルデザインから成っている」と呼応しており、トータルデザインという用語理解を深めていると言える。

　ベーダーはそれでも言い足りなかったと見えて、最後に、「絵本というものは、無限の可能性を持っている」と付け加えて、ほっとしたのではないか。ベーダーの絵本の定義は、絵本の定義がどれほど難しいかを表しており、一方、これ以上に書き著すことは難しいだろうとも言える。

　実は、私自身、絵本とは何か、に答えようとしてきた。「〈言葉と絵と（捲っていくことで生まれる）物語〉からなる総合芸術」であるとするものの、しっくりとまとまらない。これでは、一冊の絵本の中に、「言葉」と「絵」と「物語」がばらばらに入っているような感じがする。

　ここに、メルロ＝ポンティが登場する。

> 身体が比較されるのは、物理的対象にたいしてではなく、むしろ芸術作品にたいしてだ、ということになる。一つの絵画、一つの楽曲において思想（画想または楽想）が伝授されるのは、色彩なり音なりの展開をつうじて以外にはあり得ない。［…］一篇の小説、一篇の詩、一幅の絵画、一曲の音楽は、それぞれ不可分の個体であり、そこでは表現と表現されるものとを区別することのできないような存在、直接的な接触による以外にはその意味を手に入れることはできぬような存在、現に在るその時間的・空間的位置を離れないでその意味するところを放射するような存在である。われわれの身体が芸術作品と比較し得るというのは、そういう意味においてである。われわれの身体は、いくつかの生きた意味の結び目であって、幾つかの共変項の法則といったものではない。[70)]

「一篇の小説、一篇の詩、一幅の絵画、一曲の音楽」と並べて「一冊の絵本」を置いても、この文章は成立する。

1. 絵本は不可分の個体である。

　絵本を、一般的にその構成要素とされている「言葉」と「絵」と「物語」に分割することはできない。この三要素が並び立っているわけではなく、含み合っているのである。表立ったこれらの三要素の他に、これらを結びつける「デザイン」という要素があり、さらに用紙や、インクが必要であり、と考えていくと、なんと多くの要素が関わっているかが分かって来る。仕事としては、言葉の作者がいる。画家がいる。言葉と絵は一人の人で制作する場合もある。外国の絵本であれば、日本の人に紹介する場合には、翻訳者が、元の作者と日本の読者の間に介在する。この翻訳者が絵本とは何かを知っていないと、原書から離れた翻訳絵本になってしまう。他に、編集者や出版社の人、デザイナーやアートディレクター、印刷会社の人や製本屋などがいる。営業の人もいる。本屋もいる。図書館の人たちや購買者の希望や要求があり、また、時代の文化や社会的な雰囲気も関わってくる。一冊の絵本は、そのような諸々の事象と人達が関わって製作されるものである。

　絵本とは限らず、どのような芸術作品であろうと、ある時代とある社会から生み出されたものであることに変わりはない。しかし、その中にあって、絵本が他の芸術とは大きく異なる点は、その対象者が大きくは子どもに絞られるということだろう。ところが、この点が難しいところだが、絵本の場合、購入者と読者（読んでもらうとしても）とは別の人であるということだろう。すると、子どもである読者は、お金を出すおとなの意向を受け止めざるを得ないか、影響を受けざるをえなくなる。購入者は、購入時に、読んでやる、あるいはプレゼントする子どもの顔を思い浮かべながら決めるのだから、子どもの気持ちも絵本の作り手には、影響を与えているかもしれない。このように見て来ると、絵本は様々な要素が不可分に入りこんでいる個体であるといえる。

2. 絵本は、表現と表現されるものとを区別することはできない。

ここに一冊の絵本があるとする。例えば、『かいじゅうたちのいるところ』を取り上げよう。『かいじゅうたちのいるところ』という絵本一冊が「表現」であり、そこに表されていることが「表現されるもの」であり、その二つを区別することは不可能である。主人公のマックス少年が、第一場面でいたずらをしているのだが、その行為、例えば、マックスの身体の大きさと比較してみると、ものすごく大きな金槌を持っているが、これはマックスの心理的苛立ちを表しているとか、現れるかいじゅうたちはマックスの心理的な状況を表現しているということはできるけれども、表現と表現されていることは不可分で、片方だけを言うことはできない。絵本で難しいのは、言葉と絵が融合して表していることを言葉でだけ表現しようとする時、絵が表現していることを（画家は絵でしか表現できないから絵で表現しているのだが）、無理矢理、言葉に変換しようとするから、一層理解を難しくすることがある。この作品の場合とかぎらず、絵本一般に関して、おとなの自分はよくわからないけれど、2歳の子は分かる、ということに出くわす。ここで言えることは、子どもは「表現」そのものを自分の全身体性で見ていて、「表現されていることはなんだろう」などと考えないことだ。

3. 絵本は、直接的な接触による以外にはその意味を手に入れることはできない。

　上記と関連するが、作品そのものに直接接触する以外、その作品を理解する方法はない。重要なことは、その作品の「意味」を手に入れようと、作者の来歴や、心理学の本や、その他の参考資料を調べる人もいるが、大切なことは、作品自体に直接接触することである。ということは、作品の「表現」を直接に見ること以外に、その作品の「意味」を手に入れる方法はない。

4. 絵本は、現に在るその時間的・空間的位置を離れないでその意味するところを放射する。

いま、ここでその絵本作品を見るということ。その絵本は50年前に作られたものかもしれない。しかし、「私」が見る限り、その「私」は「いま・ここ」に存在し、『かいじゅうたちのいるところ』を見ている。ある絵本の歴史的価値としては、制作された時代およびその社会の調査も必要かもしれないが、「私」が子どもたちと読むとなると、現在の「いま・ここ」が重要であり、この時間と空間のなかでその作品の意味がある。

5. そして、絵本は、身体と同じように、いくつかの生きた意味の結び目である。

　「身体」は、メルロ＝ポンティにとっては、最重要のキーワードである。身体は「含み合いの構造」[71]をしているという言い方が、理解しやすい。身体はいろいろな部分から成り立っている。しかし、それぞれが独立、自立しているわけではない。右手の小指一本といえども、その小指一本を動かそうとすると、右手全体が動き、腕の神経も動き、微妙に身体全体が包み合って働いているのである。だから、世界に身を挺して、パソコンに向かおうとすると、右手の指一本、左脚一本をどう動かすかを考えなくとも、足も手も他の部署も当然のように折りたたまれて、私はパソコンの前に坐ることができ、いま、こうして、パソコンを操作することができる。私の身体は、私が世界に向かう時、当然のように各部署が含み合って、結ばれ合って、一つの行動に向かう。

　明日は、「だっこでえほんの会」の日だ。すると、私の身体は、一致協力して、その方向に向かう。明日、10時には、会場で、子どもたちを迎え、絵本を読む。私の身体は、子どもたちの前で、私が、手や足にわざわざ伝えなくても、含み合いの構造を発揮して、折りたたまれて、私の一番楽な姿勢である正座して坐る。そして、私の手が、『いないいないばあ』を、私の絵本バッグから取り出す。「絵本を読みます」と私の口が言っている。

　私の身体はいくつかの生きた意味の結び目であるが、同じように、優れた

絵本も、含み合いの構造をしており、生きた意味の結び目である。

注
 1) メルロ＝ポンティ『知覚の現象学』2巻　p.293.
 2) メルロ＝ポンティ『知覚の現象学』2巻　p.33.
 3) メルロ＝ポンティ『知覚の現象学』2巻　p.257.
 4) メルロ＝ポンティ『知覚の現象学』2巻　pp.371-372.
 5) 「意識と言語の獲得」は、『意識と言語の獲得―ソルボンヌ講義1』（木田元・鯨岡峻訳　みすず書房　1993年）のなかに日本語訳がある。
 6) 「幼児の対人関係」は、『眼と精神』（滝浦静雄・木田元訳　みすず書房　1966年）の中に「幼児の対人関係」として訳されている。別に〈メルロ＝ポンティ・コレクション〉のシリーズの中に第3巻として『幼児の対人関係』（木田元・滝浦静雄訳　みすず書房　2001年）のなかにも「幼児の対人関係」として入っている。訳者は共に滝浦静雄であり、言葉の多少の異同はあるものの、大きな違いは認められない。私は、後者の方で先に読んでいたこともあり、引用は、後者の本から行っている。
 7) メルロ＝ポンティ『知覚の現象学』1巻　p.280.
 8) 幼い子どもたちの指さしについては、たいてい「三項関係」、つまり、子どもと養育者が存在し、そこに他者（物・人）が介在して、子どもが何かに気づき指をさし、おとなに同意や確認を求める、という発達段階のひとつの表れとして語られる。たしかに、そこに、自分以外の人の存在は重要なことかもしれないが、子どもの中に、或る事象そのものとの邂逅の瞬間があるような気がする。というより、そのことの方が、一瞬であっても、まず先にあるのではないかと見える時がある。「ここにテントウムシがいるよ」と教えてあげよう、あるいは「これは赤という色であることを知っているよ」と告げたいという、誰かと物事を共有したいという、生きて行く上ではやむに已まれぬ心の動きがあることは確かだが、誰かと分かち合うためではなく、自分自身が或る物事にであって、「あっ！」と驚くことがある。幼い子どもたちの場合、おとなが当り前と思って見過ごすような小さなものを発見して驚く。何かに目がいく、「注意する」という行為については、後に考察する。
 9) メルロ＝ポンティ『知覚の現象学』1巻　p.1.
10) メルロ＝ポンティ『知覚の現象学』1巻　p.12.　この引用文について、メルロ

=ポンティは、「還元についての最上の定式とは、おそらく、フッサールの助手だったオイゲン・フィンクがこれにあたえた定式であって」(p.12) と書いているが、この件について、浜渦 (1995) は、フィンクからのメルロ＝ポンティの引用の仕方について解説している (p.269)。同時に、同書の中で、「哲学の始まりには、驚きがあった」、として、哲学史における「驚き」の系譜についても論じている (pp.250-255)。

11) メルロ＝ポンティ『知覚の現象学』1巻　p.1.
12) メルロ＝ポンティ『知覚の現象学』2巻　p.235.
13) メルロ＝ポンティ『知覚の現象学』2巻　pp.21-22.
14) メルロ＝ポンティ『知覚の現象学』2巻　p.301.
15) メルロ＝ポンティ『知覚の現象学』2巻　pp.301-302.
16) メルロ＝ポンティ『知覚の現象学』2巻　p.225.
17) メルロ＝ポンティ『知覚の現象学』2巻　p.301.
18) メルロ＝ポンティ『知覚の現象学』2巻　p.316.
19) メルロ＝ポンティ『知覚の現象学』1巻　pp.245-246.
20) メルロ＝ポンティ『知覚の現象学』1巻　p.295.
21) メルロ＝ポンティ (1908-1961) が、ダーウィン (1809-82) の進化論を継承して、そこから生物発生原則を提唱したエルンスト＝ハインリヒ・ヘッケル (1834-1919) の「個体発生は系統派生を繰り返す」という理論を意識していたかどうかは定かではないし、強いて学問的繋がりを強調する必要もないだろう。ヘッケルの考え方と共通するものを認めることができるが、メルロ＝ポンティの場合、もっと素朴に、乳幼児が世界を把握していく過程に、最初の人類が世界を構築していく過程を重ね合わせて見ているとも言える。
22) メルロ＝ポンティ『知覚の現象学』2巻　p.235.
23) メルロ＝ポンティ『知覚の現象学』1巻　p.281.
24) 洞窟壁画をもち出すと、なんのために壁画を描いたか、祈りでもあっただろう、狩りがうまく行くようにという呪術的な意味もあったかもしれない、壁画の前で子どもたちに教育を施す一種の学校だったのではないかと唱える人もいる。説はいろいろあるが、スペインの北部だけでも100か所余りの壁画（アルタミラの洞窟も含む）が発見されていることから、絵画による表象が或る時代の人々にとって、重要な意味や働きを持っていたことは確かである。洞窟壁画の中には素晴らしい描写の絵もあり、その描写力からすると、第3のステージに入るかもしれないが、人類の歴史上から見ると、第2ステージに入る。ここに、芸術の本質、す

なわち、芸術は人類の発展にともなって進歩するものではない、という本質が見えて来る。洞窟壁画については、海部陽介（2005）pp.57-89を参照。学校説については、むのたけじ（2013）p.39を参照。
25) 正高信男（2001）p.73.
26) 正高信男（2001）p.74. あかちゃんの手足の運動と呼気及び発声の関係については、竹下秀子（2001）p.100も参照。
27) 正高信男（2001）p.71.
28) メルロ＝ポンティ『知覚の現象学』1巻　p.317.
29) 私が読んだメルロ＝ポンティ論の中では、加賀野井秀一著の『メルロ＝ポンティ　触発する思想』が、メルロ＝ポンティの伝記的なことにも多く触れられている。
30) 加賀野井秀一（2009）p.16. また『メルロ＝ポンティ読本』（松葉祥一ほか編　法政大学出版局）に、松葉祥一が「メルロ＝ポンティの生涯とその時代」（pp.1-17）を掲載している。8ページに「図2：マルセイユの大通りを歩くメルロ＝ポンティとマリアンヌ」として写真を掲載している。マリアンヌは1941年に誕生。ジャン＝フランソワ・リオタールのもとで哲学を学び、後に精神分析家として働いたそうである。
31) メルロ＝ポンティ『知覚の現象学』2巻　p.302.
32) メルロ＝ポンティ『知覚の現象学』2巻　pp.215-216.
33) 認知心理学の成果の代表として、日本語訳が出ているものとして、『哲学する赤ちゃん』（アリソン・ゴプニック著　青木玲訳　亜紀書房　2010年）、『0歳児の「脳力」はここまで伸びる』（アリソン・ゴプニック、アンドルー・N・メルツォフ、パトリシア・K・カール著　峯浦厚子訳　榊原洋一監修　PHP研究所　2003年）がある。
34) Andrew N. Meltzoff and M. Keith Moore, 'Imitation of Facial and Manual Gestures by Human Neonates', *Science*, New Series, Volume 198, Issue 4312（Oct. 7, 1977）, 75-78. この発表は非常に有名で、しばしば引用されるが、この発表文献そのものが翻訳されたものを見たことはない。引用されている一例として、上記した参考文献『0歳児の「脳力」はここまで伸びる』（pp.65-66）を挙げる。
35) ゴプニック（2003）p.67.
36) ゴプニック（2003）pp.33-34.
37) 岡本夏木（2005）p.35.
38) 岡本夏木（2005）p.26.

39) 岡本夏木（2005）pp.27-28.
40) メルロ＝ポンティ『知覚の現象学』1巻　p.249.
41) メルロ＝ポンティ『知覚の現象学』1巻　p.172.
42) メルロ＝ポンティ『知覚の現象学』1巻　p.242.
43) 最近のあかちゃん絵本の多くは、普通の用紙ではなく、厚めのボードで作られており、めくる側の上下の角は、まるくなっている。薄い紙だと、あかちゃんの指を傷つけることも有りうるのと、舐めても危険がないように考えられている。また、印刷のインクも、あかちゃんが絵本を口に入れても安全なものが使われるようになってきている。
44) メルロ＝ポンティ『知覚の現象学』1巻　p.49.
45) 佐々木宏子（2006）pp.14-15.
46) メルロ＝ポンティ『知覚の現象学』1巻　p.224.
47) メルロ＝ポンティ『知覚の現象学』1巻　p.292
48) メルロ＝ポンティ『知覚の現象学』1巻　p.4.
49) メルロ＝ポンティ『知覚の現象学』1巻　p.15.
50) メルロ＝ポンティ（2001）p.26.
51) メルロ＝ポンティ（2001）p.25.
52) メルロ＝ポンティ『知覚の現象学』1巻　p.321.
53) 岡本夏木は『子どもと言葉』の中で、次のように述べる。「人間をして人間たらしめているのがことばであるなら、ことばの発達は、当然こどもをより人間的たらしめることの大きな源であり、またそのあかしでなければならぬはずであるのに、ことばの発達が、人間性の喪失につながってゆく。そのような現在の時代というものを、どうとらえかえしてゆかねばならぬのだろうか。［…］かれらの話しはじめのたどたどしいことばのなかに、今日の私たちおとな社会におけることばと人間性の分裂、人間の疎外の道具と化したことばに対する抗議をくみとる必要があるのではないかと私は思っている」。pp.13-14.
54) ヨーロッパには多様な言語があり、言語を異にする者どうしが意思の疎通を図ることが困難とされ、幾種類もの世界共通語の試案が出されてきた。その代表がルドヴィコ・ザメンホフ（1859-1917）が提唱したエスペラントである。ヨーロッパの人たちの言葉への信頼の根底には、ヨーロッパの平和への希求があるかもしれない。
55) メルロ＝ポンティ『知覚の現象学』1巻　p.69.
56) 山口真美・金沢創（2008）p.1.

おわりに―身体が比較され得るのは、芸術作品に対してである　159

57)　山口真美・金沢創（2008）p.43.
58)　メルロ＝ポンティ『知覚の現象学』1巻　p.70.
59)　メルロ＝ポンティ『知覚の現象学』1巻　pp.254-255.
60)　2017年11月の現時点で、子どもたちの生身の身体による「生活的な交流」のなさにより、「生世界」が「生活のなじみ深い場」として現れなくなった一つの例として、私が思い描いているのは、今日本を震撼させている事件である「座間殺人事件」である。20代の男性が、8月から10月にかけて、8人の女性（10代から20代）と男性一人（20代）を殺害し、身体をのこぎりで切断した事件。そして、女性たちは自殺願望者であったということ。この事件の要因としては、現代のいくつかの問題点が絡んでいて、安易に問題点を挙げることは不可能であるが、一つには、人間関係をも含む「生活的交流」の希薄さと、そこから作られる「生世界」を「なじみ深い生活の場」とするようにはなっていないことにあると思われる。
61)　メルロ＝ポンティ『知覚の現象学』2巻　p.204.
62)　メルロ＝ポンティ『知覚の現象学』2巻　p.220.
63)　『海のおばけオーリー』マリー・ホール・エッツ作　石井桃子／訳　岩波書店1954岩波の子どもの本　1974大型絵本　アメリカでの出版は1947年。日本では岩波の子どもの本として小型本で出て、後にアメリカの原書そのままのサイズで出版された。岩波の子どもの本のシリーズの1冊として出版されたのは1954年で、日本はまだ第二次大戦後の焼け跡時代であり、大型の本が売れる時代ではなかった。20年も経過し、絵本出版が華やかになる70年代に、やっと原書と同じサイズの大型で出版された。この絵本を読んだ小学生読書会では、大型を使用している。
64)　英語における絵本用語の表記となると、日本語の「言葉」や「文章」に当たるものは、'text'であり、「絵」は'illustrations'もしくは'pictures'である。しかし、私の考えでは'text'が「読み込まれるもの」を意味するならば、'絵'も'text'である。そこで、'verbal text'、'visual text'と言う表記を好む。厳密さを尊重する絵本研究者は、おおむね、こうした表記を選ぶ。日本語では、表記方法はまだ定まってはいない
65)　絵本の定義、およびバーバラ・ベーダーに関する箇所は、『メタフュシカ』第44号（大阪大学大学院　文学研究科　哲学講座編　2013年）掲載の拙論「日本における子どもの絵本の歴史―千年にわたる日本の絵本の歴史　絵巻物から現代の絵本まで―」の最初の方の部分を使用している。

66) Barbara Bader の *American Picturebooks: from Noah's Ark to the Beast Within* は、まだ日本語訳が出ていない。この本はアメリカの絵本の通史とは言えないし、作品の評価の仕方に著者特有の偏りがあるものの、アメリカの絵本についてのこれだけ豊かな内容の研究書が今後世に出ることは難しいと思われる。日本語訳が望まれるが、変形A4判で615ページとあまりにも大部であること、また、この著書は大量の図像を掲載しているが、近年、絵本の図像を出版物に取り入れる許可を得ることが非常に難しく、翻訳を出すことは不可能に近い。後者のハードルの高さが、文学の研究書に比して、絵本の研究書が世に出ない大きな原因になっている。画家の権利を守るのは理解できるが、このことが絵本研究を遅らせているばかりではなく、絵本そのものへのアクセスを阻んでいることも考慮して、絵本研究の誠実な出版物には、絵本の図像使用許可のハードルを下げることを提案したい。この点はベーダーと直接関係はないが、絵本研究の発展のために、書きとめておきたい。もう一点。ベーダーは、「絵本」の英語表記を picturebook と一語にすることを提唱しているが、一般的には、今なお、picture book と二語の方が使用されている。「絵の本」ではなく、「絵本」と英語でも呼びたいベーダーの気持ちはわかるが、picturebook では長すぎると思われるらしい。

67) Bader (1976) p.2.

68) 点字絵本については、岩田美津子さんの活動を記しておきたい。自身が視覚障害者として生まれ、わが子の誕生を契機に一緒に絵本を楽しみたいと、てんやく絵本を作成することを考えた。ボランティア・グループを立ち上げ、出版社の許可を得て、市販の絵本に、透明の塩ビシートに文章を点訳したものと、絵の部分にも同じシートを切り抜いたものを貼り付け、てんやく絵本を増やしていった。個人やグループ、学校にも貸し出している。岩田さんが創設し、今も代表を務めている「てんやく絵本ふれあい文庫」はバリアフリーの世界を求めて、30年以上の活動を続けている。最近、数冊であるが、絵を樹脂インクで盛り上げて作成した、見える人と見えない人が共に楽しめる市販の絵本が実現した。『しろくまちゃんのほっとけーき』(こぐま社) や『ぐりとぐら』(福音館書店) が、「てんじつきさわるえほん」として出版されている。

69) 正置友子 (Tomoko Masaki) 著 *A History of Victorian Popular Picture Books* (風間書房 2006)

70) メルロ゠ポンティ『知覚の現象学』1巻 pp.251-252.

71) メルロ゠ポンティ『知覚の現象学』1巻 p.249.

第Ⅲ部

誕生から〈わたし〉の生成にむけて
——『いないいないばあ』から
『おおかみと七ひきのこやぎ』へ——

はじめに—「だっこでえほんの会」における
子どもたちの三年間

　4月の水曜日、「だっこでえほんの会」のその年の最初の日。朝10時、あかちゃんたちがやってくる。みんな、生まれて数か月から1歳の誕生日を迎えるまでのあかちゃんたちである。これから一年の間にみんな1歳の誕生日を迎える。すぐに1歳になる子もいれば、翌年の3月に1歳になる子もいる。
　この時期の一年の開きは大きい。ただ抱かれている子もいれば、文庫のマットの上で大の字になって寝ている子もいる。ちょこんと座らせてもらってそのままの子（動けないので、その内に泣き出す）、なんとか寝返りをはじめた子（文庫の部屋で初めて「寝返り」を目撃された場合はみんなに拍手される）、這えるようになると探検を開始する。最初のうちはどこでもいいから這って行くのだが、しばらくすると、行く先が決まってくる。選ぶようになるのだ。そしてその先は、たいてい同じような年ごろの子のほうに向かう。1歳にも満たない子が友だちを求める。この時期は、顔に触りたがり、それも目に触りたがり、這っている子の手が伸びていくので、見守る必要がある。
　つかまって立ち上がれるようになると、絵本が表紙を見せて並べてある本棚に行き、最初は、どの絵本も取り出すのだが、その内に良く読んでもらってなじみがある絵本を取り出し、絵本を手に持ち、お尻と足を使って移動し、運んでくる。やがて、おぼつかなげに歩き始め、そしてしっかりと歩けるようになり、もうしばらくすると、本棚に行って、自分が読んでもらいたい本を見つけだし、私のところへ持ってきてくれる。
　最初の一年間の成長は、劇的で、脱皮にもたとえられるほどである。人は、さなぎからちょうになるほどの身体の変化としてはあらわれないが、それにも等しい「ひとなり」の段取りがある。

あかちゃん組のあいだでの「ひとなり」方は、時期の多少の違いはあっても、おなじような経過をたどる。この時期の最初の段階で注目するのが、大の字になって寝ている子である。中には初めから終わりまで寝ている子もいる。暖かい季節には、やって来た時のままで、あるいはちょっとタオルをかけてもらって、あおむけに寝転んでいるのだが、周りが騒がしかろうと、少し大きい子どもたちが走り回っていようと（まだ身体のコントロールが難しい1歳児や2歳児たちにあかちゃんが踏みつけられないように、おとなは配慮している）、あかちゃんたちは、大の字になったまま、いい気持ちで寝ている。この寝方は、ここが「安心な場である」ということを「からだ語」で表している。あかちゃんであろうと、あるいは、あかちゃんであるからこそ、からだ全体で、その場を察知する。その場が、緊張を強いられる場であれば、おかあさんも緊張している。無言の静けさが漂っているかも知れないが、あかちゃんたちは、その雰囲気や緊張感を察知する。「だっこでえほんの会」で、あかちゃんたちが大の字で眠るということは、その場が、そこにいる全員にとって、安心で居心地のいい場所、自分がそこにいることが受け入れられている場所であることを意味している。

「大の字」で眠っているあかちゃんを見ていると、まわりを信頼しきっている天真爛漫といえる幼さに胸を突かれる。そして、子どもたちにとって、そこが「安心」でいられる場であること、自分が受け入れられている場であること、こういう場があることだけでも、この会をしている意味があるのかもしれないと思う。

「だっこでえほんの会」に集まって、自分の子どもだけではなく、他の赤ちゃんたちも含めて成長していく過程を見るということは、自分の子どもと他の子どもたちを比較して、自分の子のほうが早くできるようになったと一喜一憂するというのではなく、子どもの育ちの過程を、知識としてではなく、自分の目で見たり、他の子の泣き声を聞いたり、いろいろの子を抱くことで、他の子の暖かさを自分の身体で感じ、他の子の声を聞いたりする、いい機会

ではないかと思う。面白い現象として、自分の子どもでない子が、或るおかあさんの膝に坐ることがある。すると、そのおかあさんはうれしそうにその子のからだに手を回す。すると、そのおかあさんの本当の子が、その子を「この人はぼくのおかあさんだぞ」という気持ちを込めて、押しのけようとすることもある。坐っている子がそのままでいると、そのおかあさんは二人の子のおかあさん役をするために、二人を抱え込む。こんなことが頻繁に起こるようになると、「本当の子」は、「まあ、しかたがない。今のところ、ぼくのおかあさんを貸してあげる」という鷹揚な顔つきをしている。このようなおとなと子どもの関係が生じると、自分の子だけではなく、他の子どもたちを愛おしく思えるようになるに違いない。

　あかちゃんたちは、集会所まではバギーに乗せられてくる子もいるが、「だっこ」の会場である二階までは階段を上がらねばならないので、抱かれたり、負ぶわれたりしてやってくる。そして、部屋に入ると、あかちゃんたちはまずは、おかあさんたちの膝に抱かれている[1]。

　「だっこでえほんの会」のあかちゃんクラスがはじまると、私は、「おはようございます」とあいさつをかわしてから、まず、みんなで詩を読む。

　それから、絵本の『いないいないばあ』を取り出し、絵本を読みはじめる。それから数冊読み、途中で、おとな用の絵本を1冊紹介する。このような絵本読みを年にほぼ17回行う。

　『いないいないばあ』について言えば、あかちゃん組の最初の頃には、ぼんやりと絵本を見ていた子どもも、5, 6か月の頃には、絵本に集中する子、「ばあ」で、何ともうれしそうな頬や、口元になる子、足をちょっとぶらぶらさせる子と、反応するようになる。私もうれしくなって、ネコの時と、クマの時、ネズミの時では、声にそれなりの表情を自然につけるようになる。このようになってくると、一種の対話のようなもので、私が「いないいない」で間を置いて、ページをめくるのを待っていると、子どもの中には、息を飲んで待っていて、めくると同時に、「ばあ」と言ってくれる。

1歳前後になると、ほとんど全員が、自分なりのやり方で、「ばあ」。うれしそうに笑ったり、口元が「ばあ」と言っていたり、「ばあ」と大声で言ってくれる子もいるし、そ〜っと「ばあ」という子もいる。

一年経った。

二年目の4月。みんな自分の足で歩いてやってくる。中には1歳成り立てで、足元がおぼつかない子がいて、階段などは、抱かれて到着の子もいる。これから一年の間に2歳を迎えるのだが、1歳始めは、あかちゃんの方に近く、2歳を迎える頃になると大きい子の方向に身心が移行していく。「だっこでえほんの会」は社会的な場であって、家庭とは違う雰囲気があり、その場でどのように振る舞ったらいいのかを、おかあさんの膝の上で、周りを観察している。誰かが、自分の足腰を信頼して率先して動き出すと、他の1歳児も、おかあさんの膝を降りてみよう、と探索の行動を開始する。2歳が近づいてくると、動き出す子が多く、全員集中しての絵本読みは難しくなる。自分の身体を使っての探索・冒険の時代である。身体のコントロール、自制がきかないので、怖いもの知らずの時期であり、なんでもやってみる、やってみたいとする年頃である。1歳半くらいから、ほぼ1年半くらい続く身体運動期のような時期で、とにかく自分の身体を動かすことで世界を掴んでいく。走り回るために、他の子や物にぶつかったり、ほしいものはほしいで、双方譲らず、喧嘩も起こる。また、自己主張をする。

1歳から2歳は言葉が出始めるが、まだ自分が感じていることを言葉で表現することは難しい。この時期の子どもたちの絵本は、ほとんどあかちゃん期の絵本と同じである。同じ絵本であっても、子どもたちの反応が異なる。非常に表情が豊かになる。

三年目の4月。何という成長だろう。身体は大きくなり、足腰はしっかりして、自分の足で階段をかけあがってくる。一人として、抱かれてくる子はいない。前の組の子がまだ会場に残っていて、そこへ2歳組の子どもたちがどやどやとやってくると、身体の大きさ、かさばり、充足感に、「おおっ」

と声が出そうになる。この子たちも午後の文庫の時間にやってきて、数年前の「だっこでえほんの会」の卒業生で今は小学一年生と一緒になると、その幼さにびっくりする。背丈や体重と変わらず、関係性の中に置かれると、見え方がまるっきり違ってくる。

　三年目の前半は、まだ会場中を走り回っている子どもたちがいる。自分の身体はどこへでも自分を連れて行ってくれるという、自分の身体への信頼が大きい。その身体への信頼は、自分への信頼であり、歩き、走り、飛び上がり、ぐるぐるまわりをやり、でんぐり返しをやり、そうしたことが出来ることがうれしくてうれしくて、むやみに走り回る。前より、ずっと早く走れる、ずっと高く跳びあがれる、高いところを歩くこともできる、高いところから飛び降りることもできる、「見て！」「見て！」。そのエネルギーを止めることは難しい。

　「走る」2歳から3歳の典型例としてKくんを紹介したい。Kくんは、あかちゃんのときから「だっこでえほんの会」に参加。寝返りが他の子より少し遅く、はいはいを始めるのも少し遅く、しかし、まもなく膝で移動することを覚えた。私が読んでいる絵本『いないいないばあ』の前に、はあはあと言いながらやってきて、大喜びで見ていた。ところが、他の子が立ち上がり、歩き始めても、かれは、膝で動きまわっていた。他の子に比べて脚が細いようにも見えたが、どこも悪いところはなさそうで、心配しているおかあさんや一緒に来ているおばあちゃんの気持ちも察しつつ、みんなで見守っていた。2歳近くなったある日、彼は立った。まだ心もとない立ち姿と歩き方ながら、本当にうれしそうな、輝くばかりの顔の表情だった。それから、彼は「だっこでえほんの会」に来るたびに、それまではあれほど集中して絵本を見ていたのに、絵本どころではなく、広い板の間を駆けることが大好きになった。

　彼は走り続けた。広い板の間の真ん中に「だっこでえほんの会」のときにみんなが座るカーペットが敷いてある。彼はカーペットのまわりをひたすらぐるぐると走った。走行中に、友だちや他のおかあさんにちょっと気を取ら

れることはあるものの、「走ること」に専念した。受付辺りにいる私のところへくると、に〜っと笑っても、立ち止まることなく、また駆けて行った。一度だけ、誰かの脇を駆け抜けてから、あれっ？と気が付いて、その人のところへ戻った。危うくおかあさんのそばも駆け抜けるところだった。彼はおかあさんのところへ戻って、肩にちょっと触れて、また走りを再開。ぐるぐるぐるぐる。母親たちが群がっているコーナーのところで、ついに躓いて倒れた。うつ伏せになって泣いていると、おかあさんがやって来て、抱っこしてもらい、すぐに泣き止んだ。おかあさんの次には、おばあちゃんにも抱っこしてもらう。おばあちゃんに降ろされた途端、Kくんはまた走り始めた。

　Kくんが走る姿からは、走りたいから走る、としか表現できない「からだ語」が激しく発散されていた。自分のからだ全体で、自分のからだを祝福していた。生きていることがただうれしい、そんな姿だった。2歳から3歳。この過程ではいろいろなことができるようになるので、うれしくて誇らしくて、「見て！」を連発する。ちょっと片足でケンケンができた。「見て！」。すこし高いところに上がれた。「見て！」。足を踏ん張って立って、やおら上体を前に倒し、両脚の間から股覗きをする。「見て！」。ついにでんぐり返しができた。「見て！」。

　しかし、Kくんの走り方を見ていると、そこには、他の人に「見て！」という気持ちよりも、友だちと触れ合うことよりも、おかあさんに抱っこしてもらうことよりも、今は「走る」自分がうれしい。うれしくて、うれしくてという、迸るような「生」を撒き散らしながら、彼は走っていた。

　私は、ほれぼれとKくんを見続けた。生きているとこういう時もある。ある行為が他の何かのために目的化されることなく、行為が相対化されることなく、行為そのものがうれしいということがある。昨今では、わが子が何かができるようになったことが、親にとっては他の子どもたちとの比較の対象になり、他の子より早くできることが喜びになりこそすれ、比較的遅くに何かができるようになっても、やっとできるようになってほっとした、くら

いの気持ちしか起こさない人たちも多い。その子にとっては、その時、はじめて、何かができるようになった時なのだ。Kくんは、這うのも、立ち上がるのも、歩くのも、走るのも、「発達年齢」的に見れば、少し遅れていた。2歳の彼には、比較の対象としての自分のからだはなく、走れるようになったまさにその時が、彼が言葉では表せないほどの喜びに満ちて、自分で自分を祝福できたのだ。親に対しても「見て!」といって誇りたい自分ではなく、今は走りたい、それだけのKくんだった。未来への目的のためだけに〈いま・ここ〉に「生」があるのではなく、〈いま・ここ〉を存分に生きる身体の時もあっていい。

　2歳組になると、私は、子どもたちと読みたい絵本を数冊用意しているが、まずは、『いないいないばあ』を読み、それから、このクラスの子どもたちにぜひ読みたい1冊の絵本を読む。それまでの年齢の子どもたちにはまだ読めなかったけれど、この年頃の子どもたちと読みたいと思って持ってきた1冊を読む。4月から翌年の3月までの子どもたちの「ひとなって」いく過程を思い浮かべながら選んだ特別の絵本である。この2冊を読んだ後は、それぞれの子どもたちが「読んで」と文庫の本棚から持ってきたそれぞれの1冊の絵本をできるだけ全部読む。子どもたちは、読んでもらった絵本を借りて帰る。1冊読み終えると、「○○ちゃん、この絵本を借りる?」と聞くと、その子はこくんと頷いて、絵本を誇らしそうに抱えて、おかあさんのところへ戻る。

　子どもたちが選んできた絵本は、面白いことに、これまで読んでもらった絵本もかなり含まれている。その中にはしばしば定番の『いないいないばあ』も「読んで」の絵本に選ばれることも多い。また、いかにもあかちゃん用の絵本も何冊かあり、そうした絵本を、実にうれしそうな表情で見ていてくれる。あかちゃんのときよりももっと集中し、大きく反応して。あるいは、これまでに家で読んでもらった絵本、なかには、その子の家にもあるにちがいない絵本も選び出してくる。「知っている絵本」が選ばれることは幼い子

どもたちの特徴である。「もう見たから、いらない」とか「知っているから、もういい」とはならない。前にも読んでもらったから、知っているから、ということが、選ぶ理由になる。繰り返してみることで、身心に馴染んでいくし、あらたな発見もある。とにかく、安心して見ていられる。

2歳から3歳の子どもたちは「選ぶ」ことが出来るということ。選ぶようになるには、或る程度の選択の多様さをその子の前に、準備しておく必要がある。「選ぶ」ようになること、何に注目し、選ぶようになるかについては、まわりの人や環境が関わる。

2歳半くらいから、絵本読みの時に陣取り合戦が始まる。絵本の読み手である私の前と絵本の真ん前に坐ろうとする子どもたちが増えて行く。絵本の真ん前に坐っている子以外は、「見えない！」という大声を連発する。つまり、絵本の一番真ん前でなければ、「見えない！」。その子の左右両隣りの子どもたちやすぐ後ろの子には絵本は見えているはずであるが、自分は一番の席には坐っていない、ということを表明したいのだ。なかには、私の膝に自分の足をくっつけて坐り、「見えない！」を叫ぶ子もいる。私は右手をちょっと伸ばして絵本を持つため、私の胸のすぐ前にその子の顔があるとすれば、その子の位置からは絵本の絵を真っすぐに見ることはできないはずだ。こういう状態になるのは、大抵2歳半くらいの男の子で、私にくっついてもいたいし、絵本の絵を真ん前からも見たいということも要求する。考えてみると、声が出る身体のありどころと、絵のある絵本のありどころが離れていることが、問題になっているのかもしれない。

第1部で、子どもたちが「ひとなって」いく過程の段取として「選ぶことができるようになる時期」を書いたが、絵本が「見えない！」と叫ぶ時期は、まさに「自分で選ぶ」ことを開始していく時期でもある。自分が選択した一番いいものを獲得したい、一番いい状態でありたいことを希求する時期の開始と言える。まだ言葉としての〈わたし〉は始まっていないが、自律に向けての〈わたし〉がうごめき出している時である。言葉としては、自分のこと

を「○○ちゃん」という言い方をしている。すなわち、ともだちのひとりずつが〈わたし〉であることの了解はなく、しかし、それぞれが固有の「○○ちゃん」であることは了解しており、おたがいがまったく譲り合わない関係性にある。

　この頃の子どもたちに関して、自己中心的という言われ方もするが、この時期の子どもには、まだ「自己」はない。もし〈わたし〉という自律した自己があれば、他者との関係性のなかで、話し合いもでき、譲り合いもできる。その時に「自分だけは」と思っていることからすれば、自己中心的であるが、未だ自他の区別ははっきりしていない。

　大まかに見て2歳から3歳までは、個性（自分で選ぶことが出来ることとも言える）というものが現われ、譲り合わず、まわりはあまり見えてはいない。その証拠に、絵本をよく見ようと、絵本の真ん前に立ち上がって、他の子どもたちの絵本への視線をさえぎっている子に、その子のおかあさんが、「坐りなさい。他の子が見えないでしょ」と言っても、その子には、自分と他の子と絵本の関係ははっきりとはわかってはいない。絵本がここに在り、自分には見えている。他の人もすぐ近くにいるのだから、自分と同じように絵本は見えているはずだ、と思っている。自分のからだが、絵本と他の人たちとの間を遮断していることを想像することは難しい。

　社会のなかで生きてきたおとなからすれば、幼いこどもたちの「見えない！」という叫び声は、わがままとか自分勝手とか自己中心的と取られるかもしれないが、3歳前頃に現れる「より良く見たい」という欲求は、自分が選んだもの（注意したもの）を自分のまなざしでしっかり見たい、そして自分の中に取り込みたいという、生きて行く上では大事な志向性の顕著な発露であるとも考えられる。それまでは、地平にあるものは、全体がおしなべて同じような存在物であった。それが次第に、自分のまなざしが留まるものが現われ、選ぶことができるようになる。幼いながら、自分の意識がある方向性をとる。すなわち、志向性を持つ。すると、それまでは地平に同じように

見えていたものが、自分の志向性をもった意識で見ると、際立ってきたものがある。

　メルロ＝ポンティは、『知覚の現象学』の序文の中で、「あらゆる意識は或るものについての意識である」[2]としている。つまり、意識は、或るもの、言い換えれば、特定の対象に向けられるが、この性質を志向性という。あかちゃんでも、はじめはおかあさんやがらがらなどにはじまって、探索期には志向の向け先も探索し、3歳前頃に、〈わたし・ぼく〉の形成に向かう頃に、意識の持ちようが強くなってきて、志向性の対象となるものが立ち現れてくる。そして、自分のパースペクティヴ（見え方）の幼さの故の狭さがあり、他者の存在の仕方が明確ではないために、衝突が起こる。

　この時期は、「自分」が自分の内側で際立ってくる時期であり、だから、シールを選び、絵本を選ぶことも出来るようになる。自分がほしいもの、手に入れたいものがあれば、他の人が持っているものであろうと、自分のものにしようとする。1冊の絵本の取り合いが起こるのもこの時期である。「譲る」などという言葉は、この時期の子どもたちの辞書にはない。譲らされたら、大声で泣く。恥ずかしいという感受性は芽生えてはいるが、それよりも、「ほしい」が大きく、泣きわめく。自分の思いのままともいえるが、自分の思いを「からだ語」で表明する。その表し方に、3歳なりの計算（とりわけ親との）が働いていることは確かだが、他者の存在は希薄である。他の人たちがいることは承知しているが、ひとりひとりが各自のパースペクティヴを持っていることには、まだ気が付いていない。

　この年頃の子どもたちは、自分から見えることはわかるが、ほかの人の見え方がわからない。ただ、自分が「選ぶ」ことが出来ると分かった時、少なくとも「自分」が、他の人たちから、際立った存在になった時でもある。その後の成り行きとして、他のどの人も際立った人であり、私もAちゃんも、Bちゃんも、みんな自分のことを〈わたし・ぼく〉と呼び得るとわかるには、もう少しの月日を要する。

はじめに―「だっこでえほんの会」における子どもたちの三年間　173

このようにして、2歳から3歳への一年が経過する。三年間を経過した。

年が明けてしばらくした3月の第二水曜日、私の前にほぼ全員3歳になった子どもたちがやってくる。

「だっこでえほんの会」の2歳児組の卒業式。この4月からは、全員、幼稚園の3歳児クラスに入園する。

「おはようございます。」　私は絵本を取り出す前に、万感の思いを込めて話す。「今日は、〈だっこでえほんの会〉の最後の日です。会は続きますが、みんなにとっては、今日が最後の日です。3年間、通ってくれてありがとう。2年間の人や1年間の人もいるけど、寒い日も暑い日も風が強い日も、「だっこでえほんの会」に通ってくれてありがとう。それから、おかあさんたちに、本当にありがとうございました。あかちゃんたちを連れて、この会に通ってくださるのは大変だったことでしょう。この会で出会った子どもたちは、私にとっては、たからものです。いっしょに読んだ絵本もたからものです。子どもたちの、これからの長い人生には、いろいろなことがあるでしょう。でもきっと大丈夫です。つらいことや悲しいことがあっても、きっと生きていってくれます。では、いつものように絵本を読みます。それから、〈だっこでえほんの会〉の卒業式をします。この会に通ってくださっている間に撮った写真から、何枚か選び出して作成した手製の、ひとりひとり用の特性のアルバムをお渡しします。青山台文庫の代表で、この会を中心になってずっとお世話してくださっている飯田妙子さんが、会の時に撮影した写真から選んで作り上げたアルバムです。自分の子や孫でもないのに、泣きながら写真を見て、泣きながら写真を選んでくださった写真集です。大事にみてください」[3]。

この最後の日、私が子どもたちに最初に読む本は、この会で何度も何度も読んできた、この会のテーマ絵本である『いないいないばあ』。3歳になっている子どもたちが、本当にいい表情で、「にゃあにゃあが　ほらほら、いないいない」、めくって「ばあ」を聞いていてくれる。3歳ともなると、それ

それ工夫して、わざと大きな声で「ばあ!!!」と言う子もいれば、小さい声でそっと「バァ」と言う子もいる。

　それから、この日のために用意してあった絵本、『おおかみと七ひきのこやぎ』を読む。

　　むかし、あるところに、こやぎを七ひきそだてている、おかあさんやぎがいました。そのやぎが、こやぎたちをかわいがることといったら、どのおかあさんにもまけないくらいでした。4)

『おおかみと七ひきのこやぎ』の、この最初の導入の文章を読むことで、私は子どもたちやおかあさんたちと一緒に絵本の世界に入る。

　こやぎたちは、1ぴきをのぞいて、おおかみに食べられてしまうが、おかあさんの賢明な迅速な働きにより、子どもたちは救い出され、おおかみは死に、家族は幸せな夕方を迎える。

　ほとんどの子が、絵本を読んでいる私の前で、膝小僧を揃えて座ってくれている。もう誰も「見えない！」とは言わない。みんなに見えていることがわかっているのだ。私は、この子たちとの3年間の月日を思う。子どもたちが、『おおかみと七ひきのこやぎ』の世界に入り、絵本体験としてこの世界で生きるには、この世に生まれて3年半の年月を必要とする。生まれたてのときは、もちろんこの絵本『おおかみと七ひきのこやぎ』の世界の住人になることはできない。1歳でも2歳でもできない。3歳になりたてでも、ほとんどの場合、この絵本の表紙を見ただけで退きはじめ、母親の膝へと退却する。表紙をみれば、絵本の内容は推察できる。『おおかみと七ひきのこやぎ』の表紙の基調色は暗いモスグリーンであり、子どもたちはこの表紙を見れば、この絵本に書かれているのは暗く怖い話であることがわかるのだ。

　3歳半を超えた頃、子どもたちはそこにひとりで座ったまま、絵本の世界に入りこみ、その世界に留まる。絵本の裏表紙が閉じられたとき、その世界から出てきて、ふ〜っと息を吐く。子どもたちは、ただひとりで、生死をテ

ーマとする絵本の世界に入って行き、その物語世界に住み、そこで錨を降ろし、終わりまでからだをそこに持ちこたえさせることができるようになったのだ。

　私は、この子たちに、この絵本を通して、先に生きてきたものから、これから生きていく人たちへの思いを、絵本を読む声に託して届ける。生きていってほしい、と。

　第Ⅲ部では、誕生後から3歳代の子どもたちがどのように「ひとなって」いくかを、絵本を通して見ていきたい。そこには、ひとりの主体者の誕生があり、〈わたし〉の出発がある。誕生を第一回目の進水とすれば、3歳半は、第二回目の進水である。

　第Ⅰ部の「おわりに」で述べたように、誕生からの3年半は、お母さんの膝の上から、降りる時までであり、その間に、自分自身の端緒を常に更新して、〈わたし〉を創設し、〈わたし〉が進水して行くのである。

第1章　絵本『いないいないばあ』から始まって

第1節　遊びの「いないいないばあ」

「いないいないばあ」という遊びは、子どもの最初の遊びである。生まれたてであおむけに寝かされているあかちゃんの顔の上に、誰かが顔をさし出し、顔を手で覆ったかと思うと、ぱっと手をはずして、「ばあ」と言う。最初はあかちゃんも怪訝な顔つきをするが、やがて、口元が開いて、に～と笑う。「いないいない」そして「ばあ」が繰り返されると、次第に「ばあ」を待ち構えているようになる。「ばあ」とうれしそうな、面白そうな顔が現れると、もううれしくてたまらない。口元が本当にうれしそうにほころび、声が出るようになると、うれしそうな声を上げる。

消えた―現れる、このことがこんなに喜びになる。消えたものが現われるだけで、こんなにうれしい。それに、何度繰り返しても、面白い。

子どもが立ち上がれるようになったころ、おとなは向かい合って、この遊びをする。おかあさんが「いないいない」と顔を隠すと、子どもの顔にさっと影がさす。そして慌てふためいて、おかあさんにつかまって立って、おかあさんの顔から手をのけようと懸命になる。母親の指をその顔から取り除けようとするあかちゃんの「からだ語」は真剣そのものである。泣き出す一歩手前と言っていい。

「いないいないばあ」遊びの重要な点は、あかちゃんは、「いないいない」をしている人が誰であるかを知っている、という事実である。もし、知らない人なら、誰が（何が）現れるかわからないという怖さがある。1歳前後のあかちゃんたちが、力ずくで母親の顔を取り戻そうとする様子、母親を再発

見したときの大喜びから考えると、遊びの「いないいないばあ」は、人の生存の根幹に関わる遊びであると言える。おとなの側からすると、単なる遊びかもしれないが、あかちゃんの側からすると、大事な人、生きる上で一番頼りにしている人、大好きな人、その人の喪失の体験をすることになる。母親が顔を隠した途端、あかちゃんは、全てを失う。そこにあるのは、闇であり、悲しみであり、孤独であり、喪失である。母親が顔を出した途端、あかちゃんは、光と喜びと希望と愛と生きていく力を取り戻す。

「いないいない、ばあ」という遊びは、「いなくなった、現れた」、「いなくなった、いた」、「消えた、現れた」、「いない、いる」という関係になり、まとめれば、「非存在、存在」、となるだろう。ここで、この遊びの成り立ちを考慮に入れると、その人の存在を確実に理解している段階で「いないいない」をするのだから、「非存在／存在」という順ではなくて、「存在―非存在―存在……」という一連の関係性が見えてくる。物語的に表現すれば、「出会い―別れ―出会い」、とも言えるだろう。

人の「生」は、「出会い―別れ」、の繰り返しのような気がする。あかちゃんがこの世界に到着したときは、誕生の「ばあ」であり、そして、その人の人生が長いか短いかはわからないが、いずれ、人生の最後を迎えて、あの世(あるとして)への旅立ちとなり、「いないいない」と消える。「生」の一番大きなスパンとしては、「誕生」そして「死」という「いないいない、ばあ」がある。その間に、両親や兄弟や友だちとの「いないいない、ばあ」がある。生存は、「いないいない、ばあ」の繰り返しと言える。

「いないいないばあ」遊びは、「人」の初期の代表的な「交替遊び」であり、最初は、おとなが主導権をとって遊んでやっているが、その内、あかちゃんのほうが主導権をとって、遊びを仕掛けてくる。1歳台の最初の頃に、あかちゃんの方が相手に対して能動的に行動するようになる。

はいはいが出来るようになり、伝い歩きが出来るころのあかちゃんとの「いないいないばあ」は、一段と楽しい。きゃっきゃっと笑いながら家の中

のしきり（襖など）の向う側に行き、後ろから追いかけてきてくれるのを確認しつつ、自分では隠れたつもりになって、身を潜め、でも見つけだしてもらうために、自分が入ってきたあたりを心配そうに見つめている。しきり（襖）の両サイドが開いていても、自分が入った側しか意識していないから、あかちゃんは、入った側だけを気にして、「見つけてくれないかなあ」と待っている。そこで、しきりの反対側から「ばあ」と声を掛けてやると、一瞬びっくりして、それから大喜びする。

　おとなを椅子の座れる側に置いておいて、自分は椅子の背もたれのある側に回って、「いないいない、ばあ」をする。椅子の脚や横木くらいでは身を隠すほどでもないのだが、お互いの目と目が合うだけで、大喜びをする。

　このように、子どものおとなへの対応が1歳前後くらいから変化していく。それまでは、おとなの側から、「いないいない」とやって見せていたのが、子どもが仕掛ける側に回るようになり、家のなかにある物を使って、おとなを誘うようになる。すなわち、子どもが主体的な行動をとるようになって行く。

　現実の生活場面で「いないいないばあ」を通してのおとなと子どもの関係が見えてくるのだが、アメリカの心理学者ジェローム・ブルーナー（1915-2016）は大学の研究室に母子で来てもらって調査し、その結果を'Peekaboo and the Learning of Rule Structures'（「いないいないばあとルール構造を習得するということ」、以下「いないないばあ論」とする）[5]という論文にまとめている[6]。ブルーナーは、乳児（7か月〜17か月）と母親の6組を対象に10か月以上に亘って調査し、分析する。母子には2週間に一度の割で研究室に通ってもらう。約1時間、親子で「いないいないばあ」ほかの遊びを楽しんでいるところを見せてくれるように依頼。それをビデオで撮影して、分析する。

　ブルーナーは、調査の分析の結果に基づいて、「いないいないばあ」の基本的なルールは次のように進展するとしている。

第1段階　始まりのコンタクト

母と子がお互いの顔を見ることで、「いないいないばあ」を始めますよ、という合図。「いないいないばあ」は、基本的に、この世に生まれてきたものが、年長者によって迎え入れられ、遊びの世界にいざなわれるということで、スタートする。その子を愛しているが故の行為である。

第2段階　消失：いなくなった！

初期にはまず母親が顔を隠す。手近なもの、おむつ、衣類、タオルなどで。この間、母親は、子どものワクワク感を維持するために、あるいは不安を取り除くために、Whではじまる質問をする。○○ちゃんはど〜こ？とか、ママはどこでしょう？など。そして、子どもが覆いを取れる方向で励まし（覆いをずらすなどして）、子どもに工夫への「足場」を提供する。子どもが待てる時間は、多くは2〜7秒くらい。1秒という場合もあり、7秒以上待てたのは10か月児。

第3段階　再会：ああ、また会えた！

初期の段階では、母親が覆いを取るが、12か月過ぎた頃から子どもが取る役にまわる。

第4段階　再確認のコンタクト

おかあさんとわたし（ぼく）がここにちゃんといる！　母と子は再び顔と顔を合わせ、ふたりともうれしくて笑いあい、「いないいないばあ」の1ラウンドを締めくくる。

まとめると、「いないいないばあ」遊びは、始めは母親主導で行われるが、次第に子どもに主導権が渡り、自分で隠したり、現れたりするようになる。また隠し方、隠れ方も自分で新しいやり方を創造していく。15か月になると、遊びをコントロールするのは、すっかり子どもになる。

　乳幼児にとって、「いないいないばあ」はどういう意味をもつのか。まず、乳児にとって大切な母親という生身の人間と、1対1の関係で向かい合うこと。自分を愛してくれていると思われる人と遊ぶことのうれしさ。その人が消失した時の不安・悲しさ・絶望感が、その直後に「ばあ」と現れてくれ

ることで大きな喜びに変わる。このことから、事物は永遠にあること、とりわけ母親は（消えることはあっても）ずっと自分のそばにいてくれるという、生きて行く上での安心・安定感、そして人への信頼感をからだで習得する。遊びのやり取りを続ける中で、遊びを盛り上げるために創意工夫をし、想像性と創造性を育んで行く。一方、他者と関わる中で、他者とのコミュニケーションを学ぶと共に、自分以外の人（他者）がこの世に存在することを知っていく。始めは母親にコントロールされていたが、からだの成長にともない、自分がコントロールする側にまわり、精神的にも母親から分離していく。幼いながら、自己の存在に気づき、遊びのルールの順番や連続性から、他者とのやりとりの仕方や物事の因果関係を知り、自己のストーリーを形成して行く。

　ブルーナーは、「いないいないばあ論」の中で、乳児が母親と遊ぶ過程で、昔ながらのゲームのルールを習得するだけではなく、新しい遊び方を創造する能力を発揮するようになることを強調している[7]。そして、15か月になると、遊びをコントロールするようになり、遊びの主体者になり、母親は受け取り手の役割になるとしている。このことは、母親にとって喜びでもある[8]。子どもが信頼できる他者との関係で見事に自律していく様子が読み取れる。自律は、自分だけで成し遂げられるものではなく、他者との関与と連携があって初めて可能であり、ここに、乳児期においてすでに始まる自己形成のナラティヴの重要性がある。

　『ストーリーの心理学』の中で、ブルーナーは、乳幼児期について述べている。

> 赤ん坊が母親からの分離を果たしたり、自分自身の注意の制御を獲得したりする時期は、我々が自律と連携の間のバランスに達しようといかに苦しむかの生涯にわたるストーリーの序章である。我々はこれから自分が生きてゆこうとする状況に折り合うように自己を定義する自分のストーリーを創り出す。[9]

第1章 絵本『いないいないばあ』から始まって

ここでブルーナーが言わんとすること、つまり、乳幼児期は、これから生きていく上で生涯の葛藤となる「わが道を行く」と「他者と共に生きる」のバランスを取る自己生成の物語を作る端緒の時期であり、それが、「いないいないばあ」を遊ぶ過程に現れているということである。また、ブルーナーが感動と共に驚くのは、幼い子どもたちが十分な言葉を持つ以前に「いないいないばあ」を物語として喜ぶことができるということである。

> 幼い時期の遊びで、予期せぬことに夢中になることが多い。たとえば、子どもたちは、ストーリーを「語ったり理解するのに十分な言葉をもつ以前に、イナイイナイバーのような大人が自分たちにしむける予期しない非言語的ドラマを簡単に理解し、それを喜ぶ。子どもたちは、これらのドラマが繰り返されるのを喜び、イナイイナイバーでのように、遊び相手の大人がわざとする驚きを待ち望む。儀式化された驚きは子どもたちを喜ばせるが、その事実には感動を催す。というのもそれは、ほとんど人生の最初の時点から、一種のナラティヴ的、または劇場的な早熟性が存在していることを示唆しているからである。[10]

子どもたちは、「いないないばあ」を周りの人からやってもらうが、最初から、相手をすることができ、相手をその笑顔で喜ばせることができる。人と人との関係性があってこそではあるが、生れてすぐから、物語性を喜ぶことができるという質を持っているのである。

ブルーナーよりも先輩であるフランスの心理学者アンリ・ワロン (1879-1962) は、『児童における性格の起源』のなかで、乳幼児期における「交替遊び」の重要性を述べており、「いないいないばあ」を「交替遊び」の代表的例としている。

> [乳幼児期の子どもは] 当分の間、交替遊びにもっとも熱中する。たたいたりたたいてもらったり、いないいないばあを交互にやったり、要するにある状況の一方の側から反対の側にかわるがわる移ってみて、対立した情緒を体験しようとする活動にふけっている。このかわりばんこによる活動は、自分を瞬間毎に捉えている状況から自分自身を引き離すことを学び、原初的な、感情の相反性を学び、

> パートナーとのかかわりを、パートナーの活動の相互性を学び、反対にしたらどうなるかを学び、それによってある程度自分の行為の責任ということに慣れてくる。それらは同様に、彼が二つの途の前で定着する方向を選び、その反対の途をとらないでいるということの練習でもある。11)

「交替遊び」すなわち「かわりばんこ活動」を繰り返していく中で、相手の存在に気づき、どのように関わったらいいのか、どの途(道)を選ぶか、という責任をともなう選択も学ぶようになる。ワロンを参照しながら、日本の発達心理学者の岩田純一は、交替遊びについて述べている。

> 自他の同型性の理解をもとにした遊びが特徴的にみられるようになる。ワロンは、これを交替遊びと名付けている。イナイイナイバアを交互にやり合うなどのように、子どもとおとながモノや音声を介して交替に同じ活動を繰り返して楽しむといった行動である。この交替遊びは、一つの場面(状況)において、行為主体としての自己と他者との互換性を把握する活動として捉えられる。遊びのなかで、能動と受動の相の交替という主体間の相補的関係性のもとに自他の区別が促されていく。一つの場面のなかで、能動相と受動相を交互に体験することによって、交替的な行為主体としての自己と他者が分化してくるのである。12)

一方、アメリカの心理学者であり、芸術と子どもの関わりについての著書もあるエレン・ハンドラー・スピッツもその著『絵本のなかへ』のなかで、「いないいないばあ」について述べている。

> なにかがその瞬間に見えなくても、永遠に消えてしまったわけではないと、根本的に安心できる知識である。愛するひとは、たとえ視界から失われても、恒常的に獲得されたものであり、自己も続いていくのだ。かくれんぼや、いないいないばあなどの遊びも、この知識を学習する必要性に基づいている。13)

ある存在、ある関係性、さらに自分自身も継続してあり続けると知ることは、子どもたちがその後の「生」を生きていく上で、力強いメッセージになるに違いない。

こうしてみると、「いないいないばあ」という遊びは、「ひとなって」いく過程において、いかに重要な遊びであるかが見えてくる。
・子どもとその相手をしてくれているおとなとの間に、この遊びを通して両者の側に信頼関係が生れてくる。人と人の二者関係を築いてくれる。
・この遊びを通して、子どもは、その人が消えることがあっても、本当は常に自分の傍に存在しているのだという安心感を持てるようになる。
・成長にともない、それまではおとなの側が行動を能動的に仕掛けていたのに対して、子どもの側から能動的に仕掛けるようになる。
・楽しい遊びにするために、自ら創意工夫をするようになる。それを自分が面白いと思うだけではなく、相手も面白がって喜んでくれることがまたうれしい。
・交替遊びをするなかで、自分と相手は違う主体であることに気づいていく。すなわち、他者の存在に気づくようになる。
・同時に、自分がやりたいことがあるのに、相手がいるので、その人のことも考慮にいれなければならないことを学ぶ。「自律」と「共に生きる」のはざまで揺れる。
・この途を選択するということは、責任を取るのだということを学ぶ。
・その結果として、〈わたし〉の「ひとなる」過程を手助けしている。そして、〈わたし〉は〈わたし〉として続いていくというアイデンティティを獲得していく。

　このように書くと、「いないいないばあ」遊びは生きる上での大事なことを全て包括するように見えるが、象徴的な遊びとして、そのような芽を内包していると言える。この現実の遊びを抽象的に文化的表象の中で体験するのが、絵本『いないいないばあ』である。

　付け加えておきたいことは、おとなは上記の目的のために「いないいないばあ」遊びをするわけではないということだ。幼い子どもと共にいることが喜びであるという、その一事のために、「いないいないばあ」遊びをする。

第2節　絵本『いないいないばあ』（松谷みよ子・瀬川康男）[14]

　「いないいないばあ」遊びが、実際にそんなに楽しくて、そんなに効果があるものなら、わざわざ「絵本」で「いないいないばあ」をする必要はないのではないか、という考え方の人もいるだろう。ここでは、松谷みよ子の文と瀬川康男の絵による『いないいないばあ』[15]を取り上げて、絵本を通しての「いないいないばあ」を考察する。

　絵本『いないいないばあ』は、1967年に出版された。2017年度には、出版50周年を迎えた。100万部以上出版され、あかちゃん絵本の中でも超ベストセラーである。部数がこれほど伸びたのは、2001年から日本で始まったブックスタートの影響もあるだろう。日本のNPOブックスタートが提供しているあかちゃん用の絵本リストには、必ず紹介されている。

　作者である松谷みよ子は、「私の作った赤ちゃん絵本」として、自作について語っている。

> 　赤ちゃんに精神が芽生えはじめたこの時期に、やはり子守唄やわらべ唄で、美しい日本語を伝えたいし、よい絵本で育てたい、妥協のない文と絵でね。赤ちゃんの文学というか、赤ちゃんにとってのお話の必要性、可能性を十分に感じていた。それで［童心社の］編集の稲庭さんと赤ちゃんの絵本をつくろうと話し合ったの。それから二人の間に機が熟して、とりかかったの。二人共母親だし息が合ったのね。[16]

> 　最初の『いないいないばあ』のゲラが出た時、うちの下の子がちょうど1歳3か月だったかしら、早速見せたのね。そしたら"もっかい　もっかい"って、つまりもう一回もう一回ってせがむの。［瀬川］康男さんの渋い色の柔かい線が赤ちゃんに受けるかどうか心配だったんだけれど、赤ちゃんはよくわかるのよ。[17]

　松谷の口調からは、赤ちゃんのための新しい絵本を創ろうという意気込みが

感じ取れる。この絵本は、あかちゃん絵本の草分け的存在であり、その後のあかちゃん絵本のモデルにもなった。あかちゃん絵本の存在が社会的に容認されるようになったのは、福音館書店が「こどものとも 0.1.2」シリーズの刊行に乗り出した1995年であった。このことからも、松谷・瀬川コンビの『いないいないばあ』があかちゃん用の絵本としていかに早い出版であったかがわかる。当時あかちゃん用に出ていた本のほとんどは、「物の絵本」と称される類いのもので、「じどうしゃ」や「でんしゃ」や「どうぶつ」という題名で出され、単に同類のものが並べて描かれているだけで、物語性はなく、文学的芸術的風味のようなものもなかった。そこへ、作者と編集者という若い母親どうしが、「わが子のために」の気持ちもあり、あかちゃん絵本の出版に向かった[18]。引用文にある松谷の言葉「妥協のない文と絵」と「赤ちゃんの文学」に彼女の意欲が読み取れる。この絵本が成功を収めたのは、「売る」ため一辺倒ではなく、「自分のあかちゃん」のために最高の絵本をという気持ちがあったからではないだろうか。その後の50年の間に、100点以上の「いないいないばあ」絵本が出版されているが、松谷―瀬川コンビの『いないいないばあ』を芸術的に追い越すものは出ていない。

　今でこそ、定着した『いないいないばあ』であるが、出版された1960年代、1970年代には、風当たりが強かった。その時代は「教育ママ」という言葉が流行した時期で、知育的子育てに非難も高まり、絵本をわが子の教育のために利用する人も少なからずいた。そのために、当時、議論されたことは、「いないいないばあ」をわざわざ絵本にする必要はない。周りのおとながあかちゃんといっしょに「いないいないばあ」遊びをすることが大事なことであって、絵本で「いないいないばあ」をやるなんて、もってのほかだという考え方である。渡辺一枝は次のように言う。

　　今の絵本のあり方には疑問がありますし、読んであげる側にも問題があると思いました。「いないいないばあ」をどうして絵本にする必要があるのでしょうか。

そんな本を読んであげる間に、なぜ「いないいない、ばあ」と遊んであげないのでしょうか。どことなく知的な作業だと思わせる「絵本を読む」ことに寄りかかって、子どもから大切なものを奪っているように思えてなりませんでした。[19]

　ここには、当時保育者として、子どもの本性を捉え、子育てや保育のあり方に危機感を感じて、絵本を糾弾している者の叫びがある。絵本がますます知的作業として見なされる風潮にある中で、著者の危機感には共感を覚えるが、身体をともなう遊びと想像の世界での遊びとの間には違いがあり、このように遊戯と絵本を対立するものとして捉えることに間違いがある。
　現実の遊びと絵本の間には違いがある。現実の生活における遊びの「いないいないばあ」については、上述したように、あかちゃんが実際の人と向かい合い、遊ぶなかで、他者の存在に気づき、自分と他者との関係性を読み取り、その中で自分はどういう行動を取るか、そして責任をはたすか、そして、自分自身はどう生きたいか、他の人と共に生きる道を探ることなどをからだで学んでいく。
　絵本は、人が作り出した文化財であり、メディアのひとつである。絵本は、その中で描かれていることが、現実の生活場面であろうと、一種のファンタジーである。絵本『いないいないばあ』の中では、ネコ、クマ、ネズミ、キツネが登場する。こうした動物たちは、きちんと前を向いて描かれており、その描かれ方から、こうした動物たちと「いないいないばあ」をするのは、読者である子ども自身であることがわかる。子どもたちは絵本のなかのネコと「いないいないばあ」をする。次には、クマと。そして、ネズミやキツネと。読者は、当然のように、こうした動物たちと「いないいない、ばあ」をする。ということは、非常にスムーズに、絵本の世界に、ファンタジーの世界に入りこんでいることになる。現実の生活場面で、人はネコに会うことはあっても、クマやネズミやキツネに出会うことはないだろう。ましてや、こうした動物たちと向かい合って、「いないいないばあ」をすることは絶対にない。山でクマに出会って、「クマさん、いないいないばあをしよう」と言

うことはありえない。命にかかわる。ところが、絵本の世界では可能である。絵本の世界は、もう一つの世界であり、ファンタジーの世界である。

　絵本『いないいないばあ』は、子どもたちが、芸術や文化の領域に初めて導き入れられる媒体であり、この世界には芸術的、文学的喜びに出会うことができる本というメディアがあることを知ってもらう最初の機会となる。スピッツは、幼い子どもたちの絵本体験について述べている。

> 文化的体験というものは、わたしたちを魅了するが行動の範疇では禁止されている幻想を、少なくとも一時的には、ひきだすと考えられている。ところで、芸術と生活、願望と事実、幻想と現実の区別を前提とするこの見方は、おとなには自明であっても、子どもには自明ではない。子どもにとってもっとも優れた作品は、境界のない変幻自在の宇宙を表象しながらも、ほかのレベルでは、境界を設けて、安定させる作業が行われている作品である。[20]

幼児期前半の子どもたちが、絵本の中で描かれている動物たちとすぐに一体感を感じることができるのも、現実世界と想像世界の区別がつかないという特質の強さにもよるが、おとなもこの感覚は持続して所有している。だからこそ、本の世界に入れる。ただし、おとなの方が、現実の世界があるのだという観念に制約されている面もあり、想像世界は隠蔽し、現実に浸ることが大事だと思い込もうとしている。「芸術と生活、願望と事実、幻想と現実の区別を前提とするこの見方」そのものを考え直す必要があるかもしれない。二項対立するように書かれている言葉も、その後者（生活、事実、現実）だけでは貧弱な「生」しか生きられないことがわかる。前者（芸術、願望、幻想あるいはファンタジー）があってこそ、生き生きとした「生」を生きることができる。そして、この前者の質は、生れてきてのちに、種を撒いて育てられるというよりは、生まれながらにして持っている能力と関わる。メルロ＝ポンティが、神話と幼児の意識について書いている個所で、「私はけっして人間的空間のなかに没入して生きているわけではなく、私の根によって自然的かつ非人間的空間につねにつながっている」[21]と述べている。非人間的空間と

いうのは、自然的空間とも言い換えることができる。同じ文脈のなかで、次のように言い添えている。

> 私の身体は、私のもろもろの習性をとおして人間的世界への私の挿入をたしかなものにするのだが、それというのもまさしく、私をまず自然的世界のなかへ投企することによってなのであって、この自然的世界は、絵の下に画布が透けて見えるように、人間的世界の下にいつも透けて見えるものであり、それは、はかなさの様相を与えるものなのである。22)

メルロ＝ポンティは美術が好きなために、美術的表現を使う。画布（キャンバス）の上が現実の世界とすれば、画布を透かして見えるのが、自然的世界であり、非人間的世界である。私が生きて行けるように支えてくれている生命保全の機能とも言えるが、その機能と共にあるのが、芸術や願望やファンタジーではないだろうか。一般的には、現実から遊離しているとして時には非難される芸術や願望やファンタジーこそが、画布を、すなわち、現実生活を支えている、成り立たせているとも言える。

　絵本は、芸術の一種であり、願望が描かれ、ファンタジーの世界への住み込みを許可される表現形態である。それだけに、危険がともなうことも確かである。従って、その世界への誘いは、良識あるおとなによってなされる。大抵の場合、両親の膝が用意され、その声に包まれて、子どもたちはファンタジーの世界に導き入れられる。おとなは、手に一冊の絵本を持っている。これで、子どもが絵本の世界に住み込む設定が整う。大切なことは、絵本の周りには、子どもにとって安心できる現実世界が広がっていることである。

　ここで、絵本作家に登場してもらおう。アメリカのアーティストであるモーリス・センダックが1963年に出版した絵本『かいじゅうたちのいるところ』は、世界で初めて子どもの心理を描いて成功した作品であり、私見では、その後も、その点でこの作品以上の絵本は出版されてはいない。この作品が成功しているのは、作者（この場合には、言葉も絵も同じ作者による）自身が、

自分の内なる子どもを熟知しているからである。

> あまりにもしばしば見過ごされているのは、子どもたちがごく幼いうちからすでに自分を引き裂く感情とはお馴染みであるということ、恐怖と不安は彼らの日常生活の本質的な一部であるということ、彼らは常に全力を尽くして欲求不満と戦っているのだということです。そして、子どもたちがそれらから解放されるのは、ファンタジーによってなのです。[23]

私もおとなの一人として見過ごしてきたことでもあるが、幼い子どもたちと絵本を読むという経験をすることで、子どもたちがどれほど、恐怖、不安、怒り、悲しみ、挫折を味わっているかを知ることができた[24]。子どもたちは、幼いがゆえに、生きていることから生じる不安や恐怖を抱え込んでいる。「いないいないばあ」遊びの時に、身近な人が顔を手で覆った時に感じる恐怖を、おとなはもはや体験することはできない。だから、子どもはなんにも考えないで楽に生きている、と勘違いしている。そうではない。何ごとも初めての体験であり、何ごとにつけても不安が付きまとう。それでも、日々の成長が、不安を押しのけて、なんとか生きのびる方向へ向けて後押ししてくれている。

　子どもたちは生まれながらにして、ファンタジーの種を抱えている。ところが、種から芽が出るように育てるのは、環境の役割である。身近なおとなであり、取り囲む文化である。

> 生れてきた幼児は自分のまわりに、まるで他の惑星から来た隕石でも見るかのようにこれらの文化的諸対象を見いだし、それを自分のものにして、それを他人が使っているように使うことを学ぶわけであるが、それというのも、身体図式が見ている他人の動作と自分がおこなっている動作との直接的対応を保障してくれるからなのであり、またそれによって、その道具が特定のマニプランダであることが、また他者が人間的活動の中心であることが明確になるからなのである。[25]

マニプランダというのは、人間によって操作されるもの、という意味であり、

文化的な物ということもできる。日本の現代のあかちゃんの場合、出生した途端に大量のマニプランダに取り囲まれる。まわりのおとながそれらを操作するのをじっと見ていて、いつかそれらに触ろうと思っている。その証拠に、立ち上がれるようになるや、ステレオに向かい、つまみをみんなさわり、機器を破壊することになる。その他、周りにある物を、口に入れることから始まり、自分の手が届くあらゆるものをたたいたり、捻ったり、壊したりする。おとながやっていることを見て、自分もやってみているのである。

そこに絵本も登場する。そして、絵本や本をおとなに読んでもらうという手ほどきを通して、前に紹介した「おばあさんと眼鏡と本」の子どものように、自分でも操作しようとするようになる。そして、この子はすでに気づいているのだが、本のなかには、現実の世界とは違う世界のことが描かれていることに気づくようになって行く。それをファンタジーといってもいいだろう。ファンタジーの世界は、現実とはかけ離れた体験かというとそうではなく、現実の画布の下に透けてみえる世界である。この世界のことをわかりやすいように、もうひとつの世界とか、（この世界に対して）あの世界といったり、想像の世界といったりするが、実際には、現実世界の下に貼りついている世界なのである。芸術も願望もこの世界に入る。このファンタジーの世界がなければ、現実の世界も存在し得ない。

第3節　絵本『いないいないばあ』が50周年を迎えた理由

ある絵本が50年も売れ続けるには、それなりの理由があるだろう。この『いないいないばあ』の場合には、出版当時には、あかちゃんに絵本なんて、という声の方が強かった。1960年代は、敗戦からの焼け跡時代をなんとか生き抜き、高度経済成長伸び盛りの時期であった。庶民に購買力もでき、家庭では子どもたちへの投資の余裕も生まれ、絵本の購入も可能になった。絵本は喜びや楽しみのためというよりは、子どもへの期待も込めて賢くする手

立てのように考える親も多かった。絵本を知育教育のための手段と利用する親もいたために、絵本の存在を危惧する人たちもいた。それは、絵本そのものの問題ではなく、絵本の利用の仕方の問題ではあったのだが。また熱心な親の早期教育を心配する声も高く、また子どもたちの理解力から考えて、絵本は3歳以上の子どものものだという考え方もあった。そうした中で、岩波書店が1953年から、福音館書店が1956年から質の高い絵本の出版を開始し、そうした絵本が日本の家庭や保育所・幼稚園へと浸透するなかで、絵本への信頼は高まって行ったものの、あかちゃん絵本への理解は高まってはいかなかった。早期教育への危惧と絵本は3歳からという絵本観が支配していた。

そうした時期、1967年に『いないいないばあ』は出版された。それ以降も出版され続けている。絵本界の古典の仲間入りをしていると言ってもいいだろう。古典的な絵本とはどういう質を持った作品をいうのだろうか。ここにそのヒントになる文章がある。

> 古典的な絵本の人気は、子どもにとって深い情緒的な意味をもつ問題をあつかう能力に優れているからではないか、と見当をつけてみた。古典として読みつがれる絵本は、いつの時代にもある重要な心理的テーマをとりあげ、それらのテーマを職人芸をきかせて精妙に伝えるのだと、推測できよう。音楽性、音韻性、視覚的な芸術性、ユーモア、意表をつく並列、洗練、簡明さ、そしてサスペンスが混ぜあわされ、世代をこえた長時間の読みに耐えうる重層的な意味を築きあげるのだと。[26]

スピッツの『絵本のなかへ』からの引用である。古典的絵本とは何かについて、きちんとまとめられた文章ではなく、考えながら書いている気配を感じる。私がこの文章中で気になり、気に入った言葉がある。「職人芸」という言葉で、原書をみるとcraftsmanshipとあった。まさに「職人の腕前」である。絵本とは何かと言う文章中には、普通は登場する言葉ではなかったし、今までも、良い絵本などの質を語るときにも、出てくる言葉ではなかった。しかし、ビクトリア時代の絵本をイギリスで6年間見続けた者にとっては、

「職人の技」は絵本の中になくてはならないものであった。[27]

　さて、絵本『いないいないばあ』が、どうして50年間生き残ってきたのか、この後も生きて行くだろうとみなされるのかを、スピッツが述べている古典的な絵本の質も考慮にいれながら、考えてみたい。スピッツの提案はあくまでもヒントであることを断っておきたい。わかりやすく、箇条書きにしてみた。

1)　いつの時代にもある重要な心理的テーマを取り上げている。

伝統的な遊び「いないいないばあ」を素材にしているが、「いないいないばあ」という遊びは、「非存在と存在」という存在のあり方の、或いは関係性の根源的テーマを扱っている。

2)　そのテーマを職人芸を生かして仕上げている。

この作品を作り上げたのは、文章を書いた松谷みよ子（1926-2015）、絵を担当した瀬川康男（1932-2010）、ブックデザイナーの辻村益郎（1934- ）、そして童心社の編集者の稲庭桂子（1916-1975）である。4人とも、その道の職人的な手腕を持った人たちであった。

3)　視覚的芸術性（絵とデザイン）の高さ

『いないいないばあ』のそもそもの発端は、松谷と稲庭の女性二人によるが、画家瀬川は自ら「オレに描かせろ」とかって出る[28]。その芸術性の高さは、稀に見るものである。松谷は瀬川の絵の渋さがあかちゃんたちに受け入れてもらえるかを心配したが、そのような心配は無用であった。"もっかい"と催促する松谷の子どもの話を先に紹介した。また瀬川の高校時代からの友人であり、ブックデザイナーとして細やかで質の高い仕事をしてきた辻村の丁寧な仕事が絵本を仕上げている。

4)　音楽性、ユーモア、配列、洗練、簡明、サスペンス

これらの質は、文章についても絵についても言える。深いテーマが、繰り返しのリズムで、永遠に繰り返す波のように、配列されている。ユーモアやサスペンスもある。

5）　世代を超えた長時間の読みに耐えうる重層的な意味

上記した非存在と存在をもう少し膨らませれば、出会いと別れ、喪失と希望、闇と光、悲しみと喜び、死と再生といったテーマになる。これらは、人から人へと世代を超えて考えられてきた生きていることの意味である。

6）　行きて帰りし物語であること

「いないいない、ばあ」というのは、行動する側からすると、「行った、帰った」という物語になり、待つ側からすると、「行ってしまった、帰ってきてくれた」という物語になる。「いないいないばあ」は、「再会」で閉じる。絵としても、「ばあ」となった時の動物たちの表情がとてもいい。

7）　おとなに読んでもらっているという「安心の膝」の存在

これは、絵本そのものの質ではないが、そういう安心の膝に乗せてもらって読んでもらえる絵本である。

　「職人の腕前」に少し話しを戻したい。というのは、最近の絵本の絵は、技術的に非常に高いものが多いのだが、いわゆる、からだに「触れて」来ないのだ。瀬川康男は技術的に非常に高い人だが、原画を見ると、技術のむこうに透けて見える職人風のこだわりに「触れる」を通り越して、「胸を突かれる」ほどである。こういうのを「職人の腕前」というのだろう。腕前と言う言葉は、長年その道に携わってきたことにより「からだ」が覚えていることから生まれるのだろう。ということは、職人の技を生かせる人とは、ある年月生きてきて、「人間」をそれなりに真面目に（時には、愚直なほど）生きてきた人に「身につく」技なのではないか。

　現代の不幸は、人間の職人を生み出さないことにあるのではないか。目先のこと、新奇なこと、早く世にでること、早く有名になることが重視され、「人間」を生きることが大事にされない。絵本の表現が、一層軽く（軽薄になり）、一層薄っぺらになる傾向がある。文を書く人にしても、絵を描く人にしても、表現が薄い。職人的人間が少なくなってきているのだろう。

　どうやったら、職人的人間になれるか。学校教育は、本来は人間の職人を

つくるところであり、鋳型にはめるのではなく、ひとりひとりの子どもを丁寧に仕上げてほしいものだ。「出来あい」ではなく、人間であることの職人を育ててもらいたい。

　こじつけのように聞こえるかもしれないが、フッサールやメルロ゠ポンティの丁寧なものの見方や記述に接すると、現象学者というのは、職人のような仕事をする人たちではないかと思うのである。

第2章　聴くということ・語るということ

第1節　聴くということ

　「だっこでえほんの会」を開催している中で、幾つかの感動する場面に出会っているが、その中で、「聴くということ」に関わることで、はっとした経験を紹介したい。ひとりの幼い女の子の「からだ語」が語っていることに、気が付いた時だった。人が、「言葉」を聴く、「言葉」に触れるということは、こういうことなのだ、と。人と人が「言葉」を介在させて出会うということは、こういうことなのか、と気づかされた一瞬であった。

　それは、「言葉」の意味、すなわち、ある「言葉」がどういう意味を持っているかだけではなく、言葉そのものが、どのように音声化されているかということだった。要するに、いま言葉を発している人のその「言葉」に、耳を貸す必要があるのか、真剣に聴く必要があるのか、ということを判断させる、その一番根底にあることは何かということだった。正しい発音をしているとか、いわゆる標準語を話しているとか、言葉や文章のイントネーションが正しいとか、滑舌がしっかりしているとか、そんなことはどうでもよいのかもしれない。大事なことは、いま「言葉」を発している人が、本気かどうかということ。きちんと話すから、話したいから、聴いてくださいと心底思っているかどうかということではないだろうか。すなわち、話し手その人がどういう人であるかが、話し手の身体の声に宿っていることを、乳幼児は掴んでいるということだった。おとなをごまかすことが出来る人も、この子たちをごまかすことはできない、と教えられた体験だった。

　ここで、一遍の詩を読んでみよう。「だっこでえほんの会」の時、数冊の

絵本を読む前に詩を読む。詩は、大抵まど・みちおの詩を読むことにしている。言葉に気取りがなく、単純明快で、そうでありながら、まど・みちおの深い詩想が、詩を読んでいる私たちのところへ降りて来る、という感じがする。毎月、その月の詩を選んでいる。10月か11月に、必ず選ぶのが「りんご」である。参加者一同で、詩のタイトル、詩人の名前、そして、詩を読む。特に声を張り上げなくてもいいし、みんなの声が揃わなくてもいいし、好きなように読めばいいことになっている。

　　　リンゴ
　　　　まどみちお

　リンゴを　ひとつ
　ここに　おくと

　リンゴの
　この　大きさは
　この　リンゴだけで
　いっぱいだ

　リンゴが　ひとつ
　ここにある
　ほかには
　なんにも　ない

　ああ　ここで
　あることと
　ないことが
　まぶしいように
　ぴったりだ

子どもたちを前にしてこの詩を読むと、「リンゴ」のところには、幼いKく

んや、Sちゃんが入ってくる。子どもたちのひとりひとりがかけがえがなく、ひとりひとりがいとおしい。どの子をどの子とも取り替えられはしない。その子がそこにいる。それだけでいい。そんな気持ちで、詩を読む。

　さて、その時、Fちゃんは、1歳2カ月だった。おかあさんの膝から立ちあがり、まだ危なっかしい足取りで、おかあさんの背に手を預けて、1歩、また1歩と、ゆっくりと足を向うに運んで行くところだった。その時、おとなたちは詩を読み始め、私の声が彼女の背中に届いたかと思われたときだった。Fちゃんはまるで声に触れられたかのように、一瞬はっとして立ちどまった。数秒止まったままだったが、それからゆっくりとからだを回転させ、私の方に向き直った。私に向ってのからだの態勢が整うと、2メートルほどを1歩、また1歩、また1歩と足を運び始めた。私から50センチほど離れたところまで歩いてくると、足を止めて立ち止まった。私と向かい合って立ち、幼い真剣なまなざしで、私の口元をじ〜っと見つめた。しばらく見つめていた。それから、魔法にかかったかのように、自分の口をかすかに動かし始めた。

　私は、今もその幼い立ち姿を覚えている。Fちゃんは、ほっそりした小柄な女の子だった。私のくちびるを見つめ続けて立っている様子は、世界から母親も友だちも絵本もすべての人や物が消えて、私の詩を唱えるくちびるに集中しているかのようだった。そして、ゆっくりと、自分のくちびるを動かして話そうとしはじめる姿に、人の根源的な欲求を見る思いだった。テレビから出る声やその他の電子機器から出る声ではなく、生身の人の声を耳にして（触れられて）、はっと立ち止まった幼い1歳2カ月の姿。それは、人の声の「発見」であり、自分も話す人でありたいという欲求が生れた時だったのではないか。

　これは、言葉がしゃべれるようになる前、「人」と「人」がいまここで共時的に生きるものどうしが、生きるための大事なことを伝え合っている姿ではないか。先に生きてきたものが、自分の全人生（経験や思い）を込めて「詩

の言葉」を読み、一方幼い人たちは、全存在をかけて、未来に向けてその言葉を受け取る。そして、おとなは、幼い人たちの、ひたむきに受け取ろうとする姿に感応し、未来への明かりを受け取る。この相互の伝授の構図は、先に生まれたものと未来に生きていくものとの間の基本的な「生」と文化の伝達の姿である。

　1歳2カ月のFちゃんとの体験以来、詩を読むときに、それとなく子どもたちに注意している。すると、詩を読む声を聴くと、幼い子どもたち全員がはっとした顔と体の表情になり（一瞬、止まったようになる）、それから、「声」の出どころを探り出そうと、ゆっくりとまわりを見て、私か自分のおかあさんの方を向いて、くちびるに辿り着き、じっと見つめる。Fちゃんだけではなく、あかちゃんと呼ばれる年齢のこどもたちから、2歳くらいの子どもたちが、言葉の意味にではなく、声が発する音響としての言葉に触れて、同時に触れられて、声を発している人に向き直る。声が「触れる」ということ。しかも、この年頃の子どもたちに一層触れるのかもしれない。

　あかちゃんや幼い子どもたちを侮ってはいけない。幼い子どもたちのほうが、より敏感な耳を持っている。胎内での音響浴を身に受け、その残響が残っているため、押しつけがましい声ではなく、ゆったりと語りかけられる声に触れさせてあげたい。

　「触れる」、他者に触れるのは、その人のためにしてあげているのではなく、その子をしつけるとか教育するとか、賢くするとか、わざと面白がらせるためではなく、発声者も、自分自身の身体を「からだ語」の楽器として、それまで生きてきた自分自身の思いを深いところで声に託して、言葉を発声すると、幼い子には、言葉が持つ意味としてだけではなく、言葉そのものに触れることになる。

　おとなは、言葉とは即「意味すること」と捉える。子どもたちは、言葉を単にその意味だけを抽出するのではない。言葉というものは人間からやってくることを知っている。そして、子どもたちは、言葉と接触しようとするの

第2章 聴くということ・語るということ

ではなく、言葉を発している「人」と結ばれようとするのだ。次の引用は、第二部でも引き合いに出している。

> 人間が言語を用いて自己自身なり自己の同胞なりと生きた関係を確立するようになると、言語はもはや道具ではなく、もはや手段ではなくて、それは内部存在の、またわれわれを世界およびわれわれの同胞と結びつける心的きずなの、一つの表出、一つの啓示となるのである。[29]

おとなの中には、言葉を一種の道具や手段として巧みに使い、人を騙したり誘導したりする人たちもいる。メルロ＝ポンティは、言葉は道具でも手段でもなく、人と人を〈いま・ここ〉に生きているものどうしとして結び付ける「心的きずな」の現れ方であるとしている。もっと基本的には、「語も母音も音韻もそれぞれ世界を唱うための仕方」[30]である、という。

子どもたちが声を聴いているのは、まさしくその声がそういうものであるかどうかを「聴いている」ということだろう。おとなもそういう声を聴きとることができた頃があった。しかし、すっかり失ってしまったわけではない。

「絵本を読む」ということは、絵本の中に書かれた文字のパートを音声化すれば足りるのではないだろう。一冊の絵本を全て読み込んで、その上で、文字を声にして立ち上がらせなければならない。つまり、言葉を道具や手段にしてはいけないのだ。聴いている人たちに「触れる」ように、他者と「心的きずな」を結び合えるように、言葉を表出する必要がある。

発せられた言葉が他者に触れるには、上記したことの他に二つの要因が求められるのではないか。一つ目には、環境であり、二つ目には、言葉のスタイルである。

まず、環境であるが、ある人が発した言葉が、ある人に触れるには、ある環境が必要かもしれない。Fちゃんは、両親の声を家庭ではいつも耳にしているはずである。しかし、社会的場である会場でのように、声がFちゃんに「触れる」ということはなかっただろう。もちろん、両親の言葉に耳を傾

けることはあっても、日常の中に融けてしまって、特別な「声」には聞こえなかっただろう。それが、集会所という社会的な雰囲気の場所で、おかあさんの服装も自分の服装も、家のなかにいる時とは違ったちょっとだけ特別の服装で、おかあさんも家にいる時とは違ったよそ行きの話し方をしている。集会所は、家よりもずっと広い。だから声がちょっと響いて聞こえる。絵本を読んでくれる人の読み方もおかあさんとちょっと違う。なんか、柔らかいけど、硬い感じがする。私、このごろちょっとだけ歩けるようになったから、ここの床はすべすべして気持ちいいし、歩いてみようかな、とFちゃんは思ったのだ。

　集会所でも、子どもたちやおかあさんたちの存在の物音はするけれど、家庭でのような電子機器が発する音は少ない。またテレビもないから、声といえば、生身の人が発する声しかない。余分なざわめきがない。会場の広さもあるが、本だな以外に置かれているものが少なく、さっぱりしているので、空間が広く感じられる。従って、視界がよく、声も通りやすい。そんな空間の中で、その集会所の真ん中の方に固まって「だっこでえほんの会」のおかあさんたちや子どもたちがいる。そんな時、Fちゃんはちょっと歩いてみようと思いたち、おかあさんにつかまって立ち上がり、おかあさんの肩につかまって、ぐるりとまわり、今度はおかあさんの首のあたりに手を置いて、歩き始めようとしていた。そんな時、Fちゃんに声が届いたのだ。

　二つ目に考えたいのは、言葉のスタイルである。Fちゃんがその時、詩を読む声を耳にして「はっ」となったのは、おかあさんがいつも話す言葉ではなかったということ。おかあさんがFちゃんに語り掛ける言葉は、基本として1対1の日常的な対話用の話し言葉である。それに対して詩の言葉は、不特定多数の人に向けた言葉である。岡本夏木は『ことばと発達』のなかで、子どもは二種類の言葉の獲得を必要とするとして、一次的言葉と二次的言葉という概念を用いている。幼児期には、一次的言葉の獲得が必要とされ、学齢期になると、二次的言葉の獲得が要求される。それぞれの特徴を要点だけ

述べる。

　一次的言葉は、現実的な生活場面の中で、具体的な状況と関連して用いられ、そうした場の状況的文脈や行動文脈に支えられてその意味を相手に伝えてゆく。親密な人との間の、原則的には一対一の会話をとおして、コミュニケーションが深められてゆく。自分と相手との会話という共同作業によって、テーマや言語行為そのものが掘り下げられてゆく[31]。

　二次的言葉は、ある事象や事物について、それが実際に生起したり存在したりしている現実の場面を離れたところで、言葉で表現することが求められる。したがってそこでは、一次的言葉のように、現実の具体的状況の文脈の援用にたよりながら、コミュニケーションを成立させることが困難になり、言葉の文脈そのものにたよるしかすべがない。自分と直接交渉のない未知の不特定多数者に向けて、さらには抽象化された聞き手一般を想定して、言葉を使うことが要求される。二次的言葉は、「話し言葉」だけでなく、そこに「書き言葉」が加わってくる[32]。

　このようにして二種類の言葉を考えると、詩はあきらかに二次的言語である。詩の書き手は、不特定多数の人に向けて、あるいは自分自身に向けて、言葉を特別のスタイルで綴っている。このような場合には、言葉の文脈をたよりにするしかない。すなわち、詩を音声化する場合、その詩の作品をその言葉のそのままで味わって、声に乗せるしかない。その音声化は、日常的な生活の場で、1対1で対話する時とは、声の出し方から違ってくる。朗読調になるほどではないが、声の調子に或る種の緊張感がともなうだろう。

　「だっこでえほんの会」で、詩を読み始めた途端、子どもたちが「はっ」となるのは、日常とは違う言葉の調子で語られるからかもしれない。そしてその声は、電子機器から出てくる声ではなく、〈いま・ここ〉にいる人から発声されたものであるから、と言うことができる。岡本は、おとなが子どもに物語を語ることの意味について述べている。

> 子どもの側からいうなら、自分の親しく知る人が、いつもの対話のときの「話し言葉」とはちがった「語り言葉」の語り手として、自分を象徴の森へといざなってゆく。現実の世界とは別の、言葉のみが作り出す世界があることを知ってゆく。現実界と象徴界の二つの世界に住みうる自分を体験してゆく。すぐれた語り聞かせは、その利き脚の方を一次的言葉の世界にふみしめながら、他方の脚を二次的言葉の世界に踏み入れようとしているといえる。そして、自分の言葉で語ってやるところからこそ試みるべきではなかろうか。親と子が、一次的言葉による文化の伝え手と受け手として、もう一度その絆をつなぎ直すことが今日ほど望まれる時はない。[33]

子どもからすれば、母親が使う日常生活での言葉と、絵本を読む時の言葉では、言葉の使い方、声の調子まで違うことに気づいているだろう。絵本を読むときには、よそゆきの、あらたまった調子になるのだ。その意味では、幼児期の子どもへの絵本読みは、すでに二次的言語を使用していることになる。ここで、岡本は警鐘をならす。一次的言葉が二次的言葉の成立で終わるものではないということである。

> 一次的言葉が対話行動としてさらに深まってゆくためには、他者の言葉と自己の言葉を組み合わせながら、相手との共同作業を通して共通のテーマを追求し、そこに相手とのより深い共有世界を実現してゆこうとする態度と技術を必要とする。「我と汝」「問う存在と答える存在」としての人格的形成と一次的言葉の深化は軌を一にしてくる。より人間的ないとなみでもある。人間にとって最も困難な課題は、現実の生活世界の中で、人といっしょにどう生きるかということである。[34]

いま、本が読まれないという。子どもだけではなく、おとなも本を読まない。あるいは、読めない。それは、二次的言葉が獲得されていないということでもあるが、では、一次的言葉は獲得されているのだろうか。生身の人と人との間の一次的言葉も交わされないで済むように、人も言葉も回避されつつあるのが現状である。からだの中に言葉を取り戻すためにはどうしたらいいのだろう。哲学カフェならぬ絵本カフェを考えている。

第2節　語るということ

　ここで紹介するのは、「だっこでえほんの会」の折に、突如としてしゃべり始めたSくんのこと。その時、Sくんは1歳2か月だった。この日は、「だっこでえほんの会」のあかちゃん組の参加者は、SくんとDくんという二人の男の子だけだった。Sくんは、Dくんよりも4か月ほどの年長で、Sくんは、歩けるようになってはいたが、足元はまだおぼつかない状態だった。

　あかちゃん組の絵本読みが終わって、次のクラスの子どもたちを待っているつかの間の時間にこのことは起こった。Sくんが、Dくんめがけて歩いて行ったのだ。Sくんは右手の人差し指を突きだし、右腕をまっすぐにDくんに向けているので、SくんはDくんに用事（言いたいこと）があることがわかった。実は、絵本読みのあいだも、SくんはしきりにDくんの方に顔を向ける。そのままにしておくと、右手の人差し指を出して、Dくんにさわろうとする。この年頃の幼児が一番関心があるのは、「目」なので、「目」をさわりたがる。あるいは、顔や頭に触りたがる。その日のあかちゃん組の子どもは、二人しかいないので、Sくんは、Dくんと交渉を持ちたくてしかたがない。その気持ちをまだ言葉で言えないから、手を使っている。手（身体）も明らかに表現手段である。「からだ語」といっていい。

　その当時の段階では、年上のSくんは、とびっきりおにいちゃんに見え、一方、まだでんと座っていて、ときおり、やっこらさとおかあさんにつかまって立ちあがっても、すぐに座り込むDくんとの間には、身体運動上での開きも大きい。さて、このDくんがマットの上で座っているところへ、Sくんが右手の人差し指を突き出して、近づいてきた。Sくんの歩き方は、まだしっかりしていなくて、倒れないように自分のからだで調節し、左右の脚をかなり開いて、とっとこ、とっとこ、という感じで歩いている。そして、Dくんから60センチくらい離れたところで、立ちどまって、指をつきだした

まま、しゃべったのである。「ナニョネノナニョ　ナニョネノナニョ　ニョナノニョナノ　ナニョネノナニョ」。私にはこんな風に聞こえた。Sくんは、Dくんの眼や顔や頭にさわろうともしないで、Dくんの顔から少し離れたところに向って人差し指を突きつけて、ぴたりと止まって、明らかにDくんに向ってしゃべったのである。

　1歳2か月のSくんの、10か月のDくんへの話し方は、実に立派なものだった。残念ながら、その意味するところは、Dくんには伝わらなかったので、床の上に座り込んだまま、おにいちゃん格のSくんを見つめたままだった。しかし、Sくんには、話したいことはあきらかなのだろう。そう思うのは、その確信をもった話し方であった。指を突き出すという所作もしているが、彼は、「言葉」だけで、表現しようとしたし、やってのけたのだ。1語文でも2語文でもなく、かなり長い文章を話した。言葉の発達として、まず喃語があり、それから、1語文を話すようになり、それから2語文を話すようになる、と言われることがある。

　Sくんは、それまでに家庭では1語文を口にしていたかもしれないが、「だっこでえほんの会」という場では1語文も2語文もすっ飛ばして、「対話的な言葉」を話したのだった。Sくんは一人っ子であるが、おかあさんやおとうさんから絵本をよく読んでもらっており、家でも、よく話しかけてもらっているので、言葉とは、一語一語に区切られているものではなく、繋がっているものという了解があったのではないか。幼い子どもたちにあっては、言葉は、一音ずつや一語ずつに分節しているのではなく、おはなしを聞いているように、「その固有の強いテンポ、弱いテンポ、特徴的なリズムまたは流れをともなった一つのメロディー的総体として」[35] 聞き取れていたのではないだろうか。「おばあさんと眼鏡」の子どもや「ソウイチさん」のように。

　第二部で紹介したソウイチさんも、「一語文や二語文よりも、むしろジャーゴン（jargon）がよく出ていた」と佐々木は書いているが、絵本を家庭で良く読んでもらっている子で、家庭環境のなかでも、文の形態を成した言葉

遣いでコミュニケーションがされている場合、子どもの中には、一語文や二語文よりも、自分では「語っている」と思われる文章言葉を話すのかもしれない。『日本国語大辞典』で「ジャーゴン」を調べると、「特殊な集団や職業の専門語。転じて、わけのわからない、ちんぷんかんぷんな言葉」とあるが、1歳前半の子どもたちの長文の言葉を、このような意味のジャーゴンで説明を終わりにしてしまっては、子どもたちに申し訳ない気がする。このようなSくんやソウイチさんの語る主体としてのあり方を知ってから、メルロ＝ポンティの『知覚の現象学』を紐解くと、「語る主体」という言葉が出てくる。

> 語る主体の方はといえば、その表現の行為自体によって、これまたまえに自分が考えていたことをのり超えてしまうことが可能となり、自分自身の言葉のなかに、自分がその言葉で意味させたいと思っていた以上のものを見いだすことがおこるに相違ない。でなかったら、どうして思惟が、たとえ孤独な思惟であってすらも、わざわざ苦労して表現を捜し求めるのか、わからなくなってしまうだろう。[36]

メルロ＝ポンティがこの文章を書いた時、1歳2カ月の子どもの言葉が思惟の中にあったとは思われない。1歳2カ月にそぐわない文言もあるが、総体としては、Sくんを説明しているようにも思える。ある段階のSくんにとって、あの表現方法が、捜し求めた表現だったことは確かである。

　それから、SくんのDくんへの話し方の身体的態度には、明らかに、「ぼくは、きみより、年上だぞ」というか、「ぼくのほうが、きみよりえらいんだぞ」という様子が見えたことも興味深い。対話にしても、対人関係のなかでの自分の位置を知っていて話すということが、このように幼い子にも表れているということである。とにかく、この日この時、1歳2カ月のSくんが、それまでの沈黙を破って、突如、長い演説をしたときであった。

第3章　絵本『りんご』に、こんにちは

第1節　絵本のなかのりんごに、「こんにちは」

　『りんご』は、小型の四角い絵本である。本の形が、17.5×17.5cm くらいの正方形で、表紙のデザインがすっきりしていることもさわやかで気持ちがいい。周りの白い余白が適切に取られており、その白をバックに、丸い、ほの赤いりんごが大きすぎず、小さすぎず、ちょうどいい加減のたっぷりさで描き出されている。タイトル文字の「りんご」もあまりデザイン化されず、すっきりとして、簡素で美しい。本文においても、余白が保たれ、背景は描き込まれず、リンゴの美しさ、それから家族の平凡ながら、暖かい雰囲気がさりげなく描かれている。

　或る保育園で、ひとりの保育者が0歳児クラス（この間に1歳台になっていく）で絵本『りんご』を読んだときのエピソードである。

　　[保育者が]「あかいりんご　まるいりんご」とゆっくり読み、子どもたちの方を見ると、さつきちゃん（1歳5か月）がそのりんごの絵に向かって、「こんにちは」というように、座ったままゆっくりとおじぎをしました。その様子を一緒に絵本を見ていた担任が気づいて、「こんにちは」と声に出し、さつきちゃんと同じようにゆっくりおじぎをしました。「きいろいりんご　まるいりんご」と読むと、前と同じようにおじぎをするさつきちゃん。それに合わせて「こんにちは」とおじぎする担任。それにつられて、かおりちゃん（1歳3か月）も同じようにおじぎをしました。次に現れるピンクのりんごにも、またおじぎをするさつきちゃん、それに合わせるようにおじぎをしながら、「こんにちは」という担任、それにつられてかおりちゃんだけでなく、一緒にみていたこどもたちも、同じようにおじぎをしました。[37]

ここでは、実物のりんごと絵に描いたりんごとの関係性は未分化の状態があり、りんごは単に食べる（食べられる）物として存在しているのではない。私とりんごは、「こんにちは」と挨拶をかわす仲なのである。メルロ＝ポンティは、ワロンを援用してこの状態を「癒合的社会性の時代」と名付け、「自己と他人とのあいだの仕切りの欠如が生じているわけであり、またそれが癒合的社会性の基礎ともなるのです」38)と書いている。この「癒合的」という言葉は、「前人称性」とも共通する。この点は、絵本『もこ　もこもこ』の時に考えてみることにする。

絵本『りんご』と1歳児との関係からは、アニミズムについても考えられる。

> 現われと実在のこの区別そのものは、神話の世界でも、病者や子どもの世界でも、なされはしない。神話は現われのなかにある本質を捉えているのであり、神話的現象はただの表現ではなく、真の現前なのである。[…]一切の〈現象〉はここでは受肉であり、もろもろの存在は〈特性〉によってよりはむしろ相貌的性格によって定義されている。これこそが、幼児や未開人のアニミズムという言い方をする際にひとが言わんとしていることのなかで承認できる点なのである。39)

> 幻覚やおなじく神話をつくりだすものは、生きられた空間のせばまりであり、諸事物がわれわれの身体内に根を張ることであり、対象の眼のくらむような近さであり、人間と世界の連帯性であって、これは日常的な知覚とか客観的思考によって、消滅させられるものではなく、抑圧されているものなのであり、そしてまた哲学的意識が再発見するものなのである。40)

「りんご」に「こんにちは」とあいさつする1歳5か月児は、幼稚なのではない。まさしく、その絵本のそこに描かれたりんごが、彼女の身体に入り、根を張るのである。そのりんごは、彼女にとって、単に絵に描かれたりんごではなく、対象物としてのりんごではなく、知識としてのりんごではなく、彼女とおなじように存在しているもの、すなわち「人間と世界の連帯性」をあらわしているりんごなのである。社会的存在になっていく過程で、そうし

た考え方は消滅し、単に食べるための、物としての、スーパーで一個150円で売っているりんごに低落していく。

　ここで重要なのは、絵に描かれたりんごなら、どんなのでもいいか、というとそうではない。デザイン的なりんごの絵ならどうだろうか。眼鼻がついたりんごならどうだろうか。マンガ的に描かれたりんごならどうだろうか。私は、あの『りんご』の絵本だったからこそ、こうした現象が起こったのではないか、と考えている。　あの四角い判型、繰り返しのリズムの美しい言葉、そしてページいっぱいに、しかし程よい余白のなかに描かれた多少のグラデーションをともなって描かれた丸く美しいりんご。そのりんごの中に、彼女はメルロ＝ポンティ流の言い方をすれば、「受肉したりんご」を見た、出会ったのではないだろうか。それは、対象「りんご」が、「眼のくらむような近さ」、もっというなら、「眼のくらむような、そして身近な存在」としてそこに「あった」のではないか。

　「わたし」が人称的に成立してしまうと、社会的知識が増加して行き、消えていく身近さなのである。神話的現前というのは、メルロ＝ポンティにとって、まさしく受肉である。このことが、「アニミズム」という言葉で定義づけられ、未開の人たちや幼児のような人たちが持っている心理状態とみなされるが、メルロ＝ポンティは、こうした真の現前を見ることができなくなったのは、客観的知識の故であるとしている。そして、決して消滅するものではないとしている。

　絵本の場合、登場人物が人間よりは、動物やぬいぐるみや他の存在物が使われ、子どもたちはやすやすとそれらの登場者たちと親しくなる。同じように、絵本『りんご』における「りんご」への反応もそのように受け取られるかもしれない。ここで考えたいのは、さつきちゃんは、どの絵本にも登場している野菜や果物に「こんにちは」というだろうか。ときには、目鼻がついた、あるいは手足がついたりんごの絵が登場することもある。でもさつきちゃんは、いかにも外見的に人間らしく見せかけたりんごの絵におじぎをする

わけではない。そうではなく、この絵本の時だった。では、本物の実物のりんごにさつきちゃんは、「こんにちは」というのだろうか。どうもそうでもないらしい。

しばしば、子どもは経験も浅いのだから、どんな絵の絵本でもいいではないかと言われる。目鼻や手足がついているほうが、いかにも生き物らしくて子どもにはわかりやすいという人がいる。では、なぜ、さつきちゃんは、絵本『りんご』の絵のなかの「りんご」に「こんにちは」とあいさつしたのか。さつきちゃんは、じっくりと考えて実行したわけではない。直観的に本能的に、この「りんご」に「こんにちは」と挨拶したのだ。

1歳5か月ということは、歯が生えだしているので、薄く切ってもらえば、りんごを食べることができる。りんごというものは果物で食べることができるものだと知っているだろう。しかし、それ以前に、この「りんご」を見た時、自分と同じように存在しているものであり、自分と同じように生あるものとして、いまこの「りんご」という形と色に具現化（身体化）されていると感じたのだろう。

小型の絵本で、四角いページのなかに、ちょうどいい大きさでたっぷりとした丸い赤いりんごが描かれている。おいしそうというよりは、あかく、まるく、うつくしい。フラットな赤い色ではなく、微妙なつやと色合いで、生き生きと生きているようだ。また丸い形は、見た目に、落ち着いたまろやかさを与える。丸いといっても、きっちりしたまんまるではなく、自然な線のかたちを残している。要するに、生きているという印象、「わたしはここにいますよ」と読者に静かに呼びかけを行っているという印象を与える。多分、この「りんご」は、おとなの私によりは、1歳5か月のさつきちゃんにもっと強く呼びかけたかもしれない。

メルロ＝ポンティの上記引用文における「一切の〈現象〉」は、実物の樹木であったり鳥であったりするかもしれない。しかし、絵本のなかの「絵の登場者」についても言えるだろう。

引用文中にある「相貌」というのは、『広辞苑』を引くと、「かおかたち、顔のありさま、容貌」とあり、同じく『広辞苑』に「相貌的知覚」という項目まであり、「事物も人間と同じような表情・動作を表していると感ずること。太陽が楽しげに笑うというような類。幼児の知覚によくみられる」とある。『現象学事典』には、「相貌」の項目はないが、「共感覚」の項目に、鯨岡峻がウエルナーを引いて次のように書いている個所が、「相貌」という言葉の理解に役に立つかもしれない。「これらの知覚は単なる異感覚領域の繋合というより、知覚の未分化な層において世界がまず共通感覚的に把握されることの表れと考え、とくに知覚過程と情動過程の混沌とした事態を相貌的知覚と呼んだ。「鬱陶しい天気」「神々しい山」のような比喩的表現もこの考えに従って理解することができる」[41]。

　要するに、「相貌」とは、人の姿かたちのことだが、必ずしも、人間の外観に似ているということではなく、この場合は人の情動的な面から、人が「同じようだ」と感じることだろう。

　「受肉」という言葉は、メルロ＝ポンティの重要語でもあり、『現象学事典』にも採用されていて、「この語は普通、神がイエスという人間の肉の形をとって現れたことを指し示す神学用語として使われているが、『行動の構造』以来メルロ＝ポンティはこの語をもっと広い意味で使い、〈意味〉がそれを表現する〈素材〉に内在している有り様を受肉と呼んでいる」[42]としている。上記引用文中の用法以外にも、「物は、〈現われ〉そのものにおいてすでに〈受肉〉している」[43]や、「意味というものは、〈受肉〉しているものだからである」[44]などがある。要するに、キリスト教で、神の子が人間イエスとして出現したという意味であり、そのことと全く無関係ではないが、もっと一般的に、ある実体を持ったものとして現前していることをいう。例えば、保育園のさつきちゃんにとっての「りんご」のように。すると、さつきちゃんにとっては、絵本『りんご』のなかで描かれていた「りんご」は、意味を持って「受肉」しているわけだが、多くの人には物としてあるだけかもしれ

ない。

　このように思う傾向は、幼児に大きいだろうが、わたしたち日本人の風土には、このような感じ方が基本的にあるような気がする。神と人と動物や他の生き物との序列化が少ない文化のなかにあっては、さつきちゃんのように、絵に描かれた「りんご」に、生きている人に挨拶するごとく「こんにちは」と言っても、それほどの違和感はない。だからこそ、保育者は、すぐに気が付いて、まだ言葉が出てこない子どもたちの代わりに「こんにちは」ということができ、子どもたちもそれを受け入れ、読み手も一緒になって、絵本の世界を共有したと言える。

　日本は絵本文化が世界的に見ても非常に豊かな国である。日本の「絵で物語る」芸術の伝統は、10世紀ころからの絵巻物にはじまり、今はアニメとして世界中に知られている表現形態に至るまで続くが、絵本大国であることも、この伝統のなかに組みこまれることになるだろう。そこにはまさしく、物に「受肉」させることを自然体で出来てきた日本人の資質、すなわち「絵で物が語る」芸術を好む性格が生きていると言えるかもしれない[45]。

第2節　絵本のなかのりんごを食べる

　絵本『りんご』を読んで行くと、よだれが出てくる子どももいる。そしてりんごの皮がむかれ、白いりんごとなり、切り分けられてお皿に盛られたところにくると、ひとりの2歳くらいの子が早速前に出てきて、絵本から一切れりんごを取り、口の中に入れる。すると、他の子どもたちも前にやってきて、絵本からりんごを一切れ取り、口に入れて食べる。中にはおかあさんの膝の上から離れられない子もいるので、その近くに行って、「食べる？」と聞くと、こくんと首をうなずかせる。そこで、私が絵本から一切れとって、その子の小さなお椀のようにした両手のなかにその一切れを入れてあげる。その子は手の中のりんごをじっと見ている。2歳前後の子どもはまだ本当に

小さい。やっと立っている姿も愛おしいほどである。そして、小さな両手をくっつけてお椀のような形にしているのだが、そのお椀もまことに小さい。そのお椀のなかに一切れのりんごが入っているのだ。なんと大事そうに抱えていることだろう。まるで時間がとまったようだ。実際には、両手で作ったお椀のなかには何もはいってはいない。しかし、その子はきっとりんごを持っているのだ。私が「食べてもいいよ」と声をかけると、ほっとした表情になり、口にりんごを入れ、おいしそうに食べる。

　2歳前後くらいの子どもたちの様子を見ていると、絵本の絵としてのりんごはどうしたって本物のりんごとしか思っていないのではないかと見えてくる。絵本から一切れりんごをとる仕草、口に入れる仕草、両手にりんごを持っている様子など、それはそういう振りをしているのではない。本当にりんごに見えている、りんごを持っている、りんごを食べているとしか見えない。子どもたちが3歳半になれば、絵に描いたりんごは本物のりんごではないとわかっているので、絵本からりんごを一切れ取って食べるとしても、それは食べている「つもり」であり、演技である。3歳半の前と後では、分化の状態が異なり、未分化の状態から、独自の〈わたし〉という分化された存在が際立ってくるようになる。

　最初のエピソードとこの引用エピソードでは、子どもの年齢が違うことがわかる。2歳前後の場合は、もう歯があって、りんごを食べるものとわかっている。だから、皮がむかれて切り分けられたりんごをみれば、食べるものと理解している。そこで多くの子は母親の膝を離れ、絵本のところにやってきて、断りもなくりんごを一切れとり、自分の口に入れて、食べる。

第3節　絵本のなかのりんごに、「あ、Aちゃんだ！」

　絵本『りんご』にはまだ続きがある。2歳10か月の男の子に登場してもらおう。読み手が、三番目のリンゴの見開きを、「ぴんくのりんご　まるい

りんご」と読んだ時、その場にいたAくんが「あっ、Aちゃんだ！」と言った。すなわち、自分の名前を入れて叫んだのだ。Aくんは「だっこでえほんの会」の2歳組だが、このエピソードが起こった時は青山台文庫のおはなしの時間のときで、読み手はIさんだった。この日は他にも子どもたちがいたが、Iさんはその場所にいる子のなかでは幼いAくんに向けて読んでいた面もある。そして、「あかいりんご　まるいりんご」「きいろいりんご　まるいりんご」と読んできて、「ぴんくのりんご　まるいりんご」と読んでいた時に、Aくんが突如として「Aちゃんだ！」と言った。Aくんは、Iさんに「このぴんくのりんごは、Aちゃんだよ」と呼びかけたのだ。

　言葉というものは、（場も含む）関係性のなかで紡がれるということを如実に示している。Aくんは、ぴんくが好きなのだそうだが、「ぴんくのりんご」のところに来た時に、「Aちゃんはぴんくがすきだ」ではなく、「ぴんくのりんごはAちゃんのだ」でもなく、「Aちゃんだ！」と、「ぴんくのりんご」と自分を同一化した言い方に、上記した1歳5か月のさつきちゃんと本質的には同じ心性を感じる。さつきちゃんが「りんご」に挨拶をしたからと言って、「りんご」を客体化（対象化）していたわけではなく、自分と同じと同一化していたはずだ。そのさつきちゃんよりもう1歳5か月年長のAくんがりんごを、どのりんごでもいいのではなく、「ぴんくのりんご」を選び出して、無意識のうちにも選別したところに、Aくんの生きてきた年月があり、Aくんらしさの個性化が進んでいることが感じられる。

　また、Aくんが、「ぼくだ！」ではなく、「Aちゃんだ！」と自分の名前で自分を名付け、しかも「ちゃん」づけである段階であることも、非常に興味深い。すなわち、Aくんが、まだ〈わたし・ぼく〉と自分を一人称することがない時期にあるということを示している。自分のことをどのように呼ぶかで、その子が自分と世界との関係をどのように捉えているかがわかる。一般的に、最初は「○○ちゃん」にはじまり、次に「○○」となって「ちゃん」がとれる。それから〈わたし・ぼく〉となる。個人差はあるが、3歳半くら

いに〈わたし・ぼく〉と呼ぶようになる。自分のことを〈わたし・ぼく〉としっかりと一人称化するようになった時には、他の人も自分のことを〈わたし・ぼく〉というのであり、私も他の人からすれば「あなた」のような二人称になることがわかっている。

Aくんが、「ぼく」になる前の段階であり、絵のなかの物に「相貌的性格」を強く見て取ることができる年齢であり、「りんご」という事物のなかに「人間的意味」を捉えることができる年齢であったことを物語っている。

「りんご」をただの果物ではなく、ただの食べ物ではなく、自分と同じように存在しているものであり、自分と同じように感じるもの、呼びかけるもの、語り合えるもの、あるいは一種の内言的存在のようにも受け取られていたことが認められる。そして、絵本を読んでもらうことによって、子どもたちが生れながらに持っている他者を自分のなかに取り込んでいく力、非常に素朴かも知れないが、或る種のエコロジカル（生態環境的）な感じ方を身体内に留めて行くことが、これからの子どもたちの「生世界」を考える上では意味があることではないだろうか。何ごとも、経済効果で価値を問われる時代にあっては、非常に大事なことのように思う。

もちろん、3歳半を過ぎても、この絵本の主人公は「ぼく」だ、と思うこと、この本の主人公は「わたし」だと思うことはある。そうでなければ、物語を読んでいても面白くないだろう。本のなかのこの人は「わたし」だ、「ぼく」だ、と感じることで、私たちは、絵本や本の世界で生きることができる。だからこそ、読書体験は、にせものの体験ではなく、本当の体験として、身体に宿る。

第4節　絵本『ぴょーん』で、ぴょんぴょん跳ぶか跳ばないか

絵本『りんご』と同じように、1冊の絵本が、子どもたちの年齢によって受け取られ方が異なる例として『ぴょーん』がある。『りんご』よりももっ

と小さい形（17×17cm）の絵本で、ページを上に向けて縦に開く工夫がされている。登場人物たちが、「ぴょーん」と跳びあがるので、ページを上にめくるという操作が、効果を上げている。跳びあがる生き物としては、カエル、コネコ、イヌ、バッタ、ウサギ、カタツムリ、サカナ、ニワトリの親子、女の子である。

　まず、あかちゃんたちに読んだ。この子たちは、立つこともできない子が多いので、からだをもぞもぞさせるくらいで、際立って面白い反応はない。

　次に1歳児組。だいたい、みんな立てるようにはなっている。中には、上手に歩くことができる子もいる。私が『ぴょーん』の絵本を取り出したら、子どもたちのなかには、おかあさんの膝に留まっている子もいるが、自分で立ちあがって、上半身をなんとか前に倒して、私が絵本を開いて、「ぴょーん」と言ったら、自分も「ぴょーん」と跳ぼうと待ち構えている態勢をしている。しかし、この頃の子どもたちは、身体のリズムがそれほどスムーズにはいかないので、そこらへんでぴょんぴょん跳んでいるうちに絵本は終わった。

　さて、2歳組になった。このエピソードの頃は、ほとんどが3歳になっている頃だった。私が、その日の絵本を入れている布の袋から『ぴょーん』を取り出すと、子どもたちのほとんどが、私の前に一列になって坐っている。えっ？　どうしたのだろう。1歳組（ほとんど2歳）がぴょんぴょんと跳ぼうとするのだったら、この子たちはもっとぴょんぴょんするだろうと予想したのだ。多分、私が読みだしたら、みんな立ち上がって、ぴょんぴょんするに違いない。1歳組さんより上手に跳べるんだから。

　そして、私は読み始めた。「では、『ぴょーん』を読みます。かえるが、ぴょーん」。私はびっくりした。誰も立ち上がってぴょんぴょんしないのだ。坐ったまま、にこにこしている。えっ？　どうしたんだろう。どうして立ち上がって跳ばないのだろう。次の「こねこが……」に行く瞬間に、気が付いたのだった。この子たちは跳ぶ必要がないことを。実際に跳ばなくても想像

の世界で跳べるようになっていたのだ。

　『いないいないばあ』で開始してからおよそ三年の絵本読みの月日が経っていた。『いないいないばあ』の時、「いないいない」のつぎには、「ばあ」となると想像することができるようになった。絵本をめくって行くことで物語が進んでいく。いつも、次はどうなるだろうと想像しながら、絵本の世界に入っていた。自分は、おかあさんといっしょに〈ここ〉にいるのに、絵本のなかでは、いろんなことが起こっている。もうひとつの世界があるみたいだ。ぼくは、ここにもいるし、あそこにもいるんだ。この子たちはこんなふうに思っているのだろうか。この単純な展開の『ぴょーん』くらいなら、ここで跳ばなくても、絵本のなかで跳べばいい。ちゃんと跳んでるよ。

　想像の世界なら、どこにも行ける。想像の世界でなら、なんでもできる。このことは、一方では、現実世界と想像世界の分離でもあった。『いないいないばあ』のところでモーリス・センダックの言葉を引用したが、子どもたちにとって、ファンタジーの世界を持つことの重要性であった。ファンタジーの世界を内包することで、現実の世界を生きていけることでもあった。

　「だっこでえほんの会」の子どもたちと『ぴょーん』についてはここまでだが、4歳児との絵本読み体験があるので、付け足したい。近くの幼稚園で、子どもたちに絵本を読んでほしいと言われて出かけて行った。その時に読んだ一冊が、『ぴょーん』だった。30人くらいの子どもたちが、教室にいた。床の上に思い思いの恰好で座っていた。私の前には、元気そうな男の子たちがいた。「では、『ぴょーん』を読みます」。

　身構えているカエルは、すんなり跳んだ。コネコの絵を見て、前の男の子たち、「ちょっと重そうだな。でも跳ぶで」、跳んだ。三番目のイヌの登場の絵を見て、「ちゃんと見せて！」の声ありで、少し時間をかけて見てもらう。前の男の子たち、「これは跳ばんな。ちょっと年とってるみたいやな。おっさんみたいだからな」。開いたら、よろよろではあるけれど、跳んだ。三回というのは、沢山という意味を持っており、心理的に三回跳べば、他に何が

第3章　絵本『りんご』に、こんにちは　217

出て来ようとも跳ぶに決まっている。バッタは物凄い気合を入れて跳んだ。ウサギも跳んだ。絵本作家という人（この絵本は一人の人で作成されている）は、どういう生き物をどういう順番で出すか、考えに考えている。これまでに五つの生き物が登場して、全部跳んだ。

　次に登場するのが、カタツムリである。ここで、4歳は困った。悩んだ。3歳までは、全然悩まない。カタツムリの生態をよく知らないからだ。しかし、4歳は知っている。前に坐っている男の子たちがいった。「絵を見せて！」　絵を見て、また悩んだ。おちょぼ口をしたカタツムリがいる。これまでの登場人物と違って気合なんか入っていない。しかし……。カタツムリは跳べない。それはわかっている。しかし、この絵本の題は、『ぴょーん』というのやった。それに、あのおっさんのイヌでさえ跳んだ。だけど、カタツムリは跳ぶはずがない。しばらく悩んで、考えてもらってから、ページを上に開いた。

　絵の中のカタツムリは、跳ばないで、地べたに貼りついたままだった。そして、汗か涙を振り飛ばしている。頭をがくりと落として。その姿を見た前の男の子たちは言った。「なさけない！　跳んだらええのになあ」。彼らはもちろんカタツムリは跳べないことを知っている。しかし、絵本というものはファンタジーの世界を描いているものである。何で、跳ばしてやらんのや。彼らは、カタツムリに肩入れしていたのである。

　4歳の子どもたちは、物事の知識もかなり持ち合わせている。そして、現実世界と想像世界（あるいは、絵本世界）があることも知っている。上手に絵本の世界にも入り、現実世界での生き方も知っている。この子たちは、幼稚園の先生や地域の絵本ボランティアの人たちからよく絵本を読んでもらっているので、絵本の世界があることを知っており、絵本の世界の住人になって楽しむ術も心得ている。だからこそ、カタツムリのために、あんなに悩むことができたのだ。知識一辺倒だったら、「跳べない」で終わっただろう。彼らは、ある部分、カタツムリにもなったのだ。跳べたらいいのにな、と思っ

たことだろう。

第4章　絵本『もこ　もこもこ』で、踊り出す

第1節　絵本『もこ　もこもこ』の言葉

　『もこ　もこもこ』という絵本がある。この絵本が世に出た時、こんな無意味な絵本は子どもたちにどう与えたらいいか分からないからと、おとなは受け取らなかった[46]。出版が1977年。当時は絵本出版の全盛期のころではあったが、絵本という物は、文章が或る程度あって、物語を語るものであるという絵本観がまだ大きく支配していたのだろう。しかし、幼い子どもたちは、大喜びでこの絵本を受け取った。
　『もこ　もこもこ』は画面が大きいのに比べて、文字は、1見開きにたった一語。おとなが拒絶した絵本を子どもたちが大喜びで受け取った。谷川俊太郎は、この絵本の言葉の作者として、次のように述べている。

> 言ってみれば無意味な言葉ですよね。でも大人の言葉っていうのは、大体意味があるでしょ。大人はその意味にしばられているんですね。無意味のもっているエネルギーというのはすごいですよ。というのは、基本的に世界は無意味なんです。宇宙は無意味。それに意味を与えたのは人間なんですよ。人間が意味を与えたことで、我々は生きていける訳だけど、もっと宇宙とか世界のリアリティに迫ろうとすれば、やっぱり無意味っていうのはすごく大事だと思う。[47]

　この引用文は、オノマトペについても述べている個所であり、作者である詩人の説明として、『もこ　もこもこ』がなぜ幼い子どもたちに大喜びで受け入れられたかについての一つの解釈にはなっている。谷川としては、意味を求めすぎる教育界やおとな世界への反発も込めて語っており、理解もできるが、「無意味だから」だけで子どもたちに受け入れられるということにはな

らないだろう。

『もこ　もこもこ』を幼い子どもたちに見せると踊り出す子もいる。この絵本の絵を見ると、身体がひとりでに動き出すのだ。ある2歳の男の子は、この本が本棚に入っていて、背表紙しか見えなかったが、それでもこの絵本の背表紙が目に入った途端、手を振り足を振って踊り出した。子どもたちにとってこの絵本の価値の比重は、元永定正の絵に負うところが大きい。絵だけでも大きくアッピールするが、だからといって、言葉がなければ、見開きの絵の錨のおろしどころがない。『もこ　もこもこ』は、絵と言葉から成り立っている絵本である。

第2節　絵本『もこ　もこもこ』の絵

おとながこの絵本を受け取りがたかったのには、元永定正の絵の抽象性にもあったと考えられる。ところが、子どもたちは、この抽象性のゆえにこそ、この絵本を受け取ったのだ。メルロ＝ポンティがワロンを援用しながら、幼児たちがなぜ現代風の絵画（例えばピカソなど）を理解できるかを説明している個所がある。

> ワロンによれば、幼児の人格は、いわば自分個人のところから拡散していって、自分の行為に応じて心のなかに現われてくるどんな光景のなかにも浸透していくわけですが、それというのも、彼があらゆるもののうちに自分自身を認めうるようになっているからなのです。このことは、なぜ幼児が現代風のデッサンや絵画を比較的容易に理解できるか、ということの説明にもなります。ある種の子どもたちが、まわりのおとなたちに比べて、どれほどたとえばピカソのあれこれのデッサンや絵を理解する素質に恵まれているかを考えると、まことに恐ろしいほどです。おとなはピカソのような画法を前にすればたじろぐことでしょうが、それは彼の文化的教養が、イタリア・ルネッサンスに起こった遠近法を規準とみなすように彼を慣らしてしまったからです。その遠近法とは、さまざまの外的与件をただ一つの平面に投影するというやり方の遠近法です。ところが幼児は、そうし

た文化的伝統とは無縁であり、そういうものに所属するための教育をまだ受けていないので、まことにのびのびとした態度で、いくつかの特徴から、画家が描こうとしたものを読みとることになります。48)

　これで、幼児がなぜいわゆる抽象画がわかるのかの説明になる。そこで、さらに、幼児が、なぜ『もこ　もこもこ』に大きな共鳴を寄せるかというと、上記の引用文中の、幼児は「あらゆるもののうちに自分自身を認めうる」という箇所にかかわるが、この点について、ワロンは、「相貌的交流」という言葉を使って説明している。

　　生後１か月目の終りから２カ月目の初めにかけて、母親と子どもとの相互的な微笑がみられはじめると言われています。この最初の相貌的な交流は、お互いが満足を共有し、そしてそれを二人が同時に表出した結果でてくるものです。しかし同時に、これは、相手のなかに見た微笑の視覚イメージとそれにともなう自分自身の運動感覚とのあいだに、つながりができているということでもあります。この相貌的交流は、模倣というより、むしろ二人の表情がたがいに誘導しあったことによるものです。49)

　この引用文では、「母親と子ども」の相互的な情動の交流を中心に述べているが、相貌的交流は、親子間だけではなく、幼児と親密な関係のないおとなとの間でもみられるなど、さまざまな関係性のなかに認められる。絵本『もこ　もこもこ』の表紙を見ただけで、子どもたちは、パクッと口を開ける。透明感のある黄地をバックに大きな緑色が口をパクッと開いているように見えるからである。見ようによっては、緑色が大口を開けて笑っているようにも見える。

第３節　「あ、おっぱいや」

　子どもたちと絵本を見ていると、思いがけない反応があって、びっくりすることがある。子どもは、ここまでに述べたように、「相貌的性格」を強く

持っているために、絵本の中の形や色から、何かを相貌的に思いつくということがある。この思いがけない思いつきもその一例だろう。

　Rくんは、あと2週間ほどで3歳という時で、このことは、「だっこでえほんの会」の卒業式の日に起こった。他の子どもたちは全員3歳になっていて、3月の終わりに誕生日を迎える彼だけが、3歳直前であった。くりくりした男の子で、文庫の会場に入るや否や、ウルトラマンのシュバーという動作で決めていた。右腕を前に90度に曲げ、左腕は自分のからだの前で90度に折ってピシッと構えた。脚を前に踏み出すたびに、別の身構えをして、またピシッと決めた。ぽっちゃり形の故に、カッコイイ！よりは、カワイイ！の方の印象が強かったが、彼は、カワイイ！よりもカッコイイ！と言ってもらえた方がずっとうれしかった。まもなく3歳の矜持であった。

　『もこ　もこもこ』は、子どもたちも私も大好きな絵本だから、この時点では、すでに何回も読んでいる。最後の機会と思い、『もこ　もこもこ』を取り出し、読んでいった。すると、第7見開きでおおきな黄色いからだ（?）から、赤い丸が「つん」と出る場面がある。この時、Rくんの口から思わず飛び出した言葉が、「あ、おっぱいや」だった。その時、彼はおかあさんの傍に立っていて、左手をおかあさんの肩にかけていた。おかあさんたちも私も、3歳頃の男の子のあっけらかんとした言葉をほほえましく思って、みんなにこにこしていた。「あ、おっぱいや」という言葉を、自分のおかあさんの傍で、おともだちもいて、そのおかあさんたちもいるところで、思わずであろうと、口から出せるのは、この年頃だろう。2歳ではまだ言えない。4歳であれば、もう言わない。

　さて、ページをめくって、次の場面にきた。「あっ」と思ったのは、私だったが、まずは、しっかりと見開き2ページを見せて、言葉を読んだ。「ぽろり」。丸い赤いものは、てんてんてんてん……を辿って行くと、下に落ちてしまったのだ。私は、顔に「あっ」を残したまま、ちょっと固まって、Rくんを見た。すると、Rくんも、はっとした顔とからだつきになって、固ま

っていた。周りをみると、おかあさんたちの身体も固まって、Rくんの方を見ている。彼は前の見開きで、赤い丸を「あ、おっぱいや」と言ったのだ。ところが、次の見開きで、その「おっぱい」が、転がり落ちてしまったのだ。どうしたらいいのだろう。大好きなおかあさんのおっぱいが落っこちてしまったのだ。どうしたらいいのだろう。誰も言葉がなく、固まって、シンとなって、Rくんの方を見ていた。

　Rくんは、左手はおかあさんの肩に預けたまま、やおら上半身をまげ、右手を前に降ろした。そして、右手で何かを救い上げる動作をして、その右手を何かを持ったまま持ち上げ、右の胸にポンと当てた。ああ、よかった！おかあさんのおっぱいは拾い上げられ、ちゃんと胸に戻ったのだ。みんな大いに安心して、また絵本に戻ることができた。Rくんは、いま、幼稚園で元気に走り回っているだろう。

　このエピソードは、まさに３歳頃の子どもの発想の仕方を物語っている。絵本の中に、自分に親しいものの相貌性を見つけ、そのことに喜びを感じている。特にこの場合、母親の身体に言及しているということは、母親の身体に触れているという感じで、母親と男の子の親密でありながら、その子を大事に育てている母親と健やかに安定して育っていく子との関係性を感じる。とりわけ、おっぱいが落っこちてしまった時の「しまった」感を、他者たちの視線を感じながらも見事に解決した彼の大らかさと賢さに、拍手したい気持ちだった。

　この時、彼が、自分のことを〈ぼく〉と言っていたかどうか、定かではない。しかし、自分のことをまだ「Rちゃん」と名前で呼んでいたにしても、〈ぼく〉と呼称が変わり、固定するのも、それほど先のことではない。

第４節　絵本『もこ　もこもこ』を読む

　『もこ　もこもこ』は、生命誕生の瞬間、および生命の生成を表現したも

のであった。誕生して間もない幼い子どもたちは、最初のページの、透明感のある青一色の世界に、自分たちがそこで浮遊し、いまや後にしてきた透明な世界に一瞬のうちに戻ったのではないだろうか。あかちゃんは、おかあさんのお腹のなかで、耳は聞こえていたけれども、まだ見えてはいないので、色には気づいていなかっただろうが、からだ全体の共感覚で感じていたのは、こんな青だったかもしれない。この絵本の青を見たときに、あ、あそこだ、と感じ取ったかもしれない。目で色を見ていなくても、からだ全体で色を感じ取ることはできる。色を見ることができる人が、赤を見たときに「暖かい」と感じるように、あるところで感じていた色が、あるところで或る色を見たときに、あそこの色はこれだったと直観でわかるように。ここで、メルロ＝ポンティの共感覚という言葉を導入したい。

> 音を見たり色を聞いたりすることが実現されるのは、まなざしの統一が二つの眼をとおして実現されるようなものであり、それというのも、私の身体が並置された諸器官の総和ではなく、その全機能が世界内存在という一般的運動のなかでとりあげ直され、たがいに結びつけられている一つの共働系だからであり、実存の凝固した姿だからである。視覚や聴覚が単に或る不透明な純粋質を所有することではなく、実存の或る様態の施行であり、私の身体とその様態との共時化であるなら、私が音を見るとか色を聞くという言い方にも意味があるわけだし、また性質の経験が或る種の運動様式もしくは或る振舞い方の経験であるなら、共感覚の問題は解決の端緒を手に入れることになる。私が或る音を見ると言うとき、私が意味するのは、その音の振動にたいして、私の全感官的存在が、そしてとりわけ色彩を受け入れる私自身のあの区域が反響をおこすということである。[50]

私はメルロ＝ポンティの「共感覚」の捉え方に基本的に賛成する。「私の身体が並置された諸器官の総和ではなく、その全機能が世界内存在という一般的運動のなかでとりあげ直され、たがいに結びつけられている一つの共働系だからであり、実存の凝固した姿だからである」という箇所はその通りだと思う。しかし、０歳から３歳の子どもたちを見ていると、メルロ＝ポンティ

が捉えている以上に、子どもたちの共感覚は、身体の全てがもっと完全に混沌と融合しているという感じを受ける。子どもたちの知覚は、とりわけ生まれてきた時点に近い子どもたちの感覚は、視覚、聴覚などの諸感官が「共時化」という言葉以上に、身体全体が渾然としているという感じがする。

　一方、メルロ＝ポンティのいう「前人称的」という言葉は、乳幼児期の子どもたちを理解する上で大きなヒントであった。

>　私の有機体は世界の一般的形態への前人称的な加盟として、無名で一般的な実存として、私の人称的生活の下で一つの先天的コンプレックスの役割を果たしている、とこう言うことができる。51)

ここに引用した文は、乳幼児期の子どもたちを意図して書かれたものではない。おとなとしての存在である私の「人称的」な生活の下に、「前人称的な実存」がいつも機能している、と言っているのだが、「人称的実存」というのは、社会的なおとなのあり方であり、その下には、「前人称的実存」というのは、おとなになっても保持しているが、乳幼児期には大きく働いていた機能なのである。『もこ　もこもこ』に限らず、どの絵本にしても、子どもたちは、「前人称的」、あるいは無記名性、あるいは匿名的存在として、特に絵を読みとっているということができる。

　メルロ＝ポンティは、この前人称性、無記名性、匿名性が、人称的存在の中に、残り続けることを何度も指摘している。例えば、次のような箇所である。

>　たとえ私の生涯の最初の数年間が未知の国として私に隠されているにしても、それはたまたま記憶が失われたとか完全な探検がなされなかったといったことによるのではない。［…］この無記名の生は、歴史的現在をつねに脅かしつづけている時間的分散の極限にほかならない。私の歴史に先だち、また私の歴史を終焉せしめるこの無定形な実存について推測しようとするなら、私はみずからのうちに、全く独力で作動しているこの時間、私の人称的生活が利用しながらも完全に覆い

かくしてしまってはいないこの時間、を見つめさえすればよいのだ。52)

あるいは、次のような、「前人称的な時間」という言葉を組み込んだ、印象的な文章がある。

> 私が悲嘆におしひしがれ、すっかり心労に疲れ切っているあいだにも、すでに私のまなざしは前方をまさぐり、ぬかりなく何か輝いた物をめざしており、こうして自分の自立した生存を再開している。われわれが自分の全生活を凝集しようとしていたその瞬間の直後に、時間は、すくなくとも前人称的な時間はふたたび流れはじめ、それはわれわれの決意そのものではないまでも、すくなくともその決意を支えていた熱っぽい感情を洗い流してゆく。人称的実存の方は間歇的なもので、この潮が退いてしまったあとでは、決意ももはやただ無理につくった意味しか私の生活にあたえなくなる。行為のなかでの精神と身体との融合、人称的実存への生物学的実存の昇華、文化的世界への自然的世界の昇華は、われわれの経験の時間的構造によって、同時に可能にもされていれば一時的なものにもされている。53)

ここには、生きるとはどういうことであるかが書かれている。とりわけ、おとなになると、社会的には（人前では）、人称的生活をしているわけだが、そうした場でも、前人称性がふと現われてくる。会社などでの会議のときにも、友人たちと談笑しているときにも、都会の混雑した道を歩いているときにも、ふと前人称的な部分が立ち現われてくる。とりわけ、もうどうしようもない、もう人生に疲れたというときにさえ、私の心臓は動き、私の肺は呼吸している。私は生きているのだ。（生かされているのだ。）ところが、一方の社会的生活では、人称的実存を生き、文化的世界へと手をのばす。

幼い子どもたちが、なぜ『もこ　もこもこ』の世界に住むことができるのか。それは、彼らの存在は、いまなお前人称性に覆われているからである。〈わたし〉が生れる前、すなわち「人称的存在」になる前の存在のとき、まだ、他者との比較もなく、ただわが身体と共に、身体として生きているとき、

第4章　絵本『もこ　もこもこ』で、踊り出す　227

彼らは、『もこ　もこもこ』の世界で、ひとりでうずくまったり、伸び上がったり、跳びはねたりして踊る。

　『もこ　もこもこ』に戻ってみよう。

　表紙を見ただけで、口を大きく開く子がいる。表紙で、得体の知れない大きな緑色のものが口をぱくっと開いているように見えるからだろう。最初の方で引用した、メルロ＝ポンティがあかちゃんの指を自分の口に入れる文章を思い出していただきたい。それを見ていたあかちゃんも同じように口を開く。メルロ＝ポンティが、他者意識に関して、「幼児が最初に真似るのも、人ではなく動作です」[54]と書いているが、そのようにして間主観性は「真似をする」と言う表現で現われる。

　表紙を開くと、大きな透明感のある青い世界（空間）が、すぐ眼の前に拡がる。幼い子どもたちは、この青い世界で浮遊している自分を感じる。その青は、下の方が白に近い薄い青で、上空に行くにしたがって、濃い青になっている。左右2ページの見開きの一番下部に濃い紫の帯があり、この紫のおかげで、どこまでも浮遊して漂っていくのではなく、停泊できるという安心感がある。

　おかあさんのお腹のなかでも、へその緒を通しておかあさんの胎盤と繋がっていた。その胎盤があったところが紫だろう。言葉は、広い画面の中で、右上にたった一語「しーん」と書いてある。静かな「しーん」でもあるだろうが、どよめくような、こもったような「しーん」かもしれない。母親の身体は、あかちゃんを、外の全ての衝撃から守ろうとしている。あかちゃんの耳には、生きて、呼吸している母親の鼓動が一番身近な音、安心させる音として、絶え間なく聞こえていることだろう。それは、海の潮騒の音、月の満ち欠けの音、地球の回転の音、宇宙をめぐる諸々の音とも呼応し、連動している音かもしれない。その他に、母親がいる家の中の家庭の物音、出かけた先の街の雑踏、母親が出会う人たちと織りなす関係性から生じる様々の音がなんらかの形で反映されている「青い色」と言葉の「しーん」である。

私は、この絵本の画家である元永定正（1922〜2011）が、この最初の見開きページを読むのを聞いたことがある。多分、全ページを読まれたのかもしれないが、記憶にあるのは、「しーん」だけである。元永は、からだが大きく、そのからだが共鳴体になっているのだろう、声量があり、声に張りがある。文字で、読みの調子を表すのは非常に難しいが、強いて書いてみると、こうなる。「し〜〜〜〜〜〜〜〜〜〜〜ん」。大きく、太く、情動的で、荒々しく、しかも明るく、呼吸が続く限りの読みであった。要するに、口先だけの、単なる「しーん」ではなかった。元永の「し〜ん」の読み方は、私のからだの中に入ってきて、私は圧倒され、揺すぶられ、私もその声の波に揺れ出すような感じになった。当時画家として生きてきてすでに80歳を迎えた人の、「生きている」身体全体から出てきた「読み」だった。この読み方が正しいかどうかはわからないが、言えることは、「ここに、この読みをしているひとりの、身体を持った、一人の人の存在がある」ということだった。しかも、その人は、『もこ　もこもこ』の全画面を描いた人であり、あのたった一語の読み方の中には、絵本全体のテーマのようなものが込められていた、といえるだろう。からだ全体を使って絵を描く人の、丸裸（比喩です）で描き、生きてきた人のまさに受肉した声と言えるかもしれない。音声も具体化された表現体と言えるだろう。

　このことは、子どもにとっては、絵本は誰かに読んでもらうものであることと大きく関わってくる。子どもたちは、ひとりで絵本に出会うわけではなく、いつも誰かと共に出会うということ。メルロ＝ポンティは、言葉に関することで、言葉を声にして出すこと、すなわち「発声」についても書いている。

> 　もしも発声がそれ自体で意味を身につけ、含んでいるのでなかったら、そうして思惟が自分を二重化し、一連の発声を身にまとおうとするのだろうか。語は〈思惟の砦〉ではあり得ないのであって、思惟が表現を求め得るのは、ただ言葉がそれ自体で一つの了解可能なテクストとなっており、言葉が自分にふさわしい意味

作用の力を所有しているからにほかならない。[55]

　確かに、絵本に書かれている言葉が、それ自体でわかってもらえるテクストになっており、それ自体である意味をもっているからこそ、絵本の読み手はその言葉を自分の声に乗せて読むことが可能なのである。ところが絵本の場合、絵もともなっている。絵もまた読み込むテクストであり、読み手は、絵を無視して、言葉のパートだけ読めばいいかというと、そうではない。上記したように、1冊の絵本作品は、それ自体で含み込みの不可分の全体として仕上がっているのであるから、絵を無視して、文字のパートだけ音声化すればいいということではない。だからと言って、絵のパートも音声をともなった言葉化するということではない。大切なことは、読み手（おとな）が、その絵本を1冊丸ごと、一つの作品として受け取り、理解しているかどうかに関わっている。確実に言えることだが、読み手が、ただ文字パートを音声化しているだけの場合と、作品として絵のパートもよく見て、読み取って、一冊の絵本作品として捉え、その上で文字パートを音声化して子どもたちに読む場合とでは、聞き手（子ども）に届く深さが違ってくる。

　ここで、また問題になるのは、繰り返しになるが、読み手が、子どもたちに読もうとして選んだ絵本が、「本当に何事かを語るもの」を保有しているのか、また、「自分にふさわしい意味作用の力」を保有しているかどうか、に関わってくる。さらに付け足せば、その絵本が、或る種の「前人称性」を暗にひそめているか、である。

　絵本『もこ　もこもこ』に戻ろう。『もこ　もこもこ』の次のページを捲ると、下の地面のようなところから、「もこ」と、半円形の何かがあらわれる。「生まれたよ！」という一瞬だろう。絵本を見ている子どもたちのからだが、ぱっと輝く。1歳、2歳の子どもたちの身体が、発火したような表情を見せる。以降、ページを捲って行くにつれて、生きることの生成が描かれている。言葉は、「しーん」に始まって、「もこ」、「もこもこ」「にょき」「も

こ　もこもこ」「にょきにょき」「ぱく」「もぐもぐ」「つん」「ぽろり」「ぷうっ」「ぎらぎら」「ぱちん！」「ふんわ（6回）」「しーん」という擬態語と擬音語から成り立っている。最後、「しーん」で終わると思って、裏表紙にかかっているカバーの袖をめくると、そこにまた「もこ」が現われる。そして、生命の循環が繰り返される。

　『もこ　もこもこ』は、神話的と言えるかもしれない。この絵本は神々の話ではなく、人類の起源に関する説話でもないが、〈わたし〉の起源についての〈絵と詩〉からなる物語であり、〈わたし〉の存在の意味を象徴的に描いている。神話というと、言語による表現に重きがおかれてきて、これまで、イメージ（ヴィジュアルな表現）による表現体についてはあまり言及されてはこなかった。もちろん、ギリシャ神話に由来する絵画や彫刻は創られてきたが。その意味では、絵本『もこ　もこもこ』は、世界的にみても、歴史的に見ても、絵本の世界ではじめて、自分の誕生を神話的世界として描いた画期的な作品と言える。

　この出生・誕生の時期は、言葉というよりも音声発祥（はじまり）の時期でもあり、命名の時期には至っていない。擬音語や擬態語は、命名以前の「言葉」であり、だからこそ、ずっと「生命」に近いところ、「根源」に近いところにある言葉である。世界は「しーん」としか言いようがなく、出現は、「もこ」と芽生え、現れるとしか言いようがない。ただ、ここで、これらの言葉が命名ではないと言い切れない部分もある。「言葉」は、不要だったかもしれない。では、「言葉」を抜いてみる。すると、ぼんやりとした空間が広がり、その世界はヴィジュアルに感じ取れるのだが、落ち着かない。それは、私がおとなだからだろうか。すべての言葉（といっても、広い画面に一語の短い言葉しかないのだが）を外してみたらどうだろう。子どもたちの様子から、適切な言葉が必要なことがわかる。もし、この絵本から言葉を抜いたら、子どもたちは踊り出さないだろう。

　言語というものは、或る事象を社会的にみんなで共有するためにあり、そ

の事象の抽象性の神髄をついているかもしれないが、意味が狭く限定されて取られる危険性がある。言語の役割は、一種の錨のようなもので、船を停泊させるのに役立つ。先に紹介した『りんご』にしても、言葉はなくても、絵を見ればわかるとも言える。しかし、言葉の存在は、絵と相俟って、絵本が統合され、1冊の絵本作品として生きてくる。

　私が「前人称性」という「私のなかの或る存在の仕方」に強くこだわるのは、『知覚の現象学』を読んで初めて、自分がなぜ絵本という表現領域に魅せられ、乳幼児期の子どもたちの有り様に注意を向けずにいられなかったかを理解できたからである。そして、私にとっては絵本邂逅体験とも言える『かいじゅうたちのいるところ』との出会いがどういう意味を持っていたかもやっと腑に落ちて理解できたからである。このことは、終章で述べる。

第5章　絵本『ちょうちょ　はやくこないかな』における物語の誕生

第1節　絵本『ちょうちょ　はやくこないかな』

　絵本作家の甲斐信枝は、自然の草花や樹木を非常にリアルに描きながら、そうしたものに自分の気持ちを添わせている画家である。一本の草花や一本のクスノキと間主観的な関係性を築くことができる人である。『ちょうちょ　はやくこないかな』の主人公は、日本のいたるところに見られる雑草のオオイヌノフグリの一株で、地面を這うようにして小さいるり色の花をつけている。オオイヌノフグリはちょうちょの訪れを待っているのだが、なかなかちょうちょはやって来ない。やっと飛んで来たと思ったら、近くのたんぽぽの花のほうに行ってしまう。また来たのだが、そのちょうちょはれんげの花に行ってしまう。次にはたくさんのちょうちょが来た。かぞえたら6ぴきもいる。今度こそ、と思っていたのに、全部よその花に行ってしまう。日はだんだん西に傾き、ちょうちょはなかなか来ない。その時、1ぴきの小さなちょうちょが向こうの方にあらわれる。「こんどはきてくれるかな」と思いつつも、でも、もしかしたら、今度もだめかもしれない、とも思っている。そして、このるり色の小さなちょうちょは、オオイヌノフグリのところへ飛んできてくれた。

　絵は自然な雰囲気で、リアルに描かれているが、それほど物語性があるわけではなく、文章も絵も幼い子が特に好きになるとは思われない絵本である。しかも、主人公が人間や動物であるわけではなく、さらに、1輪の花というわけではなく、小花がたくさんついている1株のオオイヌノフグリである。

第5章 絵本『ちょうちょ　はやくこないかな』における物語の誕生

絵は端正で美しくはあるが、幼い子どもたちが気に入ってくれるとは思ってはいなかった。

　この絵本をある年の初夏のころに、2歳前後の男の子と読んだ。身近な自然が、余白をたっぷりとって、丁寧に描かれていると思ったので。ところがそれ以来、彼は何度もこの絵本を見つけだし「読んで」と持ってくる。この絵本のどういうところが気に入っているのか、あるいは気になっているのかわからないまま、一対一の関係で、何度も読んだ。読みながら、膝小僧揃えて座っている小さな子を見ていた。驚くほど真剣に絵を見ている。そして、あの見開き場面になった。やっと向こうに現われた小さいちょうちょを、今度こそ来てくれると期待しつつも、それまで何度も裏切られた体験から、今度も駄目かもしれないと思っている場面。そしてちょうちょがついに来てくれたところで、かすかにほっとした表情をみせた。こうした表情を見たときに、そうだったのかと思い至った。その子が言葉化できないので、推測するしかないが、最初の頃は、飛んできたちょうちょがなぜ自分のところにきてくれないのか、わからなかったのだが、わからないままに悲しい。それから何度も読んでもらっているうちに、一層不安になってきた。なぜちょうちょはぼくのところにきてくれないのだろう。こんなに待っているのに。なぜ？ 不安、心配、悲しみがつのっていく。絵本の主人公の気持ちを感じて、はじめはなんとなく不安であったのが、疎外されている気持ちになり、一種の絶望感さえ覚えるようになる。でも、なんども読んでもらっているうちに、最後にはちょうちょは来てくれるのだと納得し、自分を落ち着かせる。「ちょうちょさん、ありがとう。あしたも来てね」、で絵本を閉じる。

　2歳になるかならないかの幼い子といっしょに、要求されるままに、またその「読んで」とせがむ「からだ語」に促されて、この絵本を何度も読んでいくうちに、幼い子がこの絵本の世界のなかで、どのように自分の身心を落ち付かせようかと腐心していることがわかってきた。

　2歳前後の子の目で絵本を見ていく努力をすると、絵本の絵が、静かにで

はあるが、どれほど語っているかが見えてきた。文章を読んでもらっている間、彼のからだは、絵本の世界に住み込もうとしている。すると、オオイヌノフグリが願いをもった存在としてその世界で生きていることが分かって来る。オオイヌノフグリに目鼻や手足が人間のようについている訳ではない。もっと「生」の根源の相貌性を感じることができる彼には、人間に似せようと取り付けられるものは邪魔でしかない。彼はひたすら絵本を見続ける。オオイヌノフグリは、ちょうちょが現われると、かすかにその方向に向けて細い枝を伸ばす。「こちらに来てください」と告げるように。ちょうちょがよその花に行ってしまって自分の方に来てくれないと、がっかりしたように、地に身を沈める。小さい細い枝の伸ばし方があまりにもさりげなく自然であるために、文字を読むのに気を取られていた私は気が付かなかったのだ。黄色いちょうちょは黄色いたんぽぽの花にとまった。白いちょうちょは赤いれんげの花にとまった。ああ、今度はとてもたくさんのちょうちょがやってきた。今度こそは、誰かが来てくれるに違いない。ところが、全部、ほかの花のところに行ってしまった。

　この絵本では、太陽が時間の経過を示している。今や太陽が右手の方に傾きかけている。このときのオオイヌノフグリの言葉は、「ちょうちょ、はやく　きてよ。はやく　こないと、はなが　ちっちゃうよ」となっているが、オオイヌノフグリの花は、例外もあるようだが、ほとんどは一日花なのである。花の命は一日なので、どうしても今日来てほしい、と切ないような気持ちで待っている。この時点までで、オオイヌノフグリは3回、一方的な思い込みではあるが、裏切られている。「3」という数字は、幼い子どもたちには最大の意味を持つ。この辺りで、もうがっかりして、気落ちし、あきらめ気分に近くなっているだろう。幼い子どもなりにそれまでの現実体験もあるだろう。あの子と友だちになりたいと思ったのに、あの子と保育園の遊戯の時に手を繋ぎたかったのに、散歩のときにあの子と並びたかったのに、全部、駄目だった。おかあさんだって、約束を破ったことがある。彼は、自分の現

実世界での体験を関連させながら、絵本の中での主人公とちょうちょとの関係性を読み取っているに違いない。

　さらにこの絵本を考えてみると、オオイヌノフグリは植物であり、自分で移動することができない。人間や動物なら、自分で動いて行ける。自分から友だちに会いに出かけて行って「あーそーぼ」ということができる。ところが、主人公が植物であるということは、移動できないばかりではなく、しゃべることもできないのだ。すなわち、自分の気持ちを他者に伝えるために、動いて行くこともできず、しゃべることもできないという状況にあるのが、この絵本の主人公なのだ。考えると、社会における子どもたちの有り様は、このような状態かもしれない。そして、子どもたち自身、そのように感じ取っているのではないだろうか。オオイヌノフグリと間主観性を通い合わせることを、全ての人ができる訳ではない。おとなは、自分で好きなところへ動いて行けるし、好きなことをしゃべることもできる。オオイヌノフグリのように、地べたにくっついていて、地べたを這うように細い枝を伸ばしてしか生きていけない雑草の身になるのは、おとなにとって難しいというよりは、思いつくこともできないだろう。

　「ちょうちょ　はやくこないかな」と思っているのは、オオイヌノフグリであり、根があるところで生きるしかない。そうとなれば、ちょうちょに、「自分の方に来てください」とかすかに枝を差し延べて、祈るような気持ちでいるしかない。おとなが自分を置いてくれたところで生きるしかない子どもたちも、自分の願いをまだはっきりと述べられないとすれば、「自分のことをわかってください」と願っているしかないかもしれない。そして、信じたい。きっと誰かが、自分の気持ちをわかってくれると。

　そこへ、向かって右手の方に、これまでのちょうちょに比べてずっと小さいるり色のちょうちょが現われる。オオイヌノフグリは、今度は来てくれると信じつつも、「また、よその　はなに　いっちゃうのかな」という疑いを持つ。これまでに何回も裏切られてきたから。この見開きでは、小さいちょ

うちょに向かって、オオイヌノフグリは不自然にはならない程度に、ぐーんと枝を伸ばしている。

　この絵本を「だっこでえほんの会」で読んだこともあるが、この見開き場面がそれほど目を強く引くように描かれている訳ではないのに、このシーンは特別だとほとんどの子が気が付く。大きくはない見開き場面だが、右ページの全面白の中に、浮かび上がる小さいちょうちょ。おとなは得てして、クローズアップで描くと迫力が出て注意を引くと考えてしまいがちであるが、そうとばかりは言えなくて、「小ささ」が特別の意味を持つこともある。昔話の「一寸法師」や「タニシ長者」などは、伝承の物語のなかの力を隠し持った「小さきもの」の代表格だろう。小さいちょうちょ出現の場面は、絵本の中でも、すでに何ページかが進み、これまで何びきものもっと大きくてカラフルなちょうちょが登場し、主人公がもうあきらめかけたところに現れる、「小さいるり色のちょうちょ」は、「あ、今度は大丈夫だ、来てくれるよ」と読者である子どもたちに告げるに十分な、「小さきものの存在観」を有している。それが証拠に、この場面になった途端、子どもたちは、人差し指を突き出して、絵本に駆けつけてきて、小さいちょうちょの上にぎゅっと押しつける。次の子は、前の子の指の上に、すなわち、小さなちょうちょの上に一本の人差し指が押し付けられ、その指の上にまた他の子の指が押し付けられ、その指の上にまた他の子の指が押し付けられることになる。（最初の指の子が、自分の指をどかそうとはしない。）

　また、子どもたちが、今度は大丈夫だと思うのは、小さいちょうちょの色と、オオイヌノフグリの花の色が同じようなるり色をしていることにもよるだろう。はっきりと気づいていないにしても。画家が、登場人物たちが内包している同質性、あるいはお互いが感じているかもしれない間主観的質を表すために、同じ色を双方に使うことがある。次の見開き場面のおよそ真ん中辺にオオイヌノフグリとちょうちょが描かれている。「あー　よかった、やっと　きてくれた」は、オオイヌノフグリの言葉であると同時に、子どもた

第5章 絵本『ちょうちょ　はやくこないかな』における物語の誕生　237

ちの言葉でもあるだろう。きっと、万感の思いで、そう言うだろう。太陽は、かなり右に傾いている。

　最後のページでは、沈みつつある夕日を背にオオイヌノフグリは、今日の花の小さな花弁を地に落としている。飛び去っていくちょうちょに、「さよなら、あしたも　きてね」と声を掛けているオオイヌノフグリをよく見ると、小さな枝をバイバイのように打ち振っている。裏表紙では、ちょうちょが、オオイヌノフグリの真ん中あたりの花にとまっている。多分、次の日なのだろう。そのふたりを太陽の光が暖かく包み込んでいる。

　生まれてからやっと2年たったばかりの子と『ちょうちょ　はやくこないかな』を繰り返して読む体験をしたことから、幼い子が不安や絶望感のような体験を絵本の世界でしているということは、現実世界でもこれに似た体験をしていると言えるだろうと、私は気づかされたのだった。

　もし、私がおとなのひとりとして、自分だけで、『ちょうちょ　はやくこないかな』を見ていたら、そこまで深く読み取ることはできなかっただろう。この絵本のなかに、物語性を捉えてはいても、オオイヌノフグリと間主観的交流ができるほどには読み込んではいなかっただろう。生活経験はあるし、挫折経験はあるにもかかわらず。メルロ＝ポンティは、間主観性について、次のように書いている。

> 現象学的世界とは、何か純粋存在といったようなものではなくて、私の諸経験の交叉点で、また私の経験と他者の経験との交叉点で、それら諸経験のからみ合いによってあらわれてくる意味なのである。したがって、それは主観性ならびに間主観性ときり放すことのできないものであって、この主観性と間主観性とは、私の過去の経験を私の現在の経験のなかで捉え直し、また他者の経験を私の経験のなかで捉え直すことによって、その統一をつくるものである。[56]

　『ちょうちょ　はやくこないかな』の場合、子どもは絵本の世界のなかで生き、まだ幼いながら、オオイヌノフグリの経験を取り込んでいるといえるだろう。そして、子どもと一緒に絵本を読み、間主観的に絵本の世界の住人

になっている子どもと会うことで、私もまた、その子やその絵本との経験ができたと言える。新たな交叉点を結ぶことができたことになる。

ここで考えたいのは、幼い子どもがこのように深く絵本体験ができるのは、絵本の中を流れる時間と関係しているということである。1枚の絵から、このような体験はできない。絵本のページをめくるという手による直接的物理的行為を通して、時間が流れ、物語が生まれる。そして読者は、時のうねりに巻き込まれていき、絵本体験をすると言えるだろう。

第2節　絵本のなかを流れる時間

絵本がめくられて、読み進んでいくうちに、一冊の絵本のなかで連続性があることに、子どもたちは気づく。それは、時計の時間がわかるということではなく、絵本の中では、めくっていくと、変化していくことがあり、その変化にはリズムや流れがあり、おはなし（物語）があることに気づいていく。このことは、いま見ているページ（見開き）は、前にあったページと関係しており、前にあったことと関係して今のところがあり、それで、次はどうなるのかな、と思ってページをめくる。このことは、過去の積み重なりの上に関連づけられて、いま現在があり、そして、これからどうなるのかと期待して、次のページをめくる。全部見終わったら、ひとつのおはなしがあるようだ、ということになる。さらにこのことは、自分自身の物語の形成にもつながる。自分は、昨日から続いていて、今日があって、また明日に続いている。〈わたし・ぼく〉は、ひとりの人間で、ずっとつながっている。

子どもたちの絵本の理解は、読んでもらう言葉にも依存しているが、自分が見ている絵を読むことに多く寄りかかっている。おとなが、このような絵本をよくぞここまで読み取っていると思うほど、子どもたちは絵を読み取っている。

絵本のひとつの見開きは空間（場面）を提示するが、見開きをめくってい

くことで、時の流れが生まれ、初めから終わりまでに、一つの物語が形成される。『ちょうちょ　はやくこないかな』にしても、幼い子が、ページをめくるという手の作業を通して、1冊の絵本の初めから終わりまでを読み進めることによって、オオイヌノフグリの次第に募っていく不安や絶望感を体験することができるのだ。ページをめくるという具体的な絵本の読み取りの機能によって、時が流れて行くことを知るようになる。

　1冊の絵本は、普通は32ページであるが、幼い子の絵本の場合は、ページ数が少ない。『いないいないばあ』（松谷みよ子ぶん　瀬川康男え）は、22ページ。『りんご』も、20ページ。『ちょうちょ　はやくこないかな』の場合は、24ページ。こんなに少ないページ数で、ひとつの物語世界を形成する。3歳くらいになると、32ページやそれ以上のページ数の絵本も読むことがある。『かいじゅうたちのいるところ』は、40ページもあるが、文字数がそれほど多くはなく、絵が拡大するなどの工夫がされているためか、あまり長さを感じさせない。

　『かいじゅうたちのいるところ』を声にだして読むと、10分くらいかかるだろう。マックスがかいじゅうたちのいる世界に出かけて行って、帰ってくるまでの時間は、現実世界では30分弱かもしれない。しかし、絵本の絵のなかでは、三日月が満月になるのだから、2週間くらい経っているのかもしれない。ところが、文章では、主人公のマックスは自分の家からかいじゅうたちのいるところまで大海原を船で航海して片道一年以上かかっているので、帰ってくるまでに二年以上の年月がかかっていることになる。という具合に、この絵本では、時間の経過を示す絵や言葉が嵌め込まれており、真剣に考えると複雑なことになる。しかし読者はそのようなことには煩わされずに、絵本の世界で、マックスになって、かいじゅうたちのいるところへ出かけ、大いにあばれ狂い、おかあさんのいる家に無事に帰ってくることになる。

　この作品については後述するので、ここでは、幼い子どもたちが、絵本のページを捲ることによって、時の流れを発見することを紹介する。2歳にな

ったばかりのころのTくんと『かいじゅうたちのいるところ』を読んだ。マックスが船に乗ってかいじゅうたちのいるところを目指しているとき、まもなく到着というころに、水面からぬっとかいじゅうが現われた。ここで、Tくんがなんとなく「えっ？」という表情をして、私の手から絵本を取って、ページをバックさせて、前の見開きをじっと見た。それから、彼はまた次のページ、すなわち、かいじゅう登場の絵に戻した。彼はこのことを数回繰り返した。大海原の上にマックス号に乗っているマックスの絵（前の見開き）、そして、かいじゅうが水面を割ってあらわれた見開き（後の見開き）、と彼は何度も「前の見開き」と「後の見開き」を見直した。彼はしきりに何かを探しているのだが、私にはわからなかった。彼が少し長く見つめているのは、大海原と船とマックスの場面、すなわち、かいじゅうはまだ登場していない方の場面である。実に真剣に前と後のシーンを繰り返したのち、彼は、何かに気が付いたようだった。そして、やおら、かいじゅうがいない方の画面の下半分に描かれている「大海原」に自分の目をぴったりとくっつけた。そして叫んだのだ。「かいじゅうさん、どこにいるの、かいじゅうさん、出てきて、かいじゅうさん！」

　最初、私には何が起こったのかわからなかった。幼いからだが絵本の世界に飛び込んで行っていた。彼は、かいじゅうを探していたのだ。2歳はこう考えた。かいじゅうが大海原にいるマックスの前に突如として表れたということは、それまでに、どこかにかいじゅうはいたことになる。物語というものはそうやって進んでいくものだ。それなら、前の見開きにかいじゅうはいなければならない。そこで彼は、絵本を手にとって、前の見開きを見てみた。しかし、かいじゅうはいなかった。これは、おかしい。彼は、何度も何度も前の見開きと後ろの見開きを確認した。が、かいじゅうは、前の見開きには描かれてはいなかった。しかし、前の見開きにいない限り、その後の見開きでかいじゅうが現われるはずはない。う〜ん。う〜ん。あ、そうだ、な〜んだ、そうだったんだ。かいじゅうは、海の下の方にいたんだ。そうだ、そう

に違いない。それなら、海面に目をくっつければ見えるに違いない。そこで彼は、大海原（の絵）に目をくっつけ、かいじゅうに呼びかけた。

　絵本は、単に紙に絵具で描いただけであるという議論はここでは横に置きたい。彼は、かいじゅうは水面下にいると信じていたのだ。ここでは、時の経過に着目する。

第3節　時間の発見と物語の発見

　幼いこどもたちと絵本を読んでいて、あかちゃんの時から読んでもらっている子どもたちが獲得することのひとつに「時」の発見がある。まず、『いないいないばあ』という絵本によって、「いないいない」、めくって「ばあ」という繰り返しによって、「いないいない」の次には、「ばあ」と現れるということがわかる。それも、からだを揺すったり、足を振ったりして、そして、次は「ばあ」となると期待して、うずうずしながら待っている。次第に、絵本を読んでもらう時にはいつも次はどうなるのかなと待っている状態になる。
　連続性が分かるということは、前に見た場面—今見ている場面—次に現れる場面と繋がっているということがわかるということである。それは、時間の流れからみれば、過去の場面—現在の場面—未来の場面があるということ、さらに、捲っていくことで、現在の場面が過去になり、未来の場面が現在になり、と展開していくのだが、読者にとっては、過去になった場面が消えていくのではなく、いつも積み重なっているということ。もし、そうでなかったら、絵本の物語世界を楽しむことはできなくなってしまうわけだ。
　Tくんは、赤ちゃんの時から絵本を読んでもらっているので、絵本の中では、時間が経過し、そのことから物語が語られることを体得していた。3歳になる前ころに、一冊の絵本を見つけて、「読んで」と持ってきた。アメリカのリン・チェリーの『川はよみがえる—ナシア川の物語—』[57]という絵本で、河に流れ込んだ工場からの排水による環境汚染と、そして住民運動で美

しい川を取りもどすという実話を基にした作品だった。3歳にもなっていない子には広範な地域の社会的問題は理解はできないし、また説明的な文章がかなり長い。アメリカ原住民の歴史的な話も盛り込まれている。それでもせっかく選んでもってきたのだからと読むことにした。物語のプロットから外れるところは省略して、絵本を見ながら、大きな流れを語った。終わってから、彼は絵本を自分の手にとって、絵をあっちのページ、こっちのページと丹念に見る。そして最初の方の美しい川の流れを見、絵本の真ん中あたりで川が赤く染まっているところへ来たら、じっと見ていて「汚いねえ」と言う。それから、まためくって行って、川がふたたび美しくよみがえった場面を見て、「きれいだねえ」と言う。彼が、環境汚染を分かったとは思われない。しかし、絵本のなかでは、時の流れがあること、絵を読み取っていけば時間が経過し、物語が語られて行くことが分かっていれば、絵本や物語ばかりではなく、自分の「生」のなかを時が流れていくことも理解できることになるだろう。

　メルロ＝ポンティは『知覚の現象学』の中で、時間の構造について、何箇所かで書いているが、そのなかでもわかりやすく書いている次の例を挙げる。

　　過去は過ぎ去ってしまっているわけではないし、未来はまだ来ないでいるわけではない。過去と未来は、私がそれらへ向って自己を押し拡げるときに湧出するのである。私自身にとって私は、今のこの時間に存在しているのではなく、今日の朝にも来るべき夜にたいしてもまた存在しているのであり、私の現在とは、この瞬間だと言ってもかまわないが、しかしそれはまた、今日でもあれば今年でもあり、私の全生涯でもあるのだ。[58]

私の現在は、今はこの文章を書いている時であるが、一文字書くと、その現在はすぐに過去に飛び去っていくような気がする。それで、数行前を書いていた時も、その時は「私の現在」だったのだ。この論文の初めの部分はずっと前の、今からすれば過去に書いたものだが、そのときは「私の現在」だったのだ。その時、その時は、「私の現在」であり、後どれだけの時間を生き

るのかはわからないが、その時、その時は、「私の現在」である。私の全生涯が、「私の現在」と言える。

　このことを、1冊の絵本で考えてみれば、分かりやすい。絵本のいいところは、1冊の物体としての絵本の中に、1見開きごとに、登場人物の「現在」があり、時が流れ、物語世界が形成されていく。子どもたちは、何度も何度も繰り返してみることできる。捲ることによって、ある事柄を過去へと送り、新しい現在を目の前に繰り広げさせ、さらなる未来の図を予想したり期待したりすることができる。

　このように言うことも可能だろう。1冊の絵本を見る時、見るのは現在のある1場面である。にもかかわらず、空間的にも時間的にも始めから終わりまでを、現在のなかでつかむことができる。1冊の絵本を捲っていくとき、常に、過去も未来も、現在のなかに包み込んでいる。このことは、自分の「生」の連続性を体験することであり、自分の現在は、過去の積み重ねの上にあり、自分の未来は、これまでの過去と現在の積み重ねの上にあることを体験することにもなる。さらに、自分自身のアイデンティティの形成と関わり、「自分は自分である」ことを確認することにもつながるだろう。

　子どもたちにとっては、空間は目に見えるので把握しやすいが、時間の把握は難しいと言われることがある。確かに、「3時間後」や「明日」や「今度の日曜日」などは、2歳には難しい。しかし、そういう自然的、時計的時間ではなく、自分の「生きられた時間」については、絵本というメディアを通して、把握することが出来る。

　そして、絵本のなかで、時がつながっているように、自分自身の「生世界」における「時」も出生から終わりまでつながっていることを知る。そこに、〈わたし〉の物語があることを知る。

第6章　絵本『三びきのやぎのがらがらどん』でリミナリティ体験[59]

第1節　弟・妹の誕生

　3歳半を越す子どもたちが、絵本の前に膝小僧を揃えて坐るようになるのは、2歳組の秋から、年明けての1月、2月ころである。

　絵本の読み手が、自分が一番楽な座り方として正座しているためか、子どもたちも自然に正座している。後ろから見ると、小さな足の小さな親指を重ねて坐っている姿が、とても愛おしい。面白いことに、母親たちもだんだん姿勢がよくなり、正座して坐ってくださるようになる。またこの頃には、下にあかちゃんが誕生する場合もある。自分が子どもの時も、母親として子育て中も気が付かなかったが、祖母と言う立場になった時に、孫の一人が弟の誕生時に見せた葛藤と苦悩に出会ったときに、初めて、あかちゃんの誕生によって、兄や姉になる子が、家庭における自分の地位の変化を受け入れられず、そこを乗り越えることがどれほど大変なことであるかを知った。

　弟の出産は、助産婦さんの家で行われ、父親や兄弟も立ち会うことになっていた。3歳半の彼も立ち会った。その夜、彼の家に行くと、興奮状態で話してくれた。「あんな、おばあちゃん、あんな、最初な」、ここで、3歳半は頭に両手をやった。「頭が出てくるねん、それからな」、ここで、彼は、自分の胸のあたりをぽんぽんとたたいて、「あんな、ここんとこが出てくるねん、そんでな」、彼の手は、脚の膝のあたりに行った。「ここがでてくるやろ」、彼の両手は、足の方に行った。最後になにか言ったのだろうが、私の記憶にはない。とにかく、息苦しいくらいに興奮していた。

第6章　絵本『三びきのやぎのがらがらどん』でリミナリティ体験　245

　1週間後、母親とあかちゃんが家に帰ってきた。床に座った母親の膝の上には、小さいが元気そうな男の子がいた。いかにも幸せそうに抱かれていた。その横に、3歳半の彼が立っていた。からだが固まっていた。両手はぎゅっと握られ、彼の目は、あかちゃんを凝視していた。やがて、その目から涙が転がり落ちた。しばらく、その姿勢をしていたが、やおら頭を前に下げ、その頭のてっぺんをあかちゃんの脇腹のあたりにあてると頭をぐりぐりと回転させ、すっと頭を上げた。彼が本当にしたかったことは、弟を押しのけて、自分が母親の膝に抱かれることだった。しかし、3歳半ともなると、自分の身体の大きさ、力は、生れたての弟に比較できないほど上だとわかっていた。あかちゃんの弟に手出しはできない。これが、彼がおにいちゃんになった時であった。この危機を乗り越えるのは大変だろうと察しがついた。また、乗り越えるのは自分自身の問題であった。

　絵本の中には、テーマとして、おにいちゃん・おねえちゃんになる時を扱ったものが何冊かある。絵本の会で、このテーマでグループ勉強をしたときに、一人の50代の女性が次のように話してくださった時には、驚いた。「子どもの時、弟が誕生し、本当につらかった。そういうふうに思うことは悪いことだと思って、ずっと自分を責め続けてきた」。世の中には、多分、人類の半分以上は、自分の下に弟や妹が生まれる体験を持っている訳だから、多少の嫉妬や、挫折があったとしても、またその人の性格に反映されることはあっても、何十年も悩むことではないと思ってきた。悩み続けるには、人生は短い。しかし、自分では気が付かなくとも、かえって、抑圧していることもあるかもしれない。

　実は、「だっこでえほんの会」の経過中には幾度も幼い子どもたちが、一種の危機的状況を潜り抜けていくのを見守る経験をしてきた。文化人類学でいうリミナリティ体験であった。

第2節　リミナリティとは

　「ひとなる」過程で、全ての子どもたちにではないが、幾人かの子どもたちにとっては大事件であり、「ひとなる」過程での試練ともいえる出来事が起こることがある。弟や妹の誕生である。

　「だっこでえほんの会」に参加の最中に、おねえちゃんになる子、おにいちゃんになる子たちがいて、おかあさんがあかちゃんを抱っこして、会場にやってくる。

　男3人兄弟の次々の参加もあった。おにいちゃんになる子、おねえちゃんになる子、どの子も一種の危機を乗り越え、見事に成長していく姿は、時には痛ましいほどであり、時には拍手したくなるほどである。

　1歳クラスに通っている間に、おかあさんのおなかに新しい命が宿り、2歳になった子を連れて、大きなおなかを抱えて、参加してくださって、途中、出産でお休み。あかちゃんが誕生すると、2歳になった子は自分の足でしっかりと歩いて、あかちゃんはおかあさんに抱っこされて、「だっこでえほんの会」に復帰となる。主役は、おねえちゃんやおにいちゃんの方で（会としても、そのことをお勧めしている）、あかちゃんはオブザーバーとして参加。

　あかちゃんたちは、やがて寝返りをして、お座りをするようになり、這い這いして、やがて探索に出かける。探索の仕方も、大抵2番目の子のほうが、大胆に行う。それは、おかあさんのほうも、最初の子のときには、多少の緊張もともない、ちゃんとしていなければという配慮が働いていたが、2番目のなると、その場にも慣れて、大抵、その子の動くままにさせる。すると他のおとなたちも自然にその子の世話をすることになる。やがて、2歳クラス（途中で3歳になる）の上の子が卒業となると、下の子が、その誕生月によって、あかちゃんクラスか1歳クラスの参加者として、正式に通うことになる。

　下にあかちゃんが誕生することになったときの上の子の変化に、私はいつ

も胸を突かれる。あかちゃんがおかあさんのお腹のなかにいると知った段階から、幼い子どもたちの人生で初めての苦悩が始まる。今まで、自分が主人公であった場に、新しい命の到来は、自分の立場の変更や危うさを意味する。その悲しみやつらさを彼らはどう表わしていいか分からないが、自然と、そして、どうしようもなく、それまでとは異なる「からだ語」で語りはじめる。自律し始めていたのに、またおかあさんにくっつき、甘えるような仕草をする。他のおとなにも、甘える様子をする。

　生まれてきたあかちゃんをおかあさんが膝の上に抱いていると、押しのけにやってくる子もいる。膝の取り合いで、おねえちゃんもあかちゃんも泣き叫ぶということはよく起こる。「おかあさんの膝」が、子どもたちにとって、どれほど大きな意味を持つのか、象徴的な場所であるかを、目の前にする時である。おかあさんが膝を少し広げて坐り、二人の子を片膝ずつに坐らせて、二人のまわりに手を回す姿は、生活感あふれる母親の「からだ語」と言える。

　上の子と下の子の年齢が、2歳半以上離れている場合、上の子は、生れてきた妹や弟を受け入れやすい。自分のところのあかちゃんだからと自慢する気持ちも手伝い、まわりの同級生やそのおかあさんたちにあかちゃんの世話をさせてあげたりする。許可を与えるのが自分の責任であり権利であると振る舞っている。他者への振舞い方も違ってきて、自信を持って対応しているのを見て、驚くことがある。良し悪しは別にして、またこのことがその後の生き方にどのように影響を与えるのかはわからないが、まだひとりっ子でいる子と、兄・姉になった子とでは、他者への振る舞い方（からだ語）が、違ってくる。生まれて来るあかちゃんの出生前後では、どうなるかと思うほど自暴自棄（強い言葉だが、それほどに見える）に陥っていた子が、あかちゃんが誕生した後では歩き方の足取りもしっかりとしてきて、あかちゃんの世話をしたり、同級生たちへの自信を持った言葉のかけ方を見ていると、かえって、それまでの苦悩の激しさが思いやり、拍手を送りたくなる。

　しかし、一方、回復が非常に遅れる場合もある。すなわち、リミナリティ

期が長期になる子である。L君の場合、彼が2歳くらいの時に弟が誕生した。すると、おとなの目から見て、あの聞き分けの良かった子が、ここまで変わるのかと驚くほどの荒れた状態になった。家庭における兄としての自分の位置をガンとして受け入れたくなくて、1年ほど、母親にしがみついていた。弟におかあさんの膝を譲りたくない、という気持ちだったのだろうか。一方、あかちゃんの方は、床の上で寝たり、お座りしたり、這ったりしていた。

　2歳組の子どもたちの半分以上が3歳半を越した頃に、私は、毎年のように『三びきのやぎのがらがらどん』を取り出す。その頃になれば、子どもたちは絵本の前に坐わるようになっているが、Lくんは、おかあさんにしがみついて抱かれ、顔を絵本とは反対側の向うの壁に向けて、見てやるものかという絶対拒否の「からだ語」を使っていた。自分の状況の受け入れがたさもあって、この絵本の恐さを一層受け入れ難いものにしていたのだろう。やがて、もうひとり下の弟が誕生した時には、長男である彼は幼稚園に通っていた。心配したことはない。小学校に通う頃になれば、Lくんは3兄弟の立派な「おにいちゃん」となり、弟たちの面倒を見るようになっていた。

　姉・兄となり、家庭でのその位置を引き受けていく状態を、人類学者のA. V. ジェネップ（1873-1959）は、リミナリティと呼んでいる。著書『通過儀礼』のなかで、リミナリティについて次のように述べている。

　　一つの特殊社会から他の特殊社会へ、またある状態から別の状態への通過は、生きているという事実の要請によるものであるから、人の一生は同じような始まりと終わりをともなう一連の各段階の継続によって成立している。[60]

ジェネップの原著は、今から100年以上も前の1909年にフランス語で出版されており、その中で、ジェネップが列挙している人生における一連のリミナリティの各段階をまとめてみると、誕生、幼年期、思春期、婚約、結婚、妊娠、父親になること、階級昇進、職業的専門化、死、葬送などがある。現代の日本における通過の段階としては、ここに、保育園や幼稚園への入園、

小学校入学、進級、進学、受験、転校、転任、退職、定年、罹病、認知症になること、老年期に入ることなどがあるかもしれない。確かにどの段階も、「生きているという事実の要請」によるものであり、私が「だっこでえほんの会」で出会っている幼い子どもたちの最初のリミナリティは、結果的には、非常に貴重な体験と言えるだろうが、当の本人とすれば、苦悩をともなう、真っ暗なトンネルを潜り抜けるような辛い段階となることだろう。メルロ＝ポンティは「幼児の対人関係」のなかで、ジェネップの指すリミナリティの段階を実存の次元で捉えている。

> 嫉妬の状態は、その幼児にとって、自分がその只中で生きている他人との関係の構造を再編成し、それと同時に実存の新しい次元（過去・現在・未来）を手に入れ、しかもそれらを自由に組み合わせたりするその機会だったといえるわけです。[61]

メルロ＝ポンティの記述で非常に興味深いのは、言葉との関係で書いている点である。幼児が弟の誕生によって、未来形の動詞を使うようになったことを書き、未来形というのは、私たちが「来たるべき出来事の面前に身を置き、しかもそれをただ来たるに任せるのではなく、自分から進んですでにそこに地歩を占めたりする場合の時制」[62]であり、さらに〈私〉という言い方を習得した点について、「人称的な態度をとるようになり、比較的独力で生きるようになった」[63]ことの現われとしている。

　日本語の場合は、過去・現在・未来の時制が、会話の段階で、それほど文法的にくっきりと表現されるわけではないので、姉・兄になったことにより発言の段階において言語の時制の使われ方の変化があまり明確にはあらわれない。しかし、少し前にお姉ちゃんになったＫ子ちゃんの歩き方を見ていると、身体が急にしっかりしてきて、歩き方が堂々とし、自信にあふれている。からだが前に押し出されているように見受けられる。そして、彼女の口から、〈わたし〉という言葉が多くなり、それも自信をもって〈わたし〉が

と言っている。彼女の誕生日は、同集団の中でも後の方だったので、この間まで、集団の中の一番ちびさんという印象があり、集団のなかでもあかちゃん的であった。それがおねえちゃんになった途端、K子ちゃんは見違えるほどの変身を遂げた。私には見えないリミナリティ期があったことは間違いないが、彼女は、妹の誕生によって、「姉」の位置を獲得し、誇りをもって、立派におねえちゃん役をこなしているのだった。

　周りの対応にも寄るのだろうが、姉・兄になることへの移行の仕方は、それぞれであった。それぞれではあったが、ある日数、ある月日が経てば、どの子も、姉・兄になることで、リミナリティの段階を通過し、自分自身にある力を感じ取っていることは確かである。また、そのことが、絵本の読み取りにも表れて来るのだった。「だっこでえほんの会」の子どもたちの場合、その年頃がちょうど、〈わたし・ぼく〉が確立していく時期と重なっていた。

　"liminality" という語は、ラテン語の「敷居」を意味する "limen" に由来するが、リミナリティ期にある子どもたちにとっては、リミナリティ期は「敷居」というよりは、時には暗いトンネルであり、時には深い谷川に架かる橋（その下にはトロルが住んでいる）にもなる。橋を渡りきったとき、子どもたちは、生きる上での貴重な体験をしたことになり、新たな勇気に支えられて、次の人生の冒険へと旅立つことができる。

　以下に紹介する『三びきのやぎのがらがらどん』は、トロルが住む深い谷川に架かる橋を渡る、すなわち、リミナリティを越える、やぎの物語の絵本である。

第3節　絵本『三びきのやぎのがらがらどん』の紹介

　マーシャ・ブラウンの絵本『三びきのやぎのがらがらどん』（瀬田貞二訳　福音館書店　1965年）を中心に、子どもたちが幼児期から児童期にかけて経験する「リミナリティ」を考える。この絵本は、アメリカでは1957年に出

版され、日本では1965年に翻訳出版され、今も読み継がれている。

　私は、青山台文庫に来てくれる子どもたちと長年絵本を読んできたが、子どもたちの絵本の読み取りは、おとなの読み取りとは異なるということがだんだん、わかってきた。一言でいうなら、おとなは絵本の文章を読んでいるだけだが、子どもたちは、耳で文章を聴き、絵を自分の目で見て、絵本の世界にまるごと入り込み、絵本の世界で生きている。その中でも、『三びきのやぎのがらがらどん』は、子どもたちがどのようにして絵本の世界を体験するのかを、子どもたちの顔の表情やからだの動かし方などから知ることができた貴重な1冊になった。

　絵本『三びきのやぎのがらがらどん』を見てみよう。アメリカの原書タイトルは、*The Three Billy Goats Gruff*。Goatsと複数形だが、名前は3匹ともGruff。しかし、Gruffという名前は日本人には発音しにくく、とりわけ、最後の音が"f"で終わるために、日本語で「グラフ」と表記して読み上げてみると、弱い響きしかない。瀬田貞二が訳出したヤギの名前「がらがらどん」は、日本の昔話に通ずる懐かしい味わいを持ち、訳全体と共に、この日本語名のおかげで、生き残ったと言える名訳である。大事な点は、3匹とも「がらがらどん」という名前であること。

　この絵本には、基調色は二つある。表紙を開けたところにある見返しがこの絵本の基調色をよく表している。一つは、空と谷川を表す青と、北欧のあわい光りを帯びた空気感を表す黄色。青は、生きとし生けるものの上に広がる空の色であり、空を映して深い谷底を流れる川の色でもある。とりわけ山々を縫うように流れる川は、命の源であり、命を脅かす源でもある。黄色は太陽と暖かさと光の色であり、そこに暮らす生きものに希望と勇気を与えてくれる色でもある。野生のヤギたちが、こんなにも光あふれる山々で生きているという環境を表している。絵本の表裏表紙の内側である見返しにこのデザインがあることで、読者はヤギたちが生きている世界をイメージ化することができる。この背景の前で、ヤギたちの生きるドラマが演じられる。こ

の絵本の画家であるマーシャ・ブラウンは、著書『絵本を語る』の中で、幼い子どもたちにとって色はどのように働くかについて、次にように書いている。

> 幼い子ども向けの本では、色と、色のもつ象徴性は子どもにまっすぐに語りかけます。色は、言葉で表すには主観的すぎるとき、何か人生の価値などについて表そうとするとき、もっとも豊かな働きをします。色のもつ意味は、生命そのものと同じくらい古いのです。赤に対する子どもの情熱は、素朴で根原的です。青い空、青い海、緑と茶の大地、赤い火など、彼らの世界は、ごく単純な色と色の結び付きから広がっていきます。色によって、子どもたちは、絵本の中と同じように、目に見える世界のすばらしい感覚的な楽しみの中へ導かれていくのです。[64]

この絵本には、扉ページが3回も使われている。第1扉では、太陽の光が、山、木々、川、岩に降り注いでいる。第2扉が主扉であり、痩せてはいるが、実にのびのびとした大中小の3匹のヤギたちが草をほうばっている。第3扉より、物語はスタート。右ページには小さいヤギだけが描かれており、このことは重要な意味を持つ。絵本を見ている子どもたちは、ここで、一番小さいヤギに身を添わせると同時に、大きい方のヤギたちは、背景（地）に退いてしまう。すなわち、子どもたちは、ここで一番ちびヤギになり、小さいヤギとして物語世界のなかへと踏み出す。

第1見開きでは、左手下に描かれた3匹のヤギたちは、いま右方向（物語の進行方向）に向っている。右上空には北欧の太陽が、ヤギたちに光と希望と勇気を与えてくれている。

第2見開きではお腹を空かせたヤギたちが生き延びるには、向こうの山に行かなければならないが、ここで、トロルが登場。トロルとは、北欧の国々、特にノルウェーの伝承に登場する妖精。山のように大きいのもいれば、小人のように小さいのもいる。おとなもいれば、男や女も子どものトロルもいる。大体、醜悪な容貌をしており、知能も高くない。人間にとって悪いことをするのもいれば、気に入った人間には良いことをするのもいる。ある家に住み

着いて、そこの人たちを見守るというのもいる。日の光に当たると石に変ってしまうので、夕暮れから明け方までしか姿を見せない。フィンランドの作家トーベ・ヤンソンのムーミンのおはなしの主人公たちは、「ムーミントロール」という名前を付けられているが、このトロルたちは作家ヤンソンのイマジネーションから創造されたオリジナルな妖精である。

　『三びきのやぎのがらがらどん』の中で登場するトロルとは何か。この昔話の中で、ヤギたちにとって、トロルはどういう意味を持つのか、画家は、トロルをどう捉えているかで、この絵本のテーマが決定づけられる。私は、この昔話絵本におけるトロルは、北欧の厳しい自然であり、人生における試練を意味すると解釈している。マーシャ・ブラウンは、このトロルのイメージを見事に具象化している。

　"The Three Billy Goats Gruff"は、何人かの画家によって絵本化されている。マーシャ・ブラウンの他にも何冊もの絵本が出ているが、マーシャ・ブラウンの作品ほど、ヤギの描き方、トロルの描き方で成功しているものはない。あるトロルは、かなり戯画的に描かれ、笑いものにされており、恐さはなく、戦う相手にもならない。ある作品では、ヤギが漫画的に描かれている。どの作品でもイメージ的に成功せず、子どもの読者が試練を乗り越えるテーマにはならない。

　マーシャ・ブラウンのトロル（試練）は、どこかで蹲って待ち伏せしており、私たちの人生の途上で道を塞ぐように通せんぼし、私たちを捕まえ、生きのびれなくしてしまうかもしれないもの。トロルはそういう恐い存在の擬人化、あるいは具象化されたものと言える。絵本という表現形態は、象徴的なことを具象的にイメージ化する必要があり、従って、その描かれたイメージは、象徴性を深く内包している必要がある。さらにその絵本の対象が幼い子どもの場合、言葉（文章）というテクストも、イメージ（図像）というテクストも子どもたちに受け取ってもらえる語り方、描き方でなければならず、さらに、その言葉やイメージはその子の中で一生生き続けるかもしれないと

いう責任を負わねばならないほどの質が要求される。

第4節 『三びきのやぎのがらがらどん』における〈ヤギと橋〉の関係

　さて、ヤギたちは、生きるために、深い谷川にかかる橋を渡ることを開始する。小さいヤギ、二番目ヤギ、最後に一番大きいヤギという順番に登場。それぞれのヤギは、3見開きずつを使って、橋をわたるところが描かれる。最初の見開きでは橋を渡るところ、次の見開きではトロルと問答し、最後の見開きでは試練を乗り越え対岸に渡りきる、という順を踏む。語りの文芸である昔話では、繰り返しの技法を使って物語を盛り上げていくが、この絵本でも、その昔話の話法を守って、繰り返しのリズムを使いながら、言葉でもイメージでもクレッシェンド状に盛り上がっていって、終局に向かう。では、3匹のヤギがそれぞれ橋を渡る場面の描き方を見てみる。

1) 小さいヤギと橋（第3見開き）

　ここには、長い長い橋が描かれている。そこを渡るちびヤギは白く、ひ弱で幼い感じ。足も細くきゃしゃだが、それでも頭を上にあげ、必死に足を前に踏み出し、早く渡ろうともがくように努力している。橋は画面の左から右へ、少し上がり調子で画面全体を横切っている。描かれている橋の長さは、小さいヤギにとっての心理的な長さを表している。橋の両サイドが左手の山にも右手の山にもかかっていないほど長い。必死に足を運ぶちびヤギにとって、いつ終わるともしれない橋の長さである。見ている読者も、いつトロルが現われるだろうか、早く早く渡って、と応援したくなり、ヤギになっている子どもたちは、気が気でなく、心の中でもどかしく足を動かしているはず。小さいヤギが橋を渡るとき、橋は「かた　こと　かた　こと」となる。

2) 2番目ヤギと橋（第6見開き）

　先ほどにくらべて、橋は少し短くなった印象を与える。橋の右手はすでに

対岸にかかっている。2番目ヤギには茶色がついていて、ひ弱さはない。2本のつのをぴんと跳ね上げ、あごをあげて軽快に歩く姿は、やんちゃな、わんぱく坊主的にさえ見える。まもなく向こうの山に到着するころで、すこしほっとしかけている。橋は、「がた　ごと　がた　ごと」となっている。

3）　1番大きいヤギと橋（第9見開き）

　橋はもう橋のようには見えず、痛がってねじれているような橋。大きいヤギの大きさ、重さ、気迫の下で、橋までもきしんでうめき声をあげている。橋は、「がたん　ごとん　がたん　ごとん」となっている。

　このようにして、橋そのものの物理的な長さや質は同じであっても、上をわたるヤギとの関係で、橋は心理的に描かれ、描かれ方が変わっている。

第5節　『三びきのやぎのがらがらどん』における　〈ヤギとトロル〉の関係

　次に、ヤギとトロルとの関係がどのように描かれているかを見てみる。トロルが最初に登場するのは第2見開き。ヤギたちがいるこちらから見ると対岸の山肌で、橋の下で、蹲っている。右目を開きかけており、不気味。

1）　小さいヤギとトロル（第4見開き）

　ヤギの小ささ、白さ、幼さに比べて、トロルは大きく、その頭だけでも1ページ全部が必要なほどの大きさ。茶色と黒で、恐ろしい。ぎざぎざの歯でかじられたら痛そう。トロルは小さいヤギを圧倒している。

2）　二番目ヤギとトロル（第7見開き）

　トロルはもう橋の上に登りつつあり、ごつごつした手が橋の上にかかっている。向かい会って立っている二番目ヤギは、内心恐い思いをしているだろうが、強がっているようで、少々余裕を持って対話している。

3）　一番大きいヤギとトロル（第9場面）

　体の大きさは、ヤギよりもトロルの方が大きいが、気迫に満ちた大きいヤ

ギに比べると、トロルは鈍重な感じで、すでに体をのけぞらせており、ヤギの気迫に負けている。ひとつおいて次の見開き（第11見開き）になると、鼻息荒く、体全体に力をみなぎらせて突進してくるヤギの前に、トロルはなすすべもなく突っ立っている弱い存在になっている。戦う前にすでに勝負は決まっている。この1場面前に、この絵本中のクライマックスといえる場面がある（第10場面）。「おれだ！おおきいやぎのがらがらどんだ！」と名乗りをあげる場面。ここには、もう後には引けないとして、「さあ、やるぞ」の心を決したものの姿があり、トロルに挑みかかり（第12見開き）、トロルをやっつける。

　このようにして、ヤギとトロルの関係を絵で見てみると、ヤギの心身の成長に合わせて、トロルとの関係性が描かれていることがわかる。ヤギの方は、幼くひ弱なヤギから心身ともに大きくなり、力が漲るヤギに、一方のトロルのほうは、弱い相手には強がっていたのに、真に強い相手には手も足も出ない弱いトロルへと変容していく。その相対的な関係が、ヤギの成長と関わらせて、表現されている。

第6節　子どもたちの読み取り

　この有名な昔話絵本『三びきのやぎのがらがらどん』を、ひとりで読んでいた時、私はヤギが3びきいるのだと思っていた。ところが、子どもたちと読むと、違う。ほとんどの子どもたちが、3びきではなくて1ぴきのヤギだと感じている。この絵本を「見ている・聴いている」子どもたちが、一番最初に小さいヤギになり、それから中くらいのヤギになり、そして1番大きいヤギへとまるで脱皮していくように、変身していく。3歳は3歳なりに、5歳は5歳なりに、変身を遂げ、成長し、クライマックスで、どの子も「おれだ！」と胸を張る。

　子どもたちと一緒に読んで始めて、ヤギの名前はどれも「がらがらどん」

であること、初めに小さいヤギだけが登場すること、ヤギと橋の関係、ヤギとトロルの関係がイメージとして具体的に描かれているので、ヤギの成長段階を、自分のこととして体験できること、すると、当然ながら、ヤギは3びきいるのではなく、1ぴきのヤギの成長の物語として身体で経験することができることがわかってくる。

　成長といっても、日々刻々と成長するのではなく、象徴的な「橋」を、すなわち「リミナリティ」を通過して、成長を遂げていることがわかる。最初は、深い谷川にかかる長い橋を渡ることを尻込みするだろう。それでも怖いなと思いながらも、なんとか渡る。

　次には背丈も伸び、足腰も丈夫になり、知恵もついて、少し余裕を持って渡れるようになる。成長の段階に合わせて、試練に向かう姿勢が違ってくる。最初は真っ向からは太刀打ちできない。回避する形で、知恵を使って切りぬける。次も知恵でなんとか切り抜ける。橋を渡る時、すなわち試練に出会う時、ある段階では、その試練の大きさには、なんともしがたいことがある。そんな時はおとなや年長者に支えられて、なんとか切り抜ける。そして、それなりに心身に力がついてきて、いつか通らなければならない橋を、自らの力で渡り切れるようになる。この時は、トロルという試練に打ち勝つだけの力が身心に蓄えられ、その時が来たことを意味する。

　「おれだ！」という場面に来たときの子どもたちの表情を見ていると、やっとその時がきたのだ、ということがわかる。それまでに、育まれてきた年月があったのだと過去の時間を知ることにもなる。1冊の絵本を通して、子どもたちは、時間の経過を大切に生きることの意味、いつかその時がくるのだと未来を待つことの意味を体得する。そうした経験を通して、自分の人生の物語を育む力を持つようになるのかもしれない、と絵本が持つ力を感じたような子どもたちと絵本の関係だった。子どもたちと絵本を一緒に見る・読むことを通して、私は絵本が内包しているものと子どもたちがもっているものとが切り結ぶときの「幸運な一瞬」があることを感じずにはいられない。

この絵本の力は、昔話絵本の中にのみあるわけではないが、マーシャ・ブラウンは、昔話が持つ力を例にあげて『絵本を語る』の中で、「昔話には、大人の目には恐い話と映るものもあるが、子どもたちは、恐怖の向こうに道徳的な力と力の戦いを見ているのです。」[65]と書いている。幼い子どもたちの方が、1冊の絵本の中の言葉を「聴いて」、同時に絵を「見て」、そして、これから生きていくものとしての可能性を未来へと開いて、絵本の本質を捉える力があると思わずにはいられない。

第7節　リミナリティと幼児期

絵本『三びきのやぎのがらがらどん』を見た後で、あらためて、リミナリティとはどういう状態なのかを考えてみる。ジェネップは、リミナリティ（通過儀礼）について、次のように述べている。

> 私はここに、ある状態から他のものへ、ある世界から他の世界への通過にともなうあらゆる儀式次第を集めようと試みた。これらの通過の重要性を考えれば、通過儀礼を一つの特定の範疇として取り上げることは妥当であると思う。それはより詳しい分析によって、分離、移行、再統合に細分化されるであろう。[66]

つまり、リミナリティというのは、「通過儀礼」もしくは「移行の儀礼」であり、分離・移行（リミナリティ・周辺・境界）・再統合の三段階よりなる。ジェネップの後の時代の人類学者であり、通過儀礼に深い関心を持つ、V. W. ターナー（1920-1983）は、真ん中の段階に注目する。

> 中間に介在する"境界の"時期では、儀礼の主体（「通過する者」）の特徴はあいまいである。かれは、それ以前の状態あるいはその後に来るべき状態の特徴をわずかしか、ないしは、全然もたない、文化領域を通過する。第三の再統合ないし再加入の段階で通過は完了する。儀礼の主体は、個人であれ集団であれ、ふたたび相対的に安定した状態にあり、そのために、他者に対して、明白に規定されて

いる"構造的な"型の権利と義務を持っている。かれは、かかる地位の体系において、社会的地位を占めるものに結びついている慣習的な規範と倫理的基準に則して行動するように期待される。[67]

　幼い子どもたちが、ある状態であったところへ、他者（あかちゃん）が誕生して来る。彼らは、どうしていいかわからない。本当にどうしていいのだろう。この状態は、前の状態とは全く違う。不安で、もがいて、苦しんで、一種の水のなかで溺れかかっているような状態で、あるいは、長い暗いトンネルを手さぐりで泥だらけになりながら通るような状態で、あるいは深い谷川に架かった橋を怖い怖いと思いながら、それもいつトロルが橋の下から現れて、お前を食べちゃうぞと現れるかもしれない状況などであるかもしれない。リミナリティを通り抜けるいい方法などはないだろう。とにかく、自分ひとりで何とかしなければならないのだ。誰も自分のことなんか、愛してくれないし、わかってくれない。ぼくなんていなければいいと思っているんだ。

　子どもたちは、どうやって、リミナリティ期を抜け出すのだろう。書いていて、自分の体験を思い出した。私は4人姉妹の長女だが、私は、このような体験を、すなわち妹たちの誕生による嫉妬を感じたことがないと、今まで思っていた。今、ふと、小学校1年生の頃に見た夢を思い出した。鬼が後ろから追いかけてくるのだ。足が極度に遅い私は、怖くて怖くて、とにかく走っていた。私は、どうしてだかわからないが、その鬼は母だと知っていた。汗びっしょりで目が覚めるのだが、この夢を何度も見た。鬼である母は、私をいつも追いかけてきた。この夢は、私の判断では、私は学校が大嫌いで、学校に行くのがいやでいやで、しょっちゅう逃げ帰ってきたために、母が困り果てて、私をまた学校に連れ戻すということがあったために、そんな夢を見ていたのだろう、と思い込んでいた。現実生活の母は、明るくて楽天的で、鬼からは縁遠い人であることを知っていたので、母を鬼として夢の中で映像化するのは、私自身のせいだと思い込んでいた。しかし、今、リミナリティの文章を書きながら、ちょうどその頃に妹の2番目が誕生して、私のなかに、

抑圧している葛藤があったのかもしれないと考えることもできる、ということに思い至った。あの時から、70年も経って。

　一般的に言って、子どもたちは、「ひとなって」いく。これまでに書いてきたように、幼い子どもたちは、間主観的性格を持っていて、疎外されたり、絶望したりしている。新しい存在によって、家庭における自分の位置が脅かされている、自分はこの家のよそ者で、のけ者で、要らない子なんだと打ちひしがれる。それでも、家族の励ましもあって、自分は両親にとって新しいあかちゃんとはまた別の大事な存在であると意識するようになり、また、子どもが生まれながらにして持っている、生きよう生きようとする前人称性が、心臓が脈打ち続けるように彼女・彼を生かし続けるなかで、彼女・彼のなかの自ずからの「ひとなる」力がしっかりと底支えしてくれるので、子どもは次第に水の上に顔を出し、息を吐き、大丈夫だ、と向こう岸に足を掛け、また安定した足取りで歩き出す。

　医療人類学を専門とする浮ヶ谷幸代は『身体と境界の人類学』のなかで、文化人類学者であるメアリー・ダグラスの『象徴としての身体　コスモロジーの探求』のなかの言葉を引用して、子どもをおとなにする「過渡的状態」について、次のように述べている。

> 危険は、過渡的状態の中に存在する。その唯一の理由は、過渡的状態とは一つの状態で［ママ］次の状態でもなく、明確に提示し得ないものだということなのである。ある状態から別の状態に移らなければならない人は、自らが危険に脅かされているばかりでなく、他の人々にも危険を与える。［…］通過そのものが危険であるばかりでなく、隔離の儀式までもが多くの儀式の中で最も危険な儀式とされるものである。68)

移行の状態にある人は、前の状態でもないし、後の状態でもない。誠に宙ぶらりんな状態で、この人自身、非常に危険な状態にある。水のなかで溺れるかもしれないし、吊り橋から落ちるかもしれない。しかも、危険なのは、リミナリティ状態の人自身ばかりではなく、他の人びとをも危険にさらす。こ

の状態が、現代の社会の状況でもあるだろう。岡本夏木が『幼児期』において心配している「幼児期が空洞化のままでおとなになる社会人」が増加していることと根は同じである。幼児期という段取り、子どもからおとなになるという通過儀礼（リミナリティ）の段取りを欠落させているために、責任のある行動を取れないでいる人たちの増加の一因とも考えられる。

　浮ヶ谷幸代も、「こうした現状を踏まえて、子どもを大人にするための社会装置として、どのような形を今後作りだしていくのかという問いが、私たちに課せられているのである」[69]としている。文化の内容、社会の構造、電子機器を含む科学的機械的メカニズムなど、すべての事象の進展の速さに今や個々の人間は追いつけないほどである。『三びきのやぎのがらがらどん』のやぎのように、人類が「橋」を渡ることを考えなければならない時なのだ。

　絵本という想像的・芸術的体験が、子どもたちがその後の「生」を生きて行く上で、どれほどの意味や役割を持つのか、多分、その検証は不可能だろう。しかし、『三びきのやぎのがらがらどん』という絵本体験を通して、子どもたちが、「橋を渡る」という試練を体験したことは確かである。

　絵本のなかには、何冊も、子どもたちの、それも姉・兄になろうとするときに経験しなければならない移行期をテーマにした作品がある。ここでは、一冊だけ紹介する。アメリカのエズラ・ジャック・キーツの絵本『ピーターのいす』[70]である。「ピーター」シリーズの一冊で、黒人の子どもを主人公にして、初めて絵本として成功した作品である。一人っ子だったピーターに妹が生まれた。今まで自分のものであったベッドなどが、青からピンクに塗り替えられていく。文章は短く簡潔であり、絵もコラージュで作成されているので、すっきりした印象を与える。自分の物であったものが、自分の物でなくなっていき、誕生した妹の物になっていくのを見ているピーターの表情は微妙である。彼は家出を決意する。といっても、自分の持ち物を持って、犬のウイリーと一緒に、家の前に家出するだけのことだが。持ち出したものの中に、まだピンクに塗られていない、青いままの椅子があった。ピーター

はその椅子に座ろうとして、はたと気づいた。自分のお尻が椅子に納まらないのだ。彼は、自分が大きくなったことを自分のからだで知る。

「自分は大きくなったのだ。もうあかちゃんではないのだ」と自分で気づき、自分を納得させ、新しい自分を受け入れることを絵本のストーリーのなかで描いた作品である。おとなからの言葉で「お前は大きくなったのだから」とか、「あかちゃんと同じように、お前も大事な子だよ」と言われて、無理矢理納得させられるのではなく、ピーターのように、自分で、自然体で、「ああ、ぼくは大きくなったのだ」と思える状況に置くのは、難しいことに違いない。こうした日常のなかで、リミナリティを越える一瞬をとらえる作品は多くはない。

子どもたちが、「ひとなる」過程で、絵本の中で、自分がその渦中にある問題をテーマにしている作品と適切に出会えるなら、解決はできなくとも、絵本のなかに友だちを見つけることができるだろう。

第7章　絵本『かいじゅうたちのいるところ』
──私の「ひとなった」日々との遭遇[71]──

第1節　絵本『かいじゅうたちのいるところ』と出会う

　本論は、子どもたちと絵本を読んできた臨床の場を基盤にして、子どもたちと出会ってきた絵本を取り上げ、そこにメルロ＝ポンティの現象学から哲学的視点を与えられて、考察してきた。子どもたちの「からだ語」が語っていること、たとえ、そこに子どもたち自身の言葉があったとしても、その声の調子やリズム、イントネーション、その時の身体の現われ方が、もっと豊かに、もっと深く子どもたちが捉えている意味を伝えてくれていた。

　実は、私自身にも絵本との出会いがある。現実の子どもたちとは一切関係なく私自身が出会った絵本は何冊もある。しかし、その多くはおとなとしての私が出会っているという要素が大きい。そのなかで一冊、邂逅としか言いようのない絵本との出会いがあった。この絵本体験なくしては、どれほど子どもたちを通しての絵本体験があったとしても、絵本を信頼しての絵本研究には踏み込めなかったであろう。モーリス・センダックの『かいじゅうたちのいるところ』である。

　30代前半のある日、一冊の絵本『かいじゅうたちのいるところ』が私の目の前にあった。3人の子どもたちは幼児期から小学校低学年くらいだったと思う。そのとき、子どもたちは一人も家にいなかった。このことも、私が現実を消し去って、もう一つの世界に入りこめる環境を形成してくれていた。私は、畳の上にペタリと座って、その絵本を膝の上にのせ、表紙からゆっくりと読んでいった。ことばも絵も読み、ことばから絵に目を移し、また、こ

とばに戻り、また、絵に目をやり、と丁寧に読んでいった。絵には、今までの絵本の絵にはない濃密さがあり、緊迫感があり、強さがあった。

いつの間にか、私は、絵本の世界の住人になっていった。まわりの畳もテーブルも書棚も消え、私は絵本を鑑賞する人でもなく、批評する人でもなく、絵本の中に入り込んでいた。読み終えたとき、激しい感情がからだの内側からせりあがってきて、まるで、爆発が起こったような感覚にとらえられ、どっと涙があふれ出てきた。激情に流されるようにして、私は、しばらく泣き続けた。なにかが、私の中で変わったことを感じた。そしてそのことを強く意識した。芸術的体験で、こうしたことは人生で1回でもあれば幸せと思える、自分の人生をある方向に向けて決定させた「そのとき」だった。

私のまわりにあった硬い重いよろいのようなものが砕けていくのを感じた。それまで、子どもの時からずっと自分を囲っている硬いよろいを意識していて、この硬いものをなんとかして破壊したいと思っていた。私はもっと私らしくありたい、自由でありたいと思っていたのだが、よろいを脱ぐことができないでいた。『かいじゅうたちのいるところ』を読み終えたとき、30年ほど身につけていたよろいが、くずれ落ちていくことを感じた。

その後、イギリスでの留学を終えて帰国したとき、私の絵本体験を取材してくださっていた朝日新聞の記者の由里幸子さんにこの話をすると、私の絵本との出会い、心の変化を実に簡潔な文章に綴ってくださった。

> ひとりで読んでいた正置は、号泣していた。気難しい祖父と無口な父親のもと、4人姉妹の長女としてずっと「いい子」であるように努めてきた。男の子が自由にたけだけしくあばれる場面で、心身を閉じこめた「重いよろい」のようなものが砕け散ったのだ。「もう思い通りあばれることができる」。解放された正置の生き方は、それから、静から動へと、百八十度変わった。家族の生活を守りながらも、したいことをした。タウン誌に絵本のコラムを連載。地域の公民館館長を5年間つとめた。54歳のときに英国に留学し、6年かかってビクトリア朝時代の絵本研究で博士号を得た。英文で出版した著書に、2008年の春、英国の「子どもの本歴史研究協会」から賞を受けた。[72]

何年かぶりに、由里さんの文章に接し、こんなにかっこいい生き方ではなかったこと、もっともごもごと生きてきた、と思う。そうであっても、センダックの絵本『かいじゅうたちのいるところ』との出会いは、私のその後の生き方の方向付けをしてくれたのは確かだった。まさに邂逅であった。

第2節 『かいじゅうたちのいるところ』の第一見開きを見る

『かいじゅうたちのいるところ』の主人公マックスの年齢は、何歳くらいだろうか。3歳から5歳の間だろう。少なくとも学齢期よりも前に思われる。というのは、彼は、あたりかまわず発散する相当量のエネルギーと豊かな想像力を持ち、ひとりの人間としての存在感が際立っているからだ。学校に行く年齢になると、存在が相対化され、エネルギーも想像力も縮んでいき、このような爆発するような形で想像力を開花させることが難しくなるからである。

本文の第1見開きを見ると、左ページには文章が一行だけあり、「あるばん、マックスはおおかみのぬいぐるみをきると、いたずらをはじめて」とあり、次へ繋がっていく書き方がしてある。結局、ひとつの文章が終わるのは、第3見開きに入ってから。

最初の見開きに戻ると、右ページに絵がある。マックスはおおかみのぬいぐるみを着ている。アメリカやイギリスの人に「おおかみのぬいぐるみというものがあるのですか」と聞くと、そんなものは売っていないとのこと。おかあさんがわざわざ作るとは考えられない。要するに、マックスはすでに想像の世界に入りかけていて、おおかみのような気持になっているのだ。絵本の難しさはこういう点にある。絵本の絵は、見えるように描かれていても、象徴的意味を持つのだということ。マックスはおおかみのぬいぐるみを着ていると言うことは、おおかみのような気分になり、暴れまわりたい、むちゃくちゃやってみたい気分であることをあらわしている。

彼はどんないたずらをしているのか。カーテンかシーツのようなものを結んで紐にし、端を壁に打ち付けようとしている。彼のからだには不釣り合いなほど大きな金槌を振り上げているが、それは彼があれこれぶち壊してやりたいと思っていると言うことで、彼の怒りやいらだちの大きさを表している。釘も異様に大きく、すでに壁に亀裂が入っている。彼は家（既成の価値観を子どもに押し付けるおとながいるところ）を破壊しようとしているのだ。今マックスがしていることは、世の秩序と言われている壁（理不尽なおとな社会）を壊そうとしていることなのだ。すると、マックスがしていることは、単に子どもがしているいたずらとばかりは見えなくなり、人生の真実を物語っていることになる。

マックスは、積み上げた本を足場にして、その上に乗っている。ここには、二つのことが考えられる。一つは、マックス（あるいは、センダック）が人類がこれまで築いてきた文化なんかたいしたものじゃないと思っていること、そして、その文化（書籍）の上に自分たちの新しい文化を築きあげていかなければと感じていることなど、高いところに昇ろうとする子どもの覇気が読み取れる。それでもやっぱり、築くにはこれまでの文化の踏み台がいる。

左側に、ベッドカバーのようなものが三角形をなして垂れ下がり、中に丸いスツールが見える。この設定は、この絵本のうしろから4見開き目（第15見開き）への伏線になっている。すなわち、自分の家での第1見開きが、ずっと後に、マックスがかいじゅうたちのところから家に帰ることを決意をする重要な場面に繋がる。両方の場面に、テント（天蓋）とスツールというセッティングがある。

この絵で気になるのは、一番左手に描かれている犬のような人形（ぬいぐるみ）。その犬は左手を紐でくくられ、その紐は針金ハンガーに結わえつけられている。そのために、いかにも居心地悪そうにぶらさがっていて、左目でうらめしそうにマックスを見ている。この犬の心理状態は、微妙にマックスの心理状態を表している。権力あるもの（おとな）への怒り、しかしその

力にはどうにも太刀打ちできない自分の小ささや弱さに対する無力感や哀しみを表わしている。

　この絵に対応していることばは上記した1行のみで、そこには「いたずら」ということばがあるが、マックスがどういういたずらをしているのかは、絵の中でのみ描かれている。さらに、ことばでは「いたずら」だが、絵を見ると、単にいたずらとは言い切れないマックスの心的状態が、彼の表情、動作、まわりのセッティングで表現されている。マックスの表情は決しておおげさに描かれているわけではないのに、彼の内面をあらわしているのは、絵の描き方にある。センダックは線の画家である。陰影や明暗はハッチング（一方向に線を並べる）やクロスハッチング（一方向だけではなく、異なる角度の線も入れる）を使って描きだす。第一場面の壁を見ると、背景となっている壁がクロスハッチングで描かれ、マックスの背後の壁に比べて、釘を打ち付けている壁の方がクロスハッチングの密度が高く、暗さを帯びているのがわかる。部屋全体が暗く沈んでいて、白いおおかみのぬいぐるみ姿のマックスを浮き立たせており、マックスのいら立ちややる気を暗さに対決する形で描いている。壁の暗さは、マックスの気持ちを表現していて、いっそうマックスが単に面白がって「いたずら」をしているのではないこと、苦しんでいること、怒りを感じていることが伝わってくる。

第3節　「かいじゅうたちのいるところ」はどこにあるのか

　初めて絵本を見た時に、この第1見開きをこのように分析して見たわけではない。しかし、30代のおとながすっと、この絵本の世界に入って行けたのは、センダックの実に緻密な絵の描き方によるものだった。
　一枚ずつの絵の描き方の密度が高いだけではなく、絵本の展開の仕方も密度の高いものだった。絵本の絵を捲っていくと、絵が次第に拡大していく。第2見開き（大きなフォークを持って、本物の犬を追いかける）、第3見開き（タ

ご飯抜きで寝室に放り込まれる)、第4見開き(寝室に木が生えだす)、第5見開き(木々がどんどん増える)とだんだん1ページの画面が大きくなり、第6見開き(辺り一帯、森や野原)で画面は1ページまるまるまで広がる。

　第7見開きで、画面が切り替わり、新しい世界が出現する。これまでの森や野原ではなく、大海原が突如としてあらわれ、画面は左ページまではみ出す。そして、マックスのところに船がやってくる。というよりも、マックスが船を呼び寄せたのだ。船には「MAX」(マックス号)と書かれている。この大海原の出現は、かいじゅうたちのいるところは、地続きの森や野原をどんどん行ったところにあるのではなく、海(水)を越えて行かなければならないことを示している。想像の世界にたどり着くには、「超える」必要性を物語っている。第8見開きでは、さらに左ページに絵が広がり、そこにひとりのかいじゅうが海の中からぬっとあらわれ、かいじゅうたちのいるところが近いことをあらわしている。

　第9見開き(かいじゅうたちのいるところに到着)では、下の三分の一ほどの余白を残して左右両ページにまたがって描かれ、その後、第10見開き(マックス、かいじゅうたちと向かい合う)、第11見開き(マックス、かいじゅうたちの王様になる)と次第に下部の余白がせまくなり、次の第12見開きで全画面の絵となり、第13見開き、第14見開きと3見開き全部がマックスとかいじゅうたちとの踊り狂う場面。マックスの想像世界が全開している大迫力の絵巻物となっている。

　そして、転換点の第15見開きになって、また、絵は下部に余白を取って描かれる。マックスの表情には、今までのエネルギーの爆発、漲る緊張感はなく、疲れて寂しそうに見える。マックスの顔やからだに引かれたクロスハッチングの線が、影となっているが、この影はマックスの内面にあらわれた影(寂しさ、孤独)を表現している。この後、第16見開き(マックスはかいじゅうたちと別れる)、第17見開き(帰りの航海)と絵が少しずつ小さくなり、第18見開き(寝室に帰還)で、第6見開きと同じ大きさ、即ち1ページ大に

戻る。第6見開きは、寝室が森や野原にすっかり変わっている場面だが、マックスが自分の寝室にいる最後の絵であり、第18見開きで、マックスはそこに帰ることになる。ただし、森も野原はすっかり消えて、第3見開きと同じ寝室（現実の状況）になっている。

　マックスは、同じ部屋の中へと帰ってきたわけだが、第3見開きのマックスと第18見開きのマックスの間には、大きな違いがある。出かける前のマックスは、おかあさんの方を睨み付けており、「ふん」という顔をして、腹を立てている。帰ってきたマックスは、満足そうな顔をしている。おおかみのぬいぐるみのフードを後ろにずらしていることから、おおかみの気分も和らいでいることを示し、しかしまだぬいぐるみをきたままであることは、またいつか、おおかみになり、想像の世界に旅立つことをあらわしている。セッティングにも違いが見られる。窓の向こうの月が、出かける前は三日月だったのが、今は満月になっている。そして、おかあさんは「ゆうごはんぬきですよ」と言ったのだが、帰ってきたら、テーブルの上には、まだほかほかと温かい夕ご飯が置いてある。

　いったい、この間になにがあったのか。「かいじゅうたちのいるところ」はどこにあるのだろう。森や野原も、大海原も、船も、かいじゅうも全部マックスの想像の世界の住人たちやセッティングだ。かいじゅうたちは、マックスのなかの荒れ狂う怒りの造形物なのだ。マックスがかいじゅうたちの王さまになる辺りでは、いかに自分の怒りをコントロールするかを示している。

　第12、13、14場面の踊り狂うシーンの連続は圧巻であるが、不気味さも漂う。この3見開きには言葉がない。すなわち、言葉を失って、からだだけで暴力的に自分自身を表現する。言葉で表現する人称的実存を捨てて、非人称的実存の時に戻ることを意味している。

　しかし、マックスは現実の世界に（おかあさんがいるところに）帰りたくなる。おいしいにおいも流れてくる（現実の世界では、ここでおかあさんが夕ご飯を運んできてくれたのだろう）。マックスは想像の世界から現実の世界へ帰る決

意をする。次の見開きは、かいじゅうたちに別れを告げる場面で、マックスの決意が試される。マックスはかいじゅうたちから、帰らないでくれ、お前が大好きなんだから、と頼まれる。確かに、「かいじゅうたちのいるところ」で暮らしていれば、自由気ままに踊り狂い、暴れまわっていればいいのだ。非常に魅力的な世界だ。しかしマックスはきっぱりと、「No！」とひとこと言って、さよならの手をふる。日本語では「そんなのいやだ！」と訳してあるが、この「ノー！」のきっぱりとした表明がマックスの気持ちを表している。そして、マックスは現実世界へと帰還する。

センダックは、『かいじゅうたちのいるところ』によってコールデコット賞を受賞し、その受賞スピーチの最後を次のように結んでいる。

> 『かいじゅうたちのいるところ』は、だれもかれもに喜んでもらうための本ではありません。子どもたちだけが喜んでくれればいいのです。ある七歳の男の子がくれた手紙のおかげで、私は自分の思いが望んでいたように子どもたちに通じたのではないかと思えるようになりました、それはこんな手紙です。「かいじゅうたちのいるところへいくのには、いくらかかりますか？あんまり高くなかったら、こんどの夏休みに妹と行きたいと思っています。すぐにおへんじください。」私はその質問には答えませんでした。なぜなら、遅かれ早かれこの子たちは、お金など払わずに自分で行く道を見つけるに違いないと思ったからです。[73]

『かいじゅうたちのいるところ』が、おとなにも喜んでもらえる絵本であることをセンダックは喜んでくれるだろう。この絵本を読んだおとなが、自分もお金を払わずに「かいじゅうたちのいるところ」へ行く道を見つけられた、あるいは自分もずっと知っていたことに気づくことができるのだ。

第4節　私にとっての『かいじゅうたちのいるところ』

この作品は、枠物語の構成をとっており、まず外側に現実世界があり、その中に想像世界がある。まるで母親の胎内のように。マックスは、現実世界

から旅立って想像世界に行き、自分自身の決意で現実世界に帰ってくる。ここで重要なのは、マックスの本来の対決相手である母親の存在である。マックスは、社会規範を盾にとる母親に腹を立てているのだが、母親が好きであり、母親なしには生きていけない自分の存在も十分に知っている。住まいも着るものも食べるものも、暖かさも栄養も安心も愛情も与えてくれるのが母親だ。マックスはその母親のもとに帰ってくる。もし、この作品が、かいじゅうたちのいるところにマックスが留まる作品であれば、非常に怖い作品であると言える。

この作品が出版された1963年、アメリカの図書館関係者から、こんな恐い作品を子どもたちには手渡せない、と反対の声があがった。ところが、子どもたちは、自分たちの絵本として受け取った。翌年、アメリカで前年度に出版された絵本のなかで一番すぐれた作品に与えられる賞であるコールデコット賞を受賞した。そのコールデコット受賞スピーチで、センダックは次のように語っている。

> ［子どもたちの］現実とは、彼らが恐怖、怒り、憎しみ、欲求不満などの感情に常に脅かされているということにほかなりません。こうした感情はどれも子どもの日常生活に普通に見られるものですが、彼らはそれを制御できない危険な力として味わうほかないのです。そうした力をなんとか飼いならしていくために、子どもたちはファンタジーに向かいます。そしてその想像の世界の中で、子どもたちを悩ましている感情は次第にほどけ、満足が得られるのです。私の本の主人公マックスは、ファンタジーによって母親への怒りを解消し、眠くなり、おなかをすかせ、自分自身と和解して現実世界にもどってきます。[74]

センダックは、子どもたちが、現実の世界と想像の世界の両方の世界に生きることができ、その間を自由に行き来できるのだとしている。この能力をおとなはすでに失っているがとも書いているが、残念なことには、今では子どもたちすらこの能力を失い、失ったままおとなになっていく人が多いのが、現在の社会問題のひとつの要因ではないかと思う。

私が、『かいじゅうたちのいるところ』という作品に衝撃的に出会ったのは、想像の世界を持つことは現実からの逃避ではないのだ、それどころか、想像の世界を持つことなしに現実の世界を生きていくことはできないのだということを、絵本という芸術形態で伝えてくれたことだった。しかし、いま、メルロ＝ポンティの『知覚の現象学』を紐解いた後では、あの40年前の『かいじゅうたちのいるところ』との出会いは、もっと大きな意味を持っていたと言うことができる。それは、この論文を書く事を通して、「だっこでえほんの会」の子どもたちと再び共にあることを通して、自分の年月をさかのぼる旅をすることでもあった。そして最後にたどり着いたのは、自分自身の「ひとなった」日々への帰還でもあった。私がまだ硬くて重いよろいを着る前の私への。

　それは、自分自身のなかにある前人称的存在の気づきだったのだと、今やっと言える。

　私は、時折り、烈しい怒りに取りつかれ、押さえることに苦労してきた。例えば、理不尽なこと（と私が思う）への怒りなどで爆発しそうになる。あるいは、もっと喜びを踊りまわって表したい、と思うが、どうもできない。要するに、もっと自由に自分を表現したい、もっと飛びだしたいなどと思う。そして、生れて最初の数年の「ひとなる」日々は、それが出来た日々であったことに気づいた。その後の人称的実存を形成していく過程で、そうした非人称的実存は気づきにくくなるが、いつも、この私の身体と共に存在し続けているのだ。

　「一歳未満の未開の思惟が、成年期の思惟の底にも、不可欠な獲得物として存在しているに違いない」[75)]とメルロ＝ポンティは述べるが、『かいじゅうたちのいるところ』を読んだ時に、ああ、そういうことか、と気づいたのだ。おとなの私の思惟に、幼年期の未開（非人称的実存）の思惟が浮かび上がってきたのだ。さらに、幼年期と老年期は持続しているとメルロ＝ポンティは述べる。

第 7 章 絵本『かいじゅうたちのいるところ』 273

　　われわれが生きてきたところは、われわれにとって永久に存在し続けるものであって、老人は己れの幼年時代と接続しているのだ。産み出されてゆく各現在は、時間のなかにあたかも楔(くさび)のようにうちこまれ、それぞれ永遠たることを主張している。永遠とは、時間の彼方にある別次元のことではなく、時間をとりまく雰囲気なのだ。疑いもなく、偽りの思惟もまた真実の思惟とおなじく、この種の永遠性を保有している。私が誤りをおかしたことは永久に真実である。とすれば、真実の思惟のなかには、別種の豊かさがなければならず、それが真実でありつづけるのは、単に実際に生きられた過去としてだけではなく、時間の経過のなかでいつも捉え直される永遠の現在としてでもなければならない。［…］したがって私の人生の経過のなかでその現実性を保有しないものはないからである。しかも、それがその現実性を保有するのは、単に取り消し得ない事実としてそうなのではなくて、私が人生の経過のなかでみとめたより完全な真理なり価値なりにいたる必然的段階としてもそうなのである。私の保有する真理は、こうしたいくつかの誤謬によって構成されており、それらを己れの永遠性のなかに引き入れる。[76]

　こうした文章を読むと、自分のこれまでを「必然的段階」と思わざるを得なくなる。そして、確かに、誕生から70代まで、継続しているのだ、と認めざるを得ない。私のメルロ＝ポンティとのかかわりは、これからも続くはずである。そのことと関係してくるかもしれない『かいじゅうたちのいるところ』について、もうひとつの発見を書いておきたい。日本語のタイトルは『かいじゅうたちのいるところ』であるが、英語原書のタイトルは、*Where the Wild Things Are* である。日本語の「かいじゅう」は、英文では"Wild Things"であることに気づいたとき、私はこの作品を一層了解することができた。それは、自分の中の「荒々しいものたち」との邂逅であり、自分の中の「野性」のような部分、これは非人称性とも重なるが、これをなくしては生きてはいけないのだという気づきでもあった。メルロ＝ポンティの『シーニュ』第1巻の「モースからクロード・レヴィ＝ストロースへ」の章で「野性の領域」について述べている。

　　同じ一人の人間が、自分の論ずるすべての社会を経験によって知るということは

できないし、またその必要もない。彼が時折り、しかもかなり長期にわたって、他の文化から教えられるすべを学んだというだけで十分である。以後彼は、一つの新しい認識の機関をわがものにするわけだし、自分自身の文化のうちに取り込まれていないために、それによってかえって他の文化とも融通し合えるような、みずからの野生の領域を取りもどしたことになるからである。77)

　私の場合、「他の文化」の「他」は地球上の他地域ではなく、「おとなの文化」ではなく「子どもの文化」である。私は、子どもたちからかなり長期にわたって教えられるすべを学んだと言えるかもしれない。観念的な子ども像ではなく、目の前の現実の生世界を自分自身の身体で生きている子どもたちから。そして、おとなの文化にすっかりとりこまれていないために、子どもたちとも通じるようなみずからの「野生の領域」を取り戻しつつある、といえるのかもしれない。「野性の領域」は、まだおとな社会に取り込まれていない乳幼児期の子どもたちのなかに存在している。

おわりに─誕生から〈わたし〉の生成にむけて

　人が「ひとなる」のは、広い意味では、誕生から命を終える時までである。しかし、本論では、誕生してから最初期の数年間に限っている。絵本を読んでもらって、およそ3歳半を越した頃、ひとりで座って、ひとりで絵本の世界に、それも厳しい世界を描いている物語世界で生きるようになる。子どもたちが、絵本『おおかみと七ひきのこやぎ』の世界で、ひとりで生きるようになったそのとき、彼らはまさしく「母親の膝」を降りた時であり、それはちょうど〈わたし〉が誕生した時でもあった。岩田純一は『〈わたし〉の世界の成り立ち』の中で、自他の呼称の変化と年齢について述べている

> 個人差はあるが、"〜チャン"のなかに、"ボク""ワタシ"が初めて出現してくるのは、やはり2歳の前後あたりであり、"アナタ"の出現や使用もそれにほぼ平行している。自分を脱して別のものになることによって〈わたし〉と〈あなた〉の互換的な関係性へと導かれる。「わたし」や「あなた」ということばが使えるようになるには、「わたし」や「あなた」とよんでいるものは、あなたにとっては「わたし」であり、あなたが「あなた」とよんでいるものは、わたしにとっては「わたし」であるといったように、立場によって替わる自他関係の相対性を理解しはじることによって可能となってくるのである。[…]他者との同質的で互換的な自己のありかたから、しだいに他者に対置する自分が意識されてくる。特権的な〈わたし〉への気づきが芽生えてくるのである。[…]圧倒的に多い"〜チャン"という固有名による自称が減少し、特権的な"ワタシ"や"ボク"を使用する割合が増えてくるのは、3歳を過ぎる頃からである。[78]

絵本の介在がなくとも、子どもは3歳を過ぎたあたりから自然に自分のことを「〜ちゃん」から〈わたし・ぼく〉へと移行させるかもしれない。しかし、ここで考えたいのは、ただ友だちが使っているからとか、親に促されてでは

なく、〈わたし・ぼく〉という自称を、岩田のいう「特権的に」、あるいは「誇りを持って」使用しているかどうかである。

　第三部で紹介した絵本『りんご』への子どもたちの向かい方に、自分と対象物との捉え方の変化が見て取れる。最初は、相貌的に「りんご」を捉えて、自分と同じような存在と思い、「こんにちは」とお辞儀をする。それから、「りんご」は食べるもの・食べられるものとなる。それでも、まだ「りんご」を単なる客体的事物と看做すことはなく、ピンクのりんごのなかに自分との同質性を認めて、「Aちゃんや」と叫ぶ。あるいは絵本に呼びかける。この後まもなく3歳となるAくんは、近い将来に〈ぼく〉と自分のことを呼ぶようになるだろう。しかし、自分のなかに、他者との相貌性を間主観的に見出すことはずっと続くであろう。

　絵本がどのようなことを幼い子どもたちに伝えているかを考えてみよう。まず考えられるのは、絵本における表現要素の言葉と絵の関係性である。幼児期前半の子どもたちは、絵本の中へ、身体まるごと飛び込んでいく。投企する。そして、おとなに読んでもらっている言葉を聴きながら、目はじっと絵に注がれる。絵本のなかの絵と言葉は、とりわけ幼い子の絵本の場合は、言葉と絵は同じ内容を表現している。言葉で「りんご」と語り、絵でも「りんご」が描かれている。もう少し年齢の高い子の絵本であれば、言葉と絵の間にギャップがあることも絵本の楽しみ方の一つであるが、幼い子と絵本を楽しむときには、「りんご」という言葉には、「りんご」の絵（それも美術的に見ても品格があり美しい絵）があってほしい。言葉の習得期にある子どもたちにとって、その物はどう呼ばれているのか、あるいはそのように呼ばれているものはどういう物であるかが、適切で明確であるほうが望ましいだろう。「りんご」と文字表記されていて（おとなに読んでもらうのだが）、「みかん」が視覚的表現でされていたり、「りんご」の絵であっても、品格のない絵であったり、デザイン性が強すぎる絵では、「りんご」の間違った、あるいは歪んだイメージを与えてしまいかねない。

この時期は、シニフィアン（能記）とシニフィエ（所記）が結びついていき、言葉を習得し、自分自身で言葉を紡いでいくその基になる言葉を身につけていく時期である。シニフィアンというのは、「りんご」という言語表現の言葉であり、シニフィエというのは、その言語表現で対象となっている「りんご」という物のことである。従って、人生の初期の段階で、歪んだ表現のシニフィアンとシニフィエが身体に入ってくると、他の人と対話する時に、イメージが合わないことも生じるだろう。もっとも間違って覚えていたとしても、いつかわかったときに、ああ、そういうことだったのかとわかればいい場合も多いだろうが、適正な美しいイメージを持っていた方が、幸せなような気がする。絵本は、表現的には、言葉と絵とからなるために、シニフィアンとシニフィエの関係性を明快に伝えてくれるため、単に知識としてではなく、名称と事象の適切でくっきりしたイメージを持てるようにしてくれる。

　りんご以外で例を挙げるとすると、「ワンワン」がある。シニフィアンは「ワンワン」という音声表現であり、シニフィエは「ワンワン」という音声表現の対象となっているイヌと言えるだろう。ただ、2歳半くらいまでは、イヌ以外の動物たち、例えば、ネコもライオンも「ワンワン」である。やがて分節化されていき、それぞれのシニフィエに対してそれぞれのシニフィアンを持つようになる。

　さとうあきらの写真の絵本『こんにちは　どうぶつたち』[79]では、動物たちが前を向いて登場している。この絵本の優れているところは、写真絵本だからとか読者の子どもたちに向って前を向いているからではない。そこに命あるものたち、生きているものたちがいることだ。ゴリラは子どもたちに向って語り掛けている。言葉として書かれているわけではないが、ゴリラの表情は、「オレはゴリラとして生きているぞ。お前もちゃんと人間やっているか」と語っている。子どもたちは最初のうちは、どの動物にも「ワンワン」と名付けていたが、次第にそれぞれの名前で呼ぶようになる。動物を描いたらこの人以上の絵本画家はいないと思われる薮内正幸の『どうぶつのおかあ

さん』[80]も、同じ経過をたどる。

メルロ＝ポンティは、対象（シニフィエ）と名前（シニフィアン）について語っている。

> 子どもにとっては、対象はその名前が告げられたときにはじめて認識されたことになるのであり、名前は対象の本質であって、対象の色や形とおなじ資格で、対象自体に宿っているのである。[81]

と言うことは、名前を覚えることが大事だと言っているのではなく、「語自体が意味を身に帯びており、それを対象に当てはめることによってわたしは対象を捉えたことを意識するのである」[82]ということと同じ意味である。言葉（シニフィアン）そのものの実質的な豊かさが大切だと述べている。言葉の獲得は重要であり、年齢を重ねるに従って、言葉を使って考え、言葉を使って対話し、言葉を使って問題を解決するようになる。もし「りんご」という言葉がなければ、「いぬ」という言葉がなければ、私たちは、「りんご」や「いぬ」そのものを持ち、連れて行動しなければならなくなる。また文章も書けないし、本も読めない。無論、本も存在しない。つまり、言葉を習得することによって、人は自由を獲得したと言える。が、問題はここにある。言葉（シニフィアン）を語るとき、書くときに、豊かな対象物（シニフィエ）や実質的な意味を宿していなければ、言葉は薄いもの、まがいものになってしまうだろう。残念ながら、現代では、言葉は実質的な内容を失いつつあり、中身のない外皮だけの言葉がひとり歩きし、そのような軽い言葉が持てはやされる時代である。そういう時代にあっては、優れた絵本は、言語表現と視覚表現により、実質的な内容とその内容を表わす言葉を子どもたちに届けていると言える。

絵本の絵は、幼い子どもたちに多くのことを語り、絵本の世界へと誘い込む。例えば、『三びきのやぎのがらがらどん』を取り上げると、3びきのやぎの大きさと色で、子どもたちは、やぎのひ弱さや力強さを捉えることがで

きる。一番小さいやぎは、小さいばかりではなく、足が細く、色が白く、いかにも幼く見える。このこやぎでは、トロルとまともに戦うどころではなく、ぱくりと食べられてしまうだろう。と思っていたら、知恵を使って、なんとか切り抜ける。よかったよかった。2番目やぎは、ちょっと大きいし、体の色も茶色が増えていて、元気そうだ。でもトロルと戦うにはまだまだ駄目だ。と思っていたら、このやぎも知恵を使って逃れる。3番目やぎの大きいこと。あたまが画面いっぱいに描かれている。トロルの方を見たら、今度はトロルのほうが、怖がっているように見える。もう戦う前に、ヤギの方が勝っているのだ。絵本を見ている子どもたちのからだつきを見ていると、最初は絵本のなかの小さいやぎのようにからだをすぼめて弱そうにしていたのが、段々とからだが大きくなり、最後のやぎが「おれだ！」と叫ぶときには、自分も一番大きなたけだけしいやぎになって、力いっぱい「おれだ！」と叫んでいる。

　子どもたちは絵に描かれているやぎになっているのだ。その他の絵本についてもおなじことだ。『海のおばけオーリー』を読んでもらうと、あざらしの子のオーリーになり、長いセントローレンス川を北海に向けて泳ぎくだる。紙に描かれた絵や物語なのだから、読むだけでいいのに、子どもたちは自分のからだで泳ぐのだ。疲れきるまで。『ちょうちょ　はやくこないかな』を読んでもらえば、オオイヌノフグリになってちょうちょをいつまでも待つ。

　子どもたちは、言葉を耳で聴きつつ、絵本の中に入り込み、主人公になって生きることになる。すると、『三びきのやぎのがらがらどん』の時には、自分自身、小さいやぎから次のやぎへ、ついで大きいやぎへと成長していき、最後には「おれだ！」と誇らかに胸を張ることになる。このようにして、子どもたちの絵本体験がなされるとき、子どもたちは絵本の世界の中で存在したことになり、ある特別の「生」の体験をしたことになる。現実世界では体験できない体験をすることで、子どもたちの「生世界」は一層豊かになり、現実世界では受け止められないほどの怒りや悲しみや喪失の体験を乗り越え

ていくことが可能になる。『かいじゅうたちのいるところ』のマックスのように、自分でファンタジーの世界に旅立つ方法を手に入れたのだ。

『三びきのやぎのがらがらどん』の作者であるマーシャ・ブラウンは、著書『絵本を語る』のなかで、絵本画家の仕事を次のように述べている。

> 子どもの本の中で、子どもがよってたつ精神を指し示すことをせずに、おもしろおかしい仕掛けやトリックなどで楽しませようとすることは、おとながもっている子どもへの不信感をそのつど見せることになりますし、また折角の自己同一化のチャンスを子どもから奪ってしまうことにもなりかねません。[83]

子どもたちが、『三びきのやぎのがらがらどん』の画家に導かれて、絵本の世界に入り、彼女が指し示してくれている精神を受け取って、主人公となって危険な冒険ができるのは、画家が子どもたちへの信頼をもって表現をしてくれるからである。現在出版されている絵本の多くは、子どもが拠って立つ精神を指し示すどころか、子どもが本来持っている力さえ奪いかねない作品であることは、残念でならない。

絵本の持っている機能が子どもたちに伝えている質として、時の流れがある。あかちゃんのときから読んでもらっている子は、読み手がページを捲るという動作をすると、ぱっと新しい場面が生れることを承知するようになる。『いないいないばあ』を何度も何度も読んでもらうと、絵本というものはページをめくると次の新しい場面があらわれるのだと理解し、「次」を待ち望み、期待するようになる。

絵本は、転換のくっきりとした舞台展開のあるドラマのようで、その点、子どもたちにわかりやすい。目に見えるスタイルで、場面が切り替わり、次へ次へと進展する。ページを捲っていくと、悲しいことも起こるが、いいことも起こる。『ちょうちょ　はやくこないかな』では、待っても待ってもちょうちょは来てくれないけれど、最後には来てくれた。ここには、裏切られることの悲しさ、待つことのさみしさ、ひとりぽっちの孤独があるけれど、

待っていたら、きっと大丈夫だ。おはなしってそうなっているのだ。物語とは、時の流れだと言うこともできる。時の流れがあるから、物語が生まれる。

　子どもは、空間というものは目で見えるから理解できるが、時間は見えないからわかりにくいと一般的に考えられているが、絵本というメディアは、子どもたちに、物理的時間ではなく、主観的時間を伝えるのに優れた文化財であると言える。

　このことと関わりもするが、絵本の主人公が一冊の絵本のなかを通して生きているということから、生きることの一貫性を知ることができる。例えば、『かいじゅうたちのいるところ』のマックスは、初めから終わりまで、マックスである。いたずらをしているマックス、かいじゅうたちのいるところに行くマックス、かいじゅうたちと踊り狂うマックス、また自分の部屋にいるマックス、みんな同じマックスなのだ。全部マックス自身なのだ。かいじゅうのところだって、夢なんかじゃない。マックスはかいじゅうたちのいるところへ本当に行ったんだ。すごいなあ。

　この生存の一貫性は、読者である子どもたちに、自分自身の「生」の一貫性を身体に刻み付ける。〈わたしはわたし〉というアイデンティティが確立していく。間違ったことをしても、失敗をしても、良いときも悪いときも〈わたし〉であることに変わりはない。〈わたし〉の変容をシンプルに美しく描いた絵本に西巻茅子の『わたしのワンピース』がある。生きて行く過程で出会うものを受け入れることで変容していくが、わたしはいつも〈わたし〉である。うさぎの女の子のドレスの変化によって、生きて行くことのメタモルフォーシスを表しているが、深い内容をこういうスタイルで描けるのは、絵本表現ならではである。

　また、なににもまして絵本の長所は、絵本は一冊の本であり、自分の手で持てること。そして、入り口があり、出口があること。そのなかに物語があること。そして、その本を抱きしめることができること。プレゼントとして手渡すことができること。そして、いつの日か、次の世代に手渡すことがで

きること。「だっこでえほんの会」の子どもたちは、誇りある〈わたし・ぼく〉が誕生する頃には、自分自身の大事な一冊の絵本も持っているだろう。

絵本に出会うという体験は、メルロ＝ポンティが述べるゴッホの絵を見た体験と同じではないだろうか。

> ヴァン・ゴッホの絵〔を見た経験〕は永久に私のなかに据え付けられて、もはやとり返しようもない一歩がそこに印されたのである。たとえ私が自分の見た絵の精確な記憶をなんら保持していなくとも、私の全美的経験は、それ以来、ヴァン・ゴッホの絵を知った者の経験となるわけである。[84]

ならば、子どもたちが、『いないいないばあ』や『りんご』を見た体験は、永久に子どもたちのなかに据えつけられる。ただし、記憶として取り出せるかどうかは別である。そうであっても、読んでもらった絵本は、子どもたちのからだのなかに据えつけられているのである。ここで、私がこれまで子どもたちと読んで、子どもたちからその読み取りを教えてもらい、絵本の深さを教えられたと言える絵本の代表的な作品を並べてみる。

- 『いないいないばあ』
- 『りんご』
- 『もこ　もこもこ』
- 『ちょうちょ　はやくこないかな』
- 『かいじゅうたちのいるところ』
- 『三びきのやぎのがらがらどん』
- 『おおかみと七ひきのこやぎ』
- 『海のおばけオーリー』
- 『ロバのシルベスターとまほうのこいし』

最後の2冊は、小学生たちと読んだものであるが、こうして並べてみて、全部がほぼ同じテーマを持っていることに気づく。それは、一言で言うなら、非存在と存在、および存在の喜び、である。非存在と存在を具体的に表して

みると、喪失と獲得（希望）、別れと再会（出会い）、消失（失う）と再発見、闇と光、悲しみと喜び、いないといる（いた）、分離と再統合などである。こうしたことは、子どもたちが誕生して最初に出会う絵本である『いないいないばあ』に始まって、小学校の4年生から6年生の頃に出会ってほしい絵本と私が思っている『ロバのシルベスターとまほうのこいし』まで通じるテーマである。そして最後は存在自体の喜びとなる。『りんご』や『もこ　もこもこ』は、存在の喜びのテーマ性が大きいと言えるだろう。非存在と存在は、リミナリティとも通じる。非存在から存在への移行期が、危険なリミナリティ期間である。生きるということは、非存在と存在の繰り返しである。

　3年間、絵本読みに付き合ってくれた子どもたちが、何を獲得したかを述べることは難しい。それに、何かの獲得を求めて、「だっこでえほんの会」をしている訳ではない。

　言えることは、「ゴッホの絵を見た」と言えるのなら、子どもたちは、「こういう絵本を見た」ということは確かである。それは、絵本ならどの絵本でもいいのではなく、非存在と存在について、非常に根源的な物語として、総合芸術という形態で表現されている絵本であるということである。

　そして、生きるということは、非存在から存在へではなく、存在から非存在への移行期の物語だと言えるだろう。この移行期には、深い谷川にかかる橋を渡らなければならない時もある。橋の下には怖いトロルもいる。そして、いま現在、そこで命を失う子どもたちも多い。

注
1)　「だっこでえほんの会」に乳幼児たちを連れて参加するのは、おかあさんたちがほとんどである。ときには、おとうさんやおばあちゃんの場合もあるが。「おかあさん」と書くことで、ジェンダーの役割を固定するとも考えられるが、その点を加味して、「保護者」や「養育者」と表記することも可能かもしれない。あるいは「第二者」という表記も有りうる。しかし、本論では、「おかあさん」を使用する。現時点では、子どもたちの視点を取れば、抱いているのは、「おかあさん」以外の

2) メルロ＝ポンティ『知覚の現象学』1巻 p.18.
3) 「だっこでえほんの会」では、四月のはじまりの時点で、また、折に触れて、絵本を読んでもらっている子どもたちの写真を撮ること、目的は、私が「子どもと絵本」に関連したテーマの論文を執筆する時に参考にすること、そしてもし公開される論文に使う時には再度許可をいただくことをお話ししている。写真は飯田妙子さん（青山台文庫の代表）が撮影している。写真撮影には、撮影者の気持ちが入ることもある。またビデオの方が、現場にいる時には気が付かなかったことが写り、気づかせられるということもあるが、後からビデオを回してみることに要するエネルギーと時間を作り出すことは不可能と思えたこともあるが、青山台文庫でのおはなし会や絵本読みにしても、「だっこでえほんの会」にしても、研究のために始めたのではないし、論文執筆のために行なっているのではないという気持ちがビデオ使用に向かわなかった大きな要因であり、今でも写真撮影であっても飯田妙子さんも私も後ろめたさをともないながらの使用である。また、今の子どもたちは、写されることに慣れていることもあって、かえってカメラ目線になりやすい。写真であっても、絵本読みに終始し、目の前にいる子どもたちのことしか見えていない私には、写真を見ての発見や気づき、感動もある。あまり絵本に集中していないと思い込んでいた子が、案外絵本をよく見ている体つき、視線に驚くこともある。その意味では、私が目の前しか見ていないのに対して、全体を見る担当をしてくださっている飯田妙子さんの方が、絵本の周辺の外に散らばっている子どもたちも捉えていているであろうことが想定される。私のパースペクティヴと飯田妙子さんのパースペクティヴの違いが、「だっこでえほんの会」や「青山台文庫」を成り立たせているとも言える。本論でも、子どもたちの写真を入れるかどうか考えたが、まずは文章だけで成立させることを目指した。
4) 『おおかみと七ひきのこやぎ』 p.3.
5) Bruner, Jerome S., 'Peekaboo and the Learning of Rule Structure' by Jerome S. Bruner and V. Sherwood (1975) pp.277-285, in *Play: its role in development and evolution*, by J. S. Bruner, A. Jolly and K. Sylvia (eds.), Penguin Books, 1976. 日本語訳は出ていない。日本語訳は私の試訳。
6) ジェローム・ブルーナーの項は、2014年11月29日―30日に第24回日本乳幼児教育学会（会場：広島大学）にて発表した原稿に基づく
7) Bruner (1976) p.281.

8) Bruner（1976）p.281.
9) ブルーナー（2007）p.131.
10) ブルーナー（2007）p.41.
11) ワロン（1965）p.238.
12) 岩田純一（1998）pp.56-57.
13) スピッツ（2001）p.61.
14) 私は絵本『いないいないばあ』については、論文、発表などを行なってきているが、最初の論考は、次のものである。「あかちゃんと絵本に関する考察―絵本『いないいないばあ』を中心に―」聖和大学論集　第33号　2005年　pp.137-147.
15) 題名に「いないいないばあ」が入っている絵本は、100冊を超える。すでに絶版になっているものも数に入れてではあるが。本論で集中するのは、これまでにも言及している『いないいないばあ』（松谷みよ子ぶん　瀬川康男え　童心社　1967）である。
16) 松谷みよ子（1977）p.38.
17) 松谷みよ子（1977）pp.38-39.
18) 児童文学の歴史を見ると、特定の子どものために書かれた作品が、後世に残る名作になっている場合がある。ビアトリクス・ポターの『ピーターラビットのおはなし』、ルイス・キャロルの『不思議の国のアリス』、ケネス・グレーアムの『楽しい川辺』などがある。
19) 渡辺一枝（1993）p.117.
20) スピッツ（2001）p.43.
21) メルロ＝ポンティ『知覚の現象学』2巻　p.133.
22) メルロ＝ポンティ『知覚の現象学』2巻　p.133.
23) センダック（1990）p.160.
24) 幼い子どもたちの感じる力をおとなに知ってもらいたいと思う。そうすれば、0歳～3歳の子どもたちにむけて、暴力の手を振り上げた時に、痛みを感じ取ってもらえるかもしれない。
25) メルロ＝ポンティ『知覚の現象学』2巻　p.219.
26) スピッツ（2001）p.26.
27) 正置友子 *A History of Popular Picture Books*（風間書房）　第3章を参照。
28) 松谷みよ子（1977）p.38.
29) メルロ＝ポンティ『知覚の現象学』1巻　p.321.

30) メルロ＝ポンティ『知覚の現象学』1巻　p.307.
31) 岡本夏木（1985）pp.33-34.　参照。
32) 岡本夏木（1985）pp.50-51.　参照。
33) 岡本夏木（1985）p.190.
34) 岡本夏木（1985）p.198.
35) メルロ＝ポンティ『知覚の現象学』1巻　p.224.
36) メルロ＝ポンティ『知覚の現象学』2巻　p.273.
37) 正置友子（2015）p.84.
38) メルロ＝ポンティ（2001）p.75.
39) メルロ＝ポンティ『知覚の現象学』2巻　p.128.
40) メルロ＝ポンティ『知覚の現象学』2巻　p.129.
41) 『現象学事典』pp.94-95.
42) 『現象学事典』p.219.
43) メルロ＝ポンティ（1964）p.278.
44) メルロ＝ポンティ（1964）p.315.
45) 正置友子　「日本における子どもの絵本の歴史―千年にわたる日本の絵本の歴史　絵巻物から現代の絵本まで―　その1.　平安時代から江戸時代まで」（『メタフュシカ』第44号）を参照。
46) 谷川俊太郎（2015）p.11.
47) 谷川俊太郎（2015）p.14.
48) メルロ＝ポンティ（2001）p.103.
49) ワロン（1983）p.26.
50) メルロ＝ポンティ『知覚の現象学』2巻　pp.46-47.
51) メルロ＝ポンティ『知覚の現象学』1巻　p.151.
52) メルロ＝ポンティ『知覚の現象学』2巻　pp.208-209.
53) メルロ＝ポンティ『知覚の現象学』1巻　pp.151-152.
54) メルロ＝ポンティ（2001）p.41.
55) メルロ＝ポンティ『知覚の現象学』1巻　p.299.
56) メルロ＝ポンティ『知覚の現象学』1巻　p.23.
57) 『川はよみがえる―ナシア川の物語―』リン・チェリー文と絵、みらいなな訳、童話屋、1996年。アメリカは、1992年。
58) メルロ＝ポンティ『知覚の現象学』2巻　pp.321-322.
59) 第6章は、基本的には、2011年7月4日～8日にオーストラリアのブリスベン

で開催された国際児童文学学会（IRSCL）第20回大会において英語で発表したものを日本語にし、修正を施したものである。

60) ジェネップ、A. V.（1997）p.9.
61) メルロ＝ポンティ（2001）p.28.
62) メルロ＝ポンティ（2001）p.31.
63) メルロ＝ポンティ（2001）p.32.
64) ブラウン、マーシャ（1994）pp.47-48.
65) ブラウン、マーシャ（1994）p.54.
66) ジュネップ（1997）p.16.
67) ターナー（1996）p.125.
68) 浮ヶ谷幸代（2010）p.43. ただし、浮ヶ谷の引用の出典は、メアリー・ダグラス著『象徴としての身体　コスモロジーの探求』（江河徹・塚本利明・木下卓訳　紀伊國屋書店　1983年）である。
69) 浮ヶ谷幸代（2010）p.47.
70) 『ピーターのいす』エズラ・ジャック・キーツ文と絵、木島始訳、偕成社、1969年。アメリカの出版は、1967年。「ピーター」のシリーズとして、『ゆきのひ』、『ピーターのくちぶえ』、『ピーターのめがね』などがある。
71) この項の初出は、「『かいじゅうたちのいるところ』　現実世界と想像世界を行き来すること」『書評』139号　関西大学生活共同組合　2013年　pp.237-247.
72) 新聞掲載がその後、一冊の本にまとめられた。『千年の源氏物語』朝日新聞ニッポン人脈記班編　朝日文庫　2008年　pp.270-272. 賞の名前を正確に書くと、イギリスの子どもの本歴史研究協会から2年に一度出される「ハーヴェイ・ダートン賞」。英語で書かれた、子どもの本の歴史研究に優れた著作に授与されることになっている。
73) センダック（1990）p.165.
74) センダック（1990）p.160.
75) メルロ＝ポンティ『知覚の現象学』2巻　p.220.
76) メルロ＝ポンティ『知覚の現象学』2巻　p.280.
77) メルロ＝ポンティ（1969）p.194.
78) 岩田純一（1998）pp-92-94.
79) さとうあきら（写真）『こんにちは　どうぶつたち』、とだきょうこ案、福音館書店、1996年。
80) 薮内正幸『どうぶつのおかあさん』、小森厚ぶん、福音館書店、1977年。

81）　メルロ＝ポンティ『知覚の現象学』1巻　p.292.
82）　メルロ＝ポンティ『知覚の現象学』1巻　p.292.
83）　ブラウン（1994）p.79.
84）　メルロ＝ポンティ『知覚の現象学』2巻　p.279.

終章　あらためて、子どもたちと絵本を読むということ

メルロ＝ポンティの文章のなかで、私が好きな文章がある。

> 私が渚づたいにある難破船の方へ歩いて行って、その船の煙突なり帆柱なりが砂丘を縁取る森と溶け合って見えるという場合、やがてこれらの細部が生き生きとその船と合体し、その船に接合されるある瞬間が来るだろう。だが、もっと近づくにつれて私の知覚したものは、この船の上部構造を最後には一つの連続した図面のなかに再結合してしまうであろうような、相似または近接の関係ではない。私が感得したこところは、ただ、対象の様相が変化して行ったこと、あたかも雲が嵐の逼迫を告げているようにこの緊張が何ものかの到来をつげていたということ、これである。突然、光景が再組織されて、私の不明瞭だった期待に満足を与えてくれた。[1]

メルロ＝ポンティの文章の場合、そこになにか「ある」と感じても「はっきりとわかる」ようにはならない箇所が、私には多かった。とりわけ、はじめて『知覚の現象学』を紐解いた時には、魅了される箇所が何か所かあったが、どういうことだろうと考え、考えても「了解」には至らず、いつかわかるだろう、とそこにはメモを書き入れて、進めて行った。大阪大学大学院生という学生としての位置は同じでも、年齢は数十年も若い二人の人たちからの手ほどきは貴重なものだった。そして、さらに自分でも読んでいくうちに、もともとそこにあったに違いないものが、次第に見えてきた。メルロ＝ポンティの言う通りだ。

> 或る一つの哲学を理解するのに、まずこの思想の存在様式のなかに滑り込み、その哲学者の調子とかアクセントとかを自分で再現してみることから始めるのである。要するに、すべての言語が自分で自分を教え示すのであり、みずからその意味を聴者の心のなかに運び込むのである。はじめのうちは理解されもしなかった

音楽なり絵画なりも、もしそれが本当に何事かを語るものならば、ついには自分自身で自分のまわりに自分の聴衆または観衆を創り出す、つまり自分自身で自分の意味を分泌するようになるのだ。[2)]

確かに、『知覚の現象学』は、本当に何事かを語るものであったので、ついには、自分自身で自分の意味を分泌するようになったのだ。この本のなかに滑り込み、読み続けていると、メルロ＝ポンティの調子とかアクセントとかに慣れてきて、何かの調子に、自分がそれまでとは違った言い回しや調子で語っていて、これはメルロ＝ポンティの言葉の使い方だとか筋道の立て方だとかに気づくようになった。かくして、すべての言語が自分で自分を教え示すのである。繰り返すが、「もしそれが本当に何事かを語るものならば」である。

さて、「渚づたいに」に戻ろう。海辺近くの小径を彼は難破船に向かって歩いている。まず、船の煙突や帆柱が見える。やがて他の部分も見えてきた。次第に対象が変化して行って、これは何だろうと、どきどきしてくる。そして、ある瞬間がやって来るのだ。突然、光景が再組織されて、「そうだったのか」とわかるのだ。

私のメルロ＝ポンティへの接近もこの「渚づたいに」の比喩的エピソードと全く同じ歩き方である。『知覚の現象学』の方に向かって歩いて行って、5年ほども歩いて行ったある瞬間に、突然、「ああ、そういうことだったのか」と腑に落ちたことがあった。それでも全ページというわけではないので、もっと歩き続ける必要があるだろう。

また、「渚づたいに」に戻ろう。なぜ、メルロ＝ポンティは、渚づたいに難破船の方に歩いて行ったのか。この文章からすると、彼は初めから「難破船」だとわかっていたのである。なんだろうと思って見に行ったのではない。多分、その難破船は何年も前からその浜辺に座礁したままになっていたに違いない。メルロ＝ポンティの文章には、水に関連した例や比喩が多く、その比喩の書き方も透明感があって美しく、その点でも私が個人的な好みで引き

付けられているのだが、このことは彼の来歴に関係があるとしている研究者もいる[3]。そうかもしれない。しかし、水、波、海などは書き手の履歴から切り離しても、それこそ間主観的に読み取れるものである。だれでも、身体のなかに海を抱えているのだから。

メルロ＝ポンティにしても、どんな理由があれ、そのとき彼の身体は「渚づたいに」難破船の方に向かったのだ。ちょっと前には他にも選択があったかもしれないが、ある瞬間に、彼の身体は難破船に向かった。

私が『知覚の現象学』に向かったのも、同じことだ。それまでは模索があり、選択肢もあった。哲学を選ぶ前にも学問領域としての選択肢はあった。それが、およそ7年まえのある瞬間に、メルロ＝ポンティの『知覚の現象学』に方向が定まった。

また、「渚づたいに」に戻ろう。難破船にしても『知覚の現象学』にしても、メルロ＝ポンティの地平に、私の地平に、そうした対象が存在していなければ、それに気づいて、目を留めて、注意することはなかっただろう。もし私が、江戸時代に存在していたら、もし私が哲学などという分野があることを知る機会もない文化圏に存在していたら、私は、時間的に空間的にメルロ＝ポンティに出会うということはなかっただろう。ということは、私の時空間の地平のなかに、まずは彼が存在していなければならない。

それから、さらに、どこかにあるというのではなく、私のパースペクティヴのなかに入って来なければならない。それでもまだ私は気づかないかもしれない。私のパースペクティヴのなかにも様々なモノやコトが入り込んでいる。現実生活でもよくあることだが、見ていても（視野に入っているはずだが）見えていないことがある。またこれもよくあることだが、ある人には良く見えているのに、ある人には見えていないこともある。見るという行為について、メルロ＝ポンティはこのように述べる。

　或る対象を見るといっても、それには二通りのやり方があって、一つはその対象

を視野の周縁に保って、いつでもそれを凝視し得る状態に待機させておくこと、他は実際にこの慫慂に答えてその対象を凝視することである。［…］対象を見るとはすなわち対象のなかに身を沈めることであり、諸対象は一つの体系を経営していて、そのなかでは対象の一つが現れるためには他の諸対象が身を隠さなければならぬようになっているからである。より正確に言えば、或る対象の内面的地平は、周りの諸対象が地平となるのでなければ、対象となることはできないのであって、見ることは、双面をもった行為なのである。[4]

「見る」ということは、こういうことなのである。そこで、メルロ＝ポンティはその日その時のある瞬間、難破船に向かい、私は『知覚の現象学』に向かった。要するに、私の地平のなかにあった『知覚の現象学』を図として浮かび上がらせ、「注意」をするようになったのだ。

注意をするということは、単に先住している所与により多くの照明をあたえるということではない。それはその所与を図として浮び上がらせることによって、そのなかに一つの新しい分節化を実現することだ。その所与は、いままでは単に地平として先造されていただけだったのだが、いまや全体的世界のなかで、新たな領域を真に形成するようになるのである。[5]

私が『知覚の現象学』に注意すると、それだけが図として浮かび上がってくる。今までもあったのに、地平の中に沈んでいたのだ。『知覚の現象学』がとりわけ取り出され、私にとっては新しい領域として形成されていく。もちろん、他の事象と断絶している訳ではない。他の領域と関係しながらであるが。

では、なぜ、私が、ある瞬間に『知覚の現象学』に「注意」をすることになったのだろう。それは、私の時空間の地平のなかに以前から一般的に存在していたにもかかわらず、私がそれを図として浮かび上がらせるまでに相当の年月がかかっていた。

終章　あらためて、子どもたちと絵本を読むということ　293

　　現象学的世界とは、諸経験のからみ合いによってあらわれてくる意味なのである。
　　現象学的世界とは、何か純粋存在といったようなものではなくて、私の諸経験の
　　交叉点で、また私の経験と他者の経験との交叉点で、それら諸経験のからみ合い
　　によってあらわれてくる意味なのである。したがって、それは主観性ならびに間
　　主観性ときり離すことのできないものであって、この主観性と間主観性とは、私
　　の過去の経験を私の現在の経験のなかで捉え直し、また他者の経験を私の経験の
　　なかで捉え直すことによって、その統一をつくるものである。[6]

　私という存在は、私自身の諸々の経験が結ばれ合ったところのもの、および私自身の経験と他の人の経験とが結ばれ合ったところのものであり、こうした経験が絡み合って意味があらわれてくる。そして確かに、自分の過去の経験を現在の経験で捉え直してみると、そのときに「これはこういうことなのか」とそれまでとは異なった意味合いに見えて来る。他の人の経験も、私がこれまで生きてきた道筋から捉え直すと、「あのことはこういうことか」と見えてくる。私という存在は、様々な経験の交叉点のようなものである。あるいは、私という存在は、「諸関係の結び目」[7]ということもできる。メルロ＝ポンティは、出会いなどと言う言葉は使わないが、経験を出会いと言いかえることが可能とすれば、わたしたちは、日々、他者（人・モノ・コト）と出会い（出会いには経験と同じように、濃淡や色合いがあるが）によって、主観的にあるいは間主観的に、経験したことを身に帯びて行く。生まれた時からの他者との触れ合いや出会いにより、その人の成り立ち方（交叉点あるいは結び目）は違ってくるだろう。

　或る人が或る事象に或る瞬間に注意するようになる、つまり、関心を持つようになるとは、その瞬間にいたるまでに、その人の経験と他者との経験の結節点が出来ていて、その瞬間を来たるべき未来として予定されていたと言うこともできる。

　或る図が、私が身体を持って「生世界」で生きる地平のなかで、私の人生の時間と空間のパースペクティヴのなかにも入ってきて、突如として浮かび

上がってきたのだった。その瞬間に至るまでの全ての過去とその時の現在とそれからの未来を、縦糸や横糸が複雑に織り上げていた織物のなかから、突然に図として浮かび上がってきたのだった。それは私には、偶然ではなくて、必然と見えた。だから、もっとよく見ようと注意することになった。

　人生の経験は複雑な織り糸の絡まり合いなので、様々な経験が織りなされていって、或る瞬間が来たときに、突如として、或る図柄が現われてくる、と考えられる。その図柄の現われがそのときのその人の存在の現われである。その図柄の中には、その人のこれまでの全ての経験（人生）が織り込まれている。

　『知覚の現象学』が、私にとって図として浮かび上がり、注意の対象になるためには、一本の縦糸として「だっこでえほんの会」とそこで出会った子どもたちと、一緒に読んだ絵本があった。文庫をスタートした40数年前には、思ってもいなかったことではあるが、未来を先取りしていた、あるいは過去は未来を孕んでいる、と言える。

　メルロ＝ポンティは「突然」という言葉を時折使用する。「突然」ではあるが、突然は、なにもないところに突然に現れるものではない。「突然」が或る時空間で現われるためには、未来にそのことが想定される、あるいは呼び寄せる過去の有り様がある。

　「渚づたいに」歩いて行って、しばらくして、「突然、光景が再組織」されるのだが、実は、突然が起こるまでに、ここに書いたようなことがあって、メルロ＝ポンティには彼の地平があり、パースペクティヴがあり、そしてある時（地）点で難破船に注意して、その方向に進むのである。

　「突然」という言葉は、子どもたちとの親密度が高い。子どもたちと絵本を読んでいると、よく出る言葉が、「あっ」である。「あっ」と突然、何かに気づく。彼らは、生れてきてからの体験が少ないのだから、初めての「あっ」が多いことは想定できる。彼らの日々は世界との遭遇の連続である。しかし、彼らに「あっ」と気づかせるモノやコトが、彼らの地平になければ、

終章　あらためて、子どもたちと絵本を読むということ　295

そして彼らのパースペクティヴのなかに入って来なければ、「あっ」は起こり得ない。

　長年子どもたちと絵本を読んできて、先に生まれてきたおとなとして子どもたちに贈れるものはなんだろうと考え続けてきた。そして自分自身が好きなことだからと、子どもたちと絵本を読んできた。では、この「子どもたちと絵本を読む」という行為は、子どもたちにとってどういうことなのだろうか、とまた考え続けてきた。この行為を、研究のためや、子どものためや、親のためにやって来たわけではない。好きなことだから、極論すれば、お節介でやってきたようなものである。それでも、第三章でその一端を書いたように、現場における子どもたちの姿、あるいは「からだ語」は、私を圧倒し、それを書かずにはおれない状態にまで私を押した。

　私が、これからの生世界での時間が長いであろう子どもたちに何かをしてきたとすれば、それは、彼らの「地平」をもう少し豊かにし広げることだったかもしれないと思う。そして、具体的な絵本を子どもたちと読むことで、彼らのパースペクティヴのなかに、絵本の存在と絵本を通して私が伝えたかったこと（押し付けかも知れないが）を押し込み、彼らがこの後の「生」を生きて行く過程で、「注意」するときの図として浮かび上がるようにしてきたことかもしれないと思う。

　3年間の子どもたちの「ひとなっていく姿」を見ていると、これだけの年月の意味も現われて来る。絵本読みのときの身体性の習慣化に現れている。これも第三部で紹介した絵本の数々（ほんの一部であるが）と子どもたちとの関係を見ていただきたい。「だっこでえほんの会」における雰囲気や情景、繰り返し、人の声、リズム、旋律、身のこなし、躍動感、全てが身体のなかに染み込んで行き、身体の中に溶け込んで行って、身心を形成する。

　考えてみると、この行為は、教育と言ってもいいのではないだろうか。いま、ここで、教育とはなにかの論議を展開する余裕はない。しかし、一言で言えば、教育とは、「生」の存在をケアするということに尽きるのではない

だろうか。様々な学問領域がある。しかし、存在のケアを抜きにしての教育は成り立たない。ケアとは、気にかけること、関心をもつこと、注意することである。

21世紀における子どもたちと絵本を読むことの可能性も、そこにしかない。

この論考を書き始める時点でも、書いている間にも、「子どもたちと絵本を読む」点にだけ集中したらよいのであって、私の時間的（歴史的）・空間的面の記述はいらないのではないか、と何度も思った。思うたびに、私の身体が「必要だ」と言う。私の存在におけるすべての経験が、私という結節点を形成しているという思いがあった。もっとも、拾い上げている過去の経験も、現在のパースペクティヴから捉え直されたものであり、正しいとか真実であるとは言えない。私が主観的に間主観的に生き、現在の時点でそのように捉えているに過ぎない。そうであっても、そのように捉えるところに私の今の存在がある。

「子どもたちと絵本を読むということ」を、第一部では、私自身の現場から考えてみた。第二部では、メルロ＝ポンティの『知覚の現象学』の中で子どもがどのように記述されているかを見てきた。第三部では、「だっこでえほんの会」の子どもたちを中心に、乳幼児期の子どもたちがどのようにして絵本を見ているのか、そしてどのような段取りを経て、〈わたし〉を形成していくかを具体的な絵本を通して考えてみた。最後の段階で、「子どもたちと絵本」をめぐる環境を考える。

長年、文庫という場で絵本読みを続けてきた経験と、図書館職員や保育者や絵本ボランティアの人たちと話をしてきた経験から、社会的な場（公的な場だけではなく、私的な場もある）での絵本読みも、家庭での絵本読みと同じような意味での価値を持ちつつ、また別の可能性があるのではないかと考えるようになった。このことは、最近奨励される地域での子育てとも関連してくる。とにかく、様々な場で絵本読みが一般的なあり方として行われるよう

になってきた。そのこと自体は、より多くの子どもたちが絵本に出会い、読んでくれる人を通して多様な他者に触れるよい機会でもあると言える。しかし、長年、文庫活動や図書館作り活動に携わってきた経験から見ると、21世紀は、「子どもと絵本」に絞って考えてみても明るいとは言えない。それよりも暗い雰囲気や傾向が強さを増している。

子どもたちと絵本を読むという行為一つを取ってみても、それを取り囲む環境を考えずには、今後の活動は成り立たない。「私は絵本が好きです。子どもも好きです。だから、子どものところへ絵本読みに行きたいだけで、ややこしいことは考えたくないです」というボランティアも多い。しかし、好きなことをするためにも、社会的な場における「子どもたちと絵本を読む」という行為を考え、その責任と可能性も考えてみたい。具体的な場を想定し、問題提起と可能性を考える[8]。

1. 保育園・幼稚園の場合

乳幼児期の子どもたちが通う保育園や幼稚園では、子どもたちに心を込めて読み聞かせをする園も多くあるが、まだまだ絵本の選書や方法がおざなりな保育者も残念ながら多い。園文庫があり、保育者が設定保育で絵本を読んでいる園もあるが、お帰りの時間などのいわゆる「つなぎ」の時間にいい加減に絵本を手にとり、読んでいる園の方が圧倒的に多い。このことはあながち保育者個人に責任を転嫁できるものではなく、保育者養成の制度上の問題でもある。保育者を養成する大学や専門学校などで、「絵本」について学ぶ機会はほとんどないと言っていい。現実はそうであっても、保育者となり、園で働くようになれば、保育の専門家とみなされ、絵本の勉強もしてきていると思われてしまう。

絵本は、文字の読めない幼児のためにあり、幼児の理解を助けるために絵がついている本であるという認識がまだまだ行きわたっている。そのために、おとななら文字が読めるから、読んであげなさい、といった程度に絵本は位

置づけられている。絵本は、総合芸術であり、幼児が最初に出会う文化財であるという位置づけで、子どもたちに読んであげてほしい。絵本はいくつになっても楽しめるものだが、幼児にとっては人類の文化への加入でもある。

　園での取り組みとして、体操、英語、スペイン語、ピアノ、バイオリン、美術などを導入する傾向にあり、ある保育者の話では、自分たちは保育者として専門の教育を受けてきたが、これからの役割は、〇〇教室から〇〇教室へと子どもたちを連れて行くだけになるのではないか、と将来の保育のあり方に深い懸念を抱いていた。小学校での英語の授業の開始にともない、英語を取り入れる園は増加しており、或る時間帯に英語を入れるというのは序の口で、なかには、園内では全部英語という保育園・幼稚園も徐々に増えていっている。幼い子どもたちにとって、この傾向は子どもの母国語獲得を阻害することになる。一日の多くの時間を、園では英語、家庭では日本語にと使用言語を分化することで、どちらの言語の獲得もできないどころか、本来の自分の思考の基になる言葉を獲得もできないままおとなになるという問題が起こりかねない。

　子どもたちをフラッシュカードで教育する園も増加している。フラッシュカードは多様にあるが、例えば、カードに「あ」と書いてあれば、あかちゃんたちは「あ」と言うのだと教えられる。カードは1秒よりも早いくらいのスピードでめくられ、指導者は初めのうち、カードの「あ」を見せて、〈あ〉と発声するが、幼い柔軟な脳は、たちまちのうちに、先生のまねをして「あ」を見れば〈あ〉といい、「き」のカードを見れば〈き〉と言えるようになる。ある形を見れば、さっと反射する。形への条件反射を利用しているわけだ。ある保育園では、1歳のあかちゃんたちに「国旗」のフラッシュカードと「四文字熟語」のフラッシュカードをしていると、その園の保育者の話。1歳の子が、スイスの国旗の図を描いたフラッシュカードを見れば、〈スイス〉と反応。「大義名分」と書かれたカードを見たとたん、「タイギメイブン」と発声する光景は、どう見ても異常だが、その園では、フラッシュカー

ドの使用が園の売りで、園長以下すべての保育者が行っており、保護者の評判が良いとのこと。

　文字が読めても、生活の中で生きる、生き生きした言葉の習得にはならない。ましてや、思考の基になる言葉の獲得、読書ができる言葉の獲得にはならない。園には生身の保育者がいながら、保育者は、フラッシュカードを早く読み上げる機械になり果てているわけだ。ここにも、幼い子どもたちを知識の集合体にし、早く覚える子を賢い子として選別し、バラバラに切り離されていく子どもたちが置かれている場がある。メルロ＝ポンティは言葉の習得に関して、「語は、対象および意味の単なる標識であるどころか、事物のなかに住み込み、意味を運搬するものでなければならない」[9]と述べるが、フラッシュカードの使用は、言葉が単なる標識となり、実体も意味もないものになっている。

　この傾向を助長しているのが、国の政策である。「保育園・幼稚園」から「小学校」への移行が難しいとして、幼少一貫教育を推し進め、「幼」を「小」に近づけるために、学校教育を「幼」の段階で取り入れ、「幼」から「小」に「スムーズ」に移行できるような幼児教育を推奨している。子どもたちが、ますます人の育ちの「幼児期」を失っていく傾向が、その専門の施設のなかでも社会問題化している。密度高く「ひとなって」いく過程の最初期にある乳幼児期には、一つの例として、それにふさわしい絵本の選書と読み方をすれば、人としての土台を絵本を通しても作ることが可能である。

2. 学校教育の場合

　おとなは、子どもには「読書」を勧めているが、自分では「読書」をしているのだろうか。自分では読んでいると考えている人が多いのは、自分（おとな）は「文字」を読むことができるということから生じる誤解ではないだろうか。文字を読むことと本が読めることとは異なる。中には、勉強のような仕方で本を読まなければならないと思い込んでいる人もいる。このことに

は、学校教育で身につけた読書の仕方に寄るのだろう。「それ」はなにを指すかとか、この物語の「テーマ」は何かとか、作者は何を言いたいのか、という質問の答え探しのために読書をしている人もいる。これでは、読書は楽しくないし、物語世界に入れなくなる。常に正解を求める、知識を重んじる学校教育を受けていると、物語世界の中に浸り込んで、素朴に感じる、感動することができなくなる。「国語のための読書」ではなく、「生きていく喜びのための読書」が、子どもたちに勧められる必要がある。

　イギリスでは、1993年に、楽しみ（喜び）のための読書教育がカリキュラムの中に入り、教育学部や文学部がある大学院で一斉に修士課程の児童文学科を設置した。現役の教師、図書館員、書店員が、大学院で、「国語」ではなく、「喜びのための読書」を学ぶためにやってきた。授業時間はすべて、午後の5時以降。日本でも、このようなことができないだろうか。子どものころに喜びの読書を知れば、おとなになっても読書の喜びを続けることができるだろう。教育学部や文学部がある大学は、こどもと読書、絵本、児童文学の歴史などの講座を設け、保育者、教師、図書館職員、読書ボランティアがもっと容易に修士課程で学べるように工夫してほしい。子どもの数は減少しているが、もっと学びたいおとなの数は多い。日本の大学では児童文学や絵本を大学院で学べるところは皆無になってきている。私がイギリスで所属していたローハンプトン大学大学院の児童文学科では、今も若い学生や社会人学生が多く、また遠距離教育（コンピューターを通しての通信教育であり、学生は一度も大学を訪れる必要はない）も行っており、学生は世界中にいる。日本でも可能である。

　日本の小学校での朝の読書の時間に、ボランティアが各教室に入って絵本を読み、ストーリーテリングをするところも増えてきた。子どもたちが多様な人に会い、おはなしを語ってもらったり、絵本を読んでもらったりするということ自体は悪いことではないが、教師自らが絵本を読む、あるいは厚い本を数か月かけて読むということも考えられる。4年生担任の教師が、クラ

スの子どもたちに向けて「宝島」を2か月かけて読んでみてはどうだろう。子どもたちは、先生への信頼と共に、一生忘れないはずだ。個々の知識の指導も大事だが、子どもたちを信じて、物語の力を信じて、大冒険の世界へ子どもたちと一緒に乗り出していただきたい。

そのためには、教師が本来の教育に集中できるように多忙さから解放される必要がある。さらに、昨今は、正職としてではなく、講師として教員に採用され、担任も持たされて正規の教師なみの仕事を課せられている教員が増加している。「ひとなって」いく子どもに関わる仕事をしている人をもっと大事にすべきだろう。教師が教科書さえ自由な意思で選べない現実（学校で使用する教科書は、文科省の検定済みの教科書の中から選ばなければならない）、すなわち、学校教育が政治の支配下に置かれているあり方が、もっと問われる必要がある。

ベテランの図書館職員から聞いた印象深いエピソード。その人が小学校6年生の時、担任の先生が、最後の授業で元永定正の『ころころころ』を読まれたそうだ。普通『ころころころ』は、『もこ　もこもこ』と並んで紹介されるように、幼い子用の絵本とされている。しかし、『ころころころ』を小学校最後の授業で読むその先生の気持ちがよく分かる。この絵本のなかでは、いろだまが移動していく。楽しい道もあるが、暗い道、でこぼこ道、坂道、山道もあり、崖から落ちる時もある。その先生は子どもたちに伝えたかったのだろう。「きみたちは、これで小学校を卒業する。これからは中学生だ。いろいろなことがあるだろう。でこぼこ道や山道もある。崖から落ちる時もあるだろう。でも、生きていってほしい」、と。絵本は子どもたちに一生励ましのメッセージを送り続けるだろう。

3. 学校図書館の場合

もし、日本中の学校に司書がいる図書館が設置されれば、学校教育のあり方も随分変わるだろう。子どもたちが変わるだろう。社会が変わるだろう。

すでに学校図書館を設置し、専門の司書を配置している自治体もあるが、まだまだの状況だ。専門専任の司書が配置されている学校図書館ができると、子どもたちは、喜びのための読書を伝えてもらえるし、調べ学習への導入もしてもらえる（ひいては、社会人になったときも図書館を利用して調べることができる）。教師たちは、授業に必要な参考資料を整えてもらうことができる。要するに、学校教育が多層的に広がることで、子どもたちは、より豊かな教育を受けることができ、より幅広い人間形成をしてもらえる。また、学校図書館は学校内における緩衝材のような役目を果たしている。家庭や学校で居場所のない子どもたちのための場所にもなっている。

学校図書館司書は、教師サイドの司書教諭と相談し、教師たちと提携し、もっと柔軟な教育をしていく手助けができる。現在のところ、学校図書館司書の身分はまちまちで、アルバイト程度の位置づけが多く、2校兼務の自治体も多い。時間給と1年契約と言う条件では、将来への展望を持って仕事をすることもできない。もっと落ち着いて仕事ができる体制になるよう、自治体に働きかける努力が父母会や市民側でなされる必要がある。

4. 絵本・読書ボランティアの場合

絵本・読書ボランティアは増加の一途をたどっている。図書館における「おはなしの時間」は、以前は図書館司書が行っていたが、予算不足から、図書館への司書配置数が減少し、ボランティアの力を借りるようになった。図書館職員だけの手ではなにもかもの運営ができなくなり、図書館での読み聞かせは、ボランティアなくしては成り立たなくなっているのが現状である。読書活動に関わる人たちの中には、非常に勉強をしている人たちも増えてきた。小学校などで、ストーリーテリング、絵本読み、ブックトークをする時に心がけることなどを、グループで勉強し、話しあって行っているしっかりした組織も増えてきている。

ボランティアの存在を否定することは不可能になってきている今、ならば、

ボランティアという立場で、今生きている一人の人間として、子どもたちの前に責任をもって立ってほしい。多様な生身のおとなに会う機会の少ない子どもたちにとって、絵本ボランティアは、ひとりのおとなのモデルになる。絵本・読書ボランティアは、自分が好きな分野で、自分を磨いてきた人としての技能を、自分の長年の人生を抱え込んで、子どもたちに無償で提供する仕事である。メルロ＝ポンティが、幼い子どもが、「手本となるべき言語のモデルをもたず、言葉を話すという環境にいない場合」[10]、言語の習得は困難であると述べているが、現代の子どもたちの不幸は、「手本となるべきおとなのモデルを持たない」ことでもある。その意味では、子どもたちが、絵本読みに学校まで来てくれる人に会うだけでも意味があるかもしれない。80歳代、90歳代の人が絵本読みやストーリーテリングに行くのも意味があるだろう。

5. 図書館の場合

いま日本の図書館は危機的な状況にある。行政の任務とされてきた仕事のなかで、文化的、福祉的なことから、民間に委託化の傾向が強まっている。高齢者の施設、保育園・幼稚園も以前からターゲットになっていた。体育施設はかなり以前から指定管理者制度のもとで委託を受けたところが運営している。図書館からは、なんの利益もあがらないこともあって、また、市民サイドの反対運動もあり、民営にはなじまないと言われてきた。しかし近年は、利益は得られないけれど、会社の業績の一種のステータスになるということもあり、また図書館運営に関わることから利益を得ることも可能な面もあり、いくつかの企業が図書館運営に乗り出してきた。

直営であれ民営委託であれ、自治体からは設備費や運営費や人件費は支払われるわけで、自治体にとっては、それほどの利点があるわけではない。指定管理者制度になったという図書館の人から話を聞く機会があった。給料は市の職員時代より大幅にダウンし、ボーナスなし、一年更新、給料のアップ

なし、お休みも最低限という条件だそうだ。これでは、長く勤め、図書館の選書に責任を持ち、館の蔵書構成にも責任を持ち、配架を考慮し、市民にしっかりと対応する、わが市（町）の図書館というイメージを持って仕事をする図書館職員は育つはずはない。マニュアルに従って仕事をこなす人がいるだけの図書館になっていく。こういう図書館では、市民はうれしくはない。

　図書館の司書の仕事は、その道のプロ（職人と言っていい）としての仕事である。自分の館の蔵書構成を知り、どこにどういう本があるか知っていなければならない。そして市民と本（資料）を結ぶのが大事な仕事。配架にも工夫が必要だ。作家を招いての講演会などを企画する。また、地域の保育園や幼稚園、小学校を訪問して、子どもたちが図書館の利用者になりやすいように配慮をする。こうしたことは、委託会社ではしない。指定管理者制度の場合、契約期間は３年から５年。これでは司書は育たず、図書館が培ってきた伝統や工夫も消えて行く。地域の図書館は、市民の文化・生活の中心である。市民生活を活性化させることができるのも図書館である。中学生や高校生も出入りしたくなるような雰囲気の図書館はできないものだろうか。

6. 家庭での絵本読みの場合

　親は、自分はたまたま親になっただけで子どもの専門家ではないという意識が強い。そこで、親は、子育ては専門家に、ということで、保育園や幼稚園に頼っている。その他のことでも、お金を払ってでも、わが子のために専門家のところで教育を受けさせようと努力をしている。人が、この世に生まれてきたとき、その生を抱きとめ、引き受けてくれるのは、まず親である。文庫で幼い子どもたちを見ていると、どの子も自分のおかあさんが大好きである。少しでも姿を見失うと、泣きじゃくって探す。

　家庭での絵本読みは最近減少している。家で子どもと絵本を読んでください、とお願いする。一日に10分でいい。お休み前の10分。その読み聞かせが、親と子どもを結ぶ。子どもが巣立つ日の最高の贈り物が、幼い日に絵本

終章　あらためて、子どもたちと絵本を読むということ　305

を一緒に読んだ、その時空間である。子どもがおとなになって、親になったとき、またその絵本を子どもたちに読む。こうして、絵本を通して、価値観や美意識が伝えられていく。

　最近は、あかちゃんにスマホを見せる親が増えてきた。動く画面は楽しく作られていて、あかちゃんは動く映像を注視する。親は子どもの前にスマホを置くだけでいい。その間に親の方は別の機種を使って、メールの伝受などを行なうことができる。最近はあかちゃんもスマホを操作する。画面の右下を人差し指でシュッとすれば、画面が切り替わる。これに慣れたあかちゃんは、紙媒体の絵本でもやってみた。ところが画面が切り替わらないので、怒りだし泣き出したという話も耳にするようになった。生まれて間もないころから電磁波に曝（さら）されること、光る画面を見続けること、友だちと遊ぶのは面倒になること、ひとりだけの世界の方に安住すること、ほとんどの人が同じ画面を見ることなど、今後の課題である。

　絵本は古典的な文化財になりつつある。絵本は、一つの物であり、一冊の本である。絵本は、手に持つことができ、触り、においを嗅ぎ、抱きしめることができる。絵本には入り口があり、出口があり、その中には一つの世界がある。ということは、絵本は、物として、人の手でつくられた文化財としてあり、おとなである読み手の心が声に込められて、子どもたちに受け継がれていく。読書の原点がここにある。

　親はいつまでもわが子と共にあるわけではない。親はわが子と「生」の年月を通して付き添えるわけではない。学齢期以降になると、親はわが子を危険から救うことはできないが、わが子が自分で危険から逃れられるように配慮をすることはできる。わが子と絵本や本の世界で冒険の旅をすることによって。

　最後の最後に、「だっこでえほんの会」で、子どもたちと絵本を読むということをしてきて考えることは、「ひとなった」のは子どもたちだけではな

いということ。おかあさんたちも私も、もう一度、人生の最初の数年を生きることができたということ。すなわち、「ひとなった」のだ。しめくくりとして、社会的な場での絵本読みを考えてみたい。

　もちろん、おかあさんやおとうさんたちが家庭でわが子と絵本を楽しむことによって、子どもの育ちを見ることはできるだろう。一緒に絵本の世界に入ることによって、共通の世界を楽しむことができるだろう。親子で冒険の旅に出かけることほど、子どもたちのその後の人生にとって、心の励ましになることはない。家庭での絵本読みを勧める一方で、社会的な場での絵本読みも勧めたい。

　社会的な場で、多少広い空間で、他の親子もいて、多少の緊張感をともなう比較が起こらないわけではないが、そこの空気が、自分も子どもも、他の親子も自然体で受け入れてもらっているという安心感があり、そこの世話人が、比較や管理の目で自分たちを見るのではなく、〈いま・ここ〉で共に生きている人として、向かい合ってくれている。そしてわが子の育ちを、他の子との比較ではなく、その子自身の育ちとして見守ってくれている。その部屋では、騒々しい物音やテレビの声もなく、子どもたちのどたどたは多少あるけれど、絵本も静かに読んでもらえる。取り立ててなんということはないが、そこにいるだけで、安心していることができ、心地が良い。

　絵本を読んでもらっている時のわが子の行動の仕方も、頼りないときもあるけど、驚くほどしっかりと絵本を見ているときもある。わが子をだっこして絵本を見ている時、面白いとからだが揺れる。こわいとからだが硬くなる。その時はぎゅっと抱いてあげる。こんなに小さいのに深く感じることができるのだ。この子のからだはなんてあったかいのだろう。

　そして、母親も、子どもと同じように、絵本を読んでもらって、絵本の世界に入る。時には子どものことを忘れて。

　「だっこでえほんの会」での私の発見は、おかあさんたちがわが子と横並びで、もう一度「子ども役」をすることができるということにあった。おか

あさんたちのなかには、もしかして、「幼児期」が空洞化のままだった人もいるかもしれない。それが、この会にいると、特に絵本を読んでもらっている時には、小さい頃に戻ったような気持ちになれるかもしれない。それは、子どもの理解にも結び付く。

彼女たちにとって、私の年齢は、彼女たちのおばあちゃんよりは年上にあたるだろう。彼女たちは気づいてくれているだろうか。私が、70数年の年月をかけて、一冊の絵本を読んでいることを。メルロ＝ポンティの言葉を借りて、この論考を閉じたい。

> 私自身にとって私は、今のこの時間に存在しているのではなく、今日の朝にも来るべき夜にたいしてもまた存在しているのであり、私の現在とは、もしお望みならこの瞬間だと言ってもかまわないが、しかしそれはまた、今日でもあれば今年でもあり、私の全生涯でもあるのだ。[11]

注
1) メルロ＝ポンティ『知覚の現象学』1巻　p.51.
2) メルロ＝ポンティ『知覚の現象学』1巻　p.294.
3) 加賀野井秀一（2009）参照。
4) メルロ＝ポンティ『知覚の現象学』1巻　p.126.
5) メルロ＝ポンティ『知覚の現象学』1巻　p.70.
6) メルロ＝ポンティ『知覚の現象学』1巻　p.23.
7) メルロ＝ポンティ『知覚の現象学』1巻　p.24.
8) 以下の社会的な場や施設での「子どもたちと絵本をよむ」場についての文章は、「子どもの読書と教育を考える会」の30周年に考える―「文字を読む・言葉を読む・本を読む」とはどういうことか―」という題名のもと、「子どもの読書と教育を考える会」（通称：子読教）の30周年記念誌（2016年）に、その会の代表として寄稿したものを基にし、改稿したものである。
9) メルロ＝ポンティ『知覚の現象学』1巻　pp.292-3.
10) メルロ＝ポンティ（2001）p.24.
11) メルロ＝ポンティ『知覚の現象学』2巻　p.322.

参考文献

第一次文献　絵本
画家の名前による50音順。文の作者名がない場合は、絵文共に絵本画家による。

安西水丸　『がたんごとん　がたんごとん』　福音館書店　1987年
エッツ、マリー・ホール　『もりのなか』　マリー・ホール・エッツ作　まさきるりこ訳　福音館書店　1963年（アメリカ1944年）
エッツ、マリー・ホール　『海のおばけオーリー』　石井桃子／訳　岩波書店　1954年　岩波の子どもの本　1974年　大型絵本（アメリカ1947）
甲斐信枝　『ちょうちょ　はやくこないかな』　福音館書店　1982年
甲斐信枝　『大きなクスノキ』　金の星社　1991年
鎌田暢子　『りんご』　松野正子文　童心社　1984年
キーツ、エズラ・ジャック『ピーターのいす』　木島始訳　偕成社　1969年（アメリカ1967年）
さとうあきら（写真）『こんにちは　どうぶつたち』　とだきょうこ案　福音館書店　1996年
新宮晋　『いちご』　文化出版局　1975年
スタイグ、ウイリアム　『ロバのシルベスターとまほうのこいし』　瀬田貞二訳　評論社　1975年（アメリカ1969年）
瀬川康男　『いないいないばあ』　松谷みよ子文　童心社　1967年
センダック、モーリス　『かいじゅうたちのいるところ』　神宮輝夫訳　冨山房　1975年（アメリカ1963年）
センダック、モーリス　『まどのむこうのそのまたむこう』　モーリス・センダック作　脇明子訳　福音館書房　1983年（アメリカ1981年）
チェリー、リン　『川はよみがえる―ナシア川の物語―』　みらいなな訳　童話屋　1996年（アメリカ1992年）
西巻茅子　『わたしのワンピース』　こぐま社　1969年
林明子　『おつきさまこんばんは』　福音館書店　1986年
ブラウン、マーシャ　『三びきのやぎのがらがらどん』ノルウエー民話　瀬田貞二訳　福音館書店　1965年（アメリカ1957年）

ホフマン、フェリクス 『おおかみと七ひきのこやぎ』 グリム童話 瀬田貞二訳 福音館書店 1967年

松岡達英 『びょーん』 ポプラ社 2000年

元永定正 『もこ もこもこ』 谷川俊太郎文 文研出版 1977年

元永定正 『ころころころ』 福音館書店 1982年

薮内正幸 『どうぶつのおかあさん』 小森厚文 福音館書店 1977年

ローベル、アーノルド 『ふくろうくん』 三木卓訳 文化出版局 1976年（アメリカ 1975年）

第二次文献 研究書 著者の50音順

岩田純一 『〈わたし〉の世界の成り立ち』 金子書房 1998年

浮ヶ谷幸代 『身体と境界の人類学』 春風社 2010年

岡本夏木 『子どもとことば』 岩波書店 1982年

岡本夏木 『ことばと発達』 岩波書店 1985年

岡本夏木 『幼児期―子どもは世界をどうつかむか―』 岩波書店 2005年

海部陽介 『人類がたどってきた道 "文化の多様化" の起源を探る』 日本放送出版協会 2005年

加賀野井秀一 『メルロ＝ポンティ 触発する思想』 白水社 2009年

加藤理 『現象学事典』 弘文堂 1994年

『育つということ 中野光の原風景』 久山社 1998年

（この書の中に、中野光「まえがき」(pp.3-7) がある。）

ゴプニック、アリソン、アンドリュー・N・メルツォフ、パトリシャ・K・カール、『0歳児の「脳力」はここまで伸びる―「ゆりかごの中の科学者」は何を考えているのか』榊原洋一・監修 峯浦厚子訳 PHP研究所 2003年 / Alison Gopnik, Andrew N. Meltzoff, and Patricia K. Kuhl, *The Scientist in the Crib: What Early Learning Tells Us About the Mind*, 1999.

佐々木宏子 『新版 絵本とこどものこころ―豊かな個性を育てる』 JULA出版局 1993年

佐々木宏子 『絵本は赤ちゃんから 母子の読み合いがひらく世界』 新曜社 2006年

ジェネップ、A. V. 『通過儀礼』 秋山さと子・彌永信美訳 新思索社 1997年

白石正久 『発達の扉〈上〉――子どもの発達の道すじ』 かもがわ出版 1994年

吹田子どもの本研究会 『わたしたちのわらべうた』 1979年

スピッツ、E. H. 『絵本のなかへ』 安達まみ訳　青土社　2001年　/ Ellen Handler Spitz, *Inside Picture Books*, Yale University Press, 1999.

センダック、モーリス 『センダックの絵本論』 モーリス・センダック・著　脇明子・島多代・訳　岩波書店　1990年　/ Maurice Sendak, *Caldecott & Co.*, Reinhardt Books in association with Viking, 1988.

ターナー、V. W. 『儀礼の過程』V. W. ターナー著　冨倉光雄（とみくらみつお）訳　新思索社　1996年　/ Victor W. Turner, *The Ritual Process: Structure and Anti-Structure*. With a Foreword by Roger D. Abrahams. Aldine Transaction. New Brunswick（U.S.A.）and London（U.K.）, 1969. Second printing 2009.

ダグラス、メアリー 『象徴としての身体　コスモロジーの探求』 江河徹・塚本利明・木下卓訳　紀伊國屋書店　1983年　/ Mary Douglas, *Natural Symbols: Explorations in Cosmology*, Barrie & Rockliff, London, 1970.

竹内敏晴 『子どものからだとことば』 晶文社　1983年

竹下秀子 『赤ちゃんの手とまなざし　ことばを生みだす進化の道すじ』 竹下秀子　岩波書店　2001年

谷川俊太郎 『赤ちゃん・絵本・ことば』「子ども・社会を考える」講演会シリーズ Vol.01 NPOブックスタート編・発行　2015年

ドゥーナン、J. 『絵本の絵を読む』 正置友子・灰島かり・川端有子訳　玉川大学出版部　2013年　/Jane Doonan, *Looking at Picture Books*, Thimble Press, London, 1993.

中野光 『ひとなった日々』 中野光　ゆい書房　1989年

新美南吉 『朗読詩集　安城で紡がれた南吉の詩』谷悦子監修　安城市歴史博物館発行　2013年

浜渦辰二 『フッサール間主観性の現象学』 創文社　1995年

フッサール、エトムント 『デカルト的省察』 エトムント・フッサール著　浜渦辰二訳　岩波文庫　2001年

ブラウン、マーシャ 『絵本を語る』 マーシャ・ブラウン著　上條由美子訳　ブック・グローブ社　1994年　/ Marcia Brown, *Lotus Seeds: Children, Pictures, and Books*, Scribner, New York, 1986.

ブルーナー、ジェローム Jerome S. Bruner, 'Peekaboo and the Learning of Rule Structure' by Jerome S. Bruner and V. Sherwood（1975）, in *Play: its role in development and evolution*, by J.S.Bruner, A.Jolly and K.Sylvia（eds.）, Penguin Books, 1976.

ブルーナー、ジェローム 『ストーリーの心理学―法・文学・生をむすぶ』 岡本夏木・吉村啓子・添田久美子訳 ミネルヴァ書房 2007年 J.S.Bruner, *Making Stories: Law, Literature, Life*, Harvard University Press, 2002.

ベーダー、バーバラ Bader, Barbara, *American Picturebooks from Noah's Ark to the Beast Within*, Macmillan, 1976.

本田和子 『子どもが忌避される時代―なぜ子どもは生まれにくくなったのか』 新曜社 2007年

正置友子 「絵本の散歩道」シリーズ 創元社 全5巻
   第1巻『おかあさん、ごはんと本とどっちがすき』1982年
   第2巻『おかあさん、本よんで』1984年
   第3巻『絵本という宝物』1988年
   第4巻『絵本のある生活』1992年
   第5巻『絵本があって花があって』1995年

正置友子 「あかちゃんと絵本に関する考察―絵本『いないいないばあ』を中心に―」 聖和大学論集第33号A 2005年

正置友子 *A History of Victorian Popular Picture Books: the aesthetic, creative, and technological aspects of the Toy Book through the publication of the firm of Routledge 1852-1893*. 風間書房 2006年

正置友子 「あかちゃんと絵本に関する考察（2）―なぜ、いま、あかちゃんたちに絵本をよむのか―」 聖和大学論集 第35号A 2007年

正置友子 「〈母と子〉のはじめての絵本体験 青山台文庫の『だっこでえほんの会』の8年間を通して、わが子と共に絵本に出会う母親たちの絵本体験を考える」 『あかちゃんと（も・の・に・が）えほん』（千里えほん研究会 2010年 pp. 4-13) 所収

正置友子 「「なぜ生きているのか、という問い」（10歳）から「臨床哲学に身を置く」（71歳）まで ―臨床哲学に、一番遅くやってきたものとして、考えてみる―」『臨床哲学』第13号 大阪大学大学院文学研究科 臨床哲学研究室 2012年 pp. 93-109

正置友子 「日本における子どもの絵本の歴史―千年にわたる日本の絵本の歴史 絵巻物から現代の絵本まで― その1. 平安時代から江戸時代まで」『メタフュシカ』第44号 大阪大学大学院 文学研究科 哲学講座 2013年 pp. 81-98

正置友子 Tomoko Masaki, 'When Children Psychologically Cross the Bridge: Growing up through the Stage of Liminality', *IBBYlink* 41 Autumn 2014, pp.19-24.

（この稿は、国際児童図書評議会（IBBY）第 33 回大会（イギリス、ロンドン、2012 年 8 月 23 日―26 日）で発表した 'Liminality, Passage from one status to another: Crossing the bridge over the deep mountain river in "The Three Billy Goats Gruff"' を基にしている。

正置友子編著 『保育のなかの絵本』 かもがわ出版 2015 年

正置友子 「メルロ＝ポンティと子どもの現象学――『知覚の現象学』における人生の最初の数年間――」『臨床哲学』第 18 号 大阪大学大学院文学研究科 臨床哲学研究室 2016 年 pp.101-119

正置友子 『イギリス絵本留学滞在記』 風間書房 2017 年

正高信男 『子どもはことばをからだで覚える メロディから意味の世界へ』 中公新書 2001 年

松岡享子 「解説『子どもの図書館』の驚くべき浸透力」『石井桃子集』第 5 巻 岩波書店 1999 年

松谷みよ子 「私の作った赤ちゃん絵本 赤ちゃんとの合作」『子どもと絵本』月刊絵本別冊 1977 年

松葉祥一ほか編 『メルロ＝ポンティ読本』 法政大学出版局 2018 年

むのたけじ 『絵本とジャーナリズム』 NPO 法人「絵本で子育て」センター 2013 年

メルツォフ Meltzoff, Andrew N. and M. Keith Moore, 'Imitation of Facial and Manual Gestures by Human Neonates', *Science*, New Series, Volume 198, Issue 4312 (Oct. 7, 1977), 75-78.

メルロ＝ポンティ、モーリス．

『知覚の現象学』1 巻 竹内芳郎・小木貞孝訳 みすず書房 1967 年

『知覚の現象学』2 巻 竹内芳郎・木田元・宮本忠雄訳 みすず書房 1974 年

Phénoménologie de la Perception, Gallimard, Paris, 1945./ *Phenomenology of Perception*, translated by Donald A. Landes, Routledge, London and New York, 2012.

メルロ＝ポンティ，モーリス 「幼児の対人関係」滝浦静雄訳『幼児の対人関係』 みすず書房 2001 年 pp.1-115 / The Child's Relations with Others', translated by William Cobb, in *The Primacy of Perception*, edited by James M. Edie, Northern University Press, USA, 1964.

「幼児の対人関係」は、『眼と精神』（みすず書房、1966）に所収されているが、後に出版された『幼児の対人関係』に所収されている「幼児の対人関係」と訳者も同じであり、比較したところ、多少の文言の異同はあるが、実質的な変化はな

い。私が使用していたのが『幼児の対人関係』であるため、こちらのページ数で記載している。

メルロ＝ポンティ、モーリス 『意識と言語の獲得 ソルボンヌ講義1』 木田元・鯨岡峻訳 みすず書房 1993年 /Consciousness and the Acquisition of Language, translated by Hugh J. Silverman, Northern University Press, Evanston, Illinois, 1973.

山口真実・金沢創 『赤ちゃんの視覚と心の発達』 東京大学出版会 2008年

鷲田清一 『「聴く」ことのちから—臨床哲学試論』阪急コミュニケーションズ 1999年

渡辺一枝 『時計のない保育園—私の幼い友人たちのために』集英社 1993年

ワロン、アンリ『ワロン／身体・自我・社会 —子どものうけとる世界と子どもの働きかける世界』浜田寿美男訳編 ミネルヴァ書房 1983年

ワロン、アンリ『児童における性格の起源—人格意識が成立するまで—』 久保田正人訳 明治図書 1965年

あとがき

　私自身には、幼児期における絵本体験はありません。1940年生まれとあれば、幼児期は戦争中であり、絵本などはなかったに違いないと思っていました。2006年に大阪歴史博物館で「戦後60＋1周年　戦前・戦中・戦後の子どもの本展」の展示と日米のシンポジウムを開催しました。戦前から戦中へ、そして戦後の占領期までの絵本を調べた時に、愕然としました。戦後の連合国軍による出版物の検閲資料を所蔵しているプランゲ文庫をアメリカのメリーランド大学で目にした時には、戦後の焼け跡時代には日本では子どもの本は出版されていなかったと信じられていたのは間違っていたとわかりました。また、当時は健在であった大阪国際児童文学館で所蔵されていた戦争中の絵本群を見た時も、戦争中には絵本はあまり出版されていなかったと信じられていたのも間違いだったとわかりました。その内容のほとんどは、戦争賛美を謳い、世界平和のために日本は戦うというもので、男の子は兵隊に、女の子は看護婦になることを奨励していました。昔話の「猿かに合戦」の猿は悪者の英米人であり、やっつけなければならない敵でした。

　いつの時代も、絵本は出版され続け、その時代の風潮、権力のありどころまであからさまに描き出し、子どもたちに刷り込んできたのです。絵本は、無邪気さ、面白さ、優しさを装って、親や子どもに、その時代の風の向きを示し、その方向へと導いてきました。もし戦争中の日本が私の「生世界」であり、私の地平を覆っていたら、その時代に私の身体があり、そこからのパースペクティヴでしか世界や物事を捉えられないとしたら、私の「注意」は何を「図」として浮かび上がらせただろうか、と慄然とします。

　現代は自由があるように見えます。自分の意思で自分の志向性を働かせているようにも見えます。絵本にしても、文章を書く人も、絵を描く人も、編

集者も出版社も、自分自身の裁量で自由に絵本を制作できるように思われています。しかし、いつも、その時代の風潮に合ったものが作り出されていくのです。それが子どもに刷り込まれ、さらに次の世代へと再生産されていきます。

私は長年、〈子どもたちと絵本〉のフィールドに錨を降ろしてきました。その経験を自分自身に納得できるように説明できる言葉あるいは思想を必要としていた時に出会ったのがメルロ＝ポンティの『知覚の現象学』でした。ここには私が必要としている何かが有ると思いました。そして、学びの場として見つけたのが大阪大学大学院の臨床哲学専門分野でした。私には私のフィールド（臨床）はありましたが、それは一体どういうことなのかを考える哲学を必要としていたのです。

『知覚の現象学』の文体（スタイル）は、私にはなじみのないもので、戸惑いましたが、とにかく、ここには私が知りたいことがあるという確信のようなものがありました。それは、生きて行くことの明るさとか希望のようなものでした。メルロ＝ポンティの文章を読んでいると、明るさを感じるのです。

私は、大学院在学中に二人の院生の方にメルロ＝ポンティの読解の仕方を教えていただきました。50歳も年齢を隔てた20代の川崎唯史さんは、『知覚の現象学』を一語一語丁寧に読み取っていくことの手ほどきをしてくださいました。日本語訳の全2巻を読むのに3年かかりました。高山佳子さんは、女性同士とあって、世を憂え、現状を嘆きつつ、メルロ＝ポンティの哲学の可能性のようなことを語り合い、勇気づけてくださいました。

久しぶりの学生で戸惑うこともありましたが、私の在学中の最初の助教の大北全俊先生のおかげで、臨床哲学研究室にもすぐに馴染むことができました。次に助教としてこられた稲原美苗先生とは、お互いにイギリス経験があることからすぐに意気投合し、またその生き方からは教えられることが多くありました。他の大学院院生の方々も、哲学の領域では全くの入門者である私を、哲学関係の読書会に快く受け入れて勉強する機会を提供してくださっ

たことに感謝しています。

　浜渦先生、中岡先生、本間先生、堀江先生には、長年生きてきた割には、もの知らず哲学知らず人間知らずの私を受け入れてくださって、学ぶ場を与えてくださったことに深く感謝申し上げます。とりわけ、浜渦辰二先生には、最後の最後までお教えいただきました。残念であり、申し訳ないのは、先生のご専門のフッサールについては、深く学ぶ時間がなく、終わってしまったことです。これからも、現象学、哲学の勉強を続けて行きたいと思っております。今後ともご指導をお願いします。

　大阪大学大学院の臨床哲学専門分野は、私の72歳から78歳の6年間の学び舎として、これ以上の場所はなかったと思えるほど、良く学ぶことができた最高の研究室でした。

　最後に、青山台文庫や「だっこでえほんの会」を共に二人三脚でというよりも、私以上に運営の任を負ってくださって、私が博論を書く段階に至るまで支えてくださった飯田妙子さんにお礼をもうしあげます。

　そして、付け足しみたいですが、あなたがいなかったら、このようには生きてはこれませんでした。1回目のイギリスで書いた博士論文 *A History of Victorian Popular Picture Books*（風間書房）に引き続いて、ここに2回目の博士論文を書き上げることができました。このアカデミックな場を借りて、夫の正置修に一番の感謝を送ります。いつか、メルロ＝ポンティを基にして、「メルロ＝ポンティと〈老いること〉の現象学」を書きたいと思っています。

2018年7月　　正置　友子（まさき　ともこ）

著者略歴

正置友子（まさき　ともこ）

1940 年　名古屋市生まれ
1962 年　愛知県立女子大学文学部英文学科卒業
1965 年　結婚時より、大阪北摂の千里ニュータウンに在住
1973 年　青山台文庫開設
1994 年〜 2000 年　イギリスに滞在し、ヴィクトリア時代の絵本を研究
2001 年　イギリス、ローハンプトン大学大学院に、論文 *A History of Victorian Popular Picture Books* を提出。博士号（PhD）を授与される。
2008 年　著書 *A History of Victorian Popular Picture Books*（風間書房　2006 年）に対して、イギリスの Children's Books History Society より「ハーベイ・ダートン賞」授与。
2018 年　大阪大学大学院文学部博士後期課程修了。論文「メルロ＝ポンティと〈子どもと絵本〉の現象学—子どもたちと絵本を読むということ—」を提出。博士号（学術）を授与される。
聖和大学教授を経て、現在、青山台文庫主宰　絵本学研究所主宰。

主著：
『おかあさん、ごはんと本とどっちがすき』など絵本の散歩道シリーズ全 5 巻（創元社　1982 年〜 1995 年）、*A History of Victorian Popular Picture Books*（風間書房　2006 年）、『絵本の絵を読む』ジェーン・ドゥーナン著（共訳　玉川大学出版部　2013 年）、『保育のなかの絵本』（編著　かもがわ出版　2015 年）『イギリス絵本留学滞在記』（風間書房　2017 年）

メルロ＝ポンティと〈子どもと絵本〉の現象学
―――子どもたちと絵本を読むということ―――

2018 年 10 月 15 日　初版第 1 刷発行
2022 年 4 月 30 日　初版第 2 刷発行

著　者　　正　置　友　子
発行者　　風　間　敬　子

発行所　　株式会社　風　間　書　房
〒 101-0051　東京都千代田区神田神保町 1-34
電話 03(3291)5729　FAX 03(3291)5757
振替 00110-5-1853

印刷・製本　中央精版印刷

©2018　Tomoko Masaki　　　　NDC 分類：135.55
ISBN978-4-7599-2235-6　　Printed in Japan

JCOPY 〈出版者著作権管理機構 委託出版物〉
本書の無断複製は、著作権法上での例外を除き禁じられています。複製される場合は、そのつど事前に出版者著作権管理機構（電話 03-5244-5088, FAX 03-5244-5089, e-mail: info@jcopy.or.jp）の許諾を得て下さい。